JN075723

マルクス晩年の歴史認識と21世紀社会主義

青柳和身❖著

桜井書店

序　文

「社会主義」と呼ばれたソビエト型経済の体制転換以後，その総括的検討が多面的に行われている。共通している批判は計画経済による市場経済の消滅論は誤りであったというものである。マルクスは私的所有を階級社会の基礎としての所有関係と捉えており，私的所有の廃絶を未来のポスト階級社会の基礎的条件と位置づけていた。私的所有の基礎は生産物の商品としての交換による所有関係であるがゆえに，その廃絶は商品交換の廃棄による市場経済関係の消滅が想定されていた。したがって，このような市場経済消滅論を批判するには，『資本論』の私的所有にかんする歴史認識の批判的再検討が不可欠の課題となる。そのためには，『資本論』の商品論の論理を乗り越えるような実証的歴史研究が必要となるが，この研究は十分には行われていない。

本書は，マルクスの「モーガン『古代社会』ノート」と「ザスーリッチへの手紙」にもとづいて，『資本論』の歴史観を再検討したものである。歴史的検討としては，先史社会と階級社会との比較研究にもとづいて，私的所有を排他的な私的家族的所有と捉え，その具体的形態を女性への婚姻・出産強制を内在する家父長制家族と捉えている。それは最晩年のマルクスが『古代社会』の研究によって到達した私的所有の新しい捉え方であり，諸個人の平等と性的自由を基礎とする氏族共同体から氏族制の解体による男性の私的土地占有と女性への性・生殖強制にもとづく家父長制家族の形成という歴史認識である。家父長制家族の形成要因としては生産物交換という要因は考慮されていない。家父長制家族による男性の土地占有が女性にたいし婚姻と家族成員の次世代再生産とを強制し，それが土地を集積した上級土地所有権にもとづく社会層による剰余労働の持続的強制のための被支配階級の人口再生産を実現する条件となっている。これが小経営生産様式による奴隷制と農奴制の成立の基礎的条件である。

本書は，第Ⅰ章でソビエト型経済の成立と崩壊とを含む20世紀の歴史の総括を行ったのち，第Ⅱ章から第Ⅳ章で以上の問題を理論的実証的に検討している。これは『資本論』の歴史観を乗り越えたマルクス晩年の階級社会形成史の研究にもとづくものである。

しかし，土地や生産手段から分離された労働者層の場合，その剰余労働の持続的搾取のための階級的人口再生産には独自の条件が必要である。近世において土地や生産手段から分離されて形成された労働者層は，僕婢や奉公人の場合のように，大半が独身者であり，階級的人口再生産能力を持たなかったからである。また，近代社会において土地や生産手段を持たない貧困階層の形成は，それらの収奪の結果というよりは，主として貧困階層自体の人口増殖の結果であった。それは近代化の過程とともに中絶の抑圧や男性産科医による女性への出産強制および性的規制による女性にたいする社会的婚姻強制等の独自制度が成立し，それによって貧困階層の人口が増加したからである。これが土地や生産手段を持たない貧困階層における家父長制家族の形成要因となった。それによって剰余労働搾取による貧困化と次世代人口再生産とが両立的に実現され，被支配階級としての労働者階級が再生産され，それを基礎として資本主義経済が成立した。

ソビエト型経済には生産手段の国有化という特殊性があった。しかし，剰余労働と次世代再生産との両立的強制関係にもとづく家父長制的家族関係が存在し，国家的官僚層による剰余労働搾取が行われており，資本主義と本質的相違はない国家資本主義経済であった。ソビエト社会における私的家族的利害は公式経済とは別の私的「第二経済」を形成する要因となり，この増大が体制転換をもたらした。剰余労働の搾取関係を規定する基本的要因は，通常考えられているような生産手段，すなわち不変資本の所有関係ではなく，可変資本の運動としての労働力の再生産様式である。このことをソビエト型経済の歴史は実証している。これは『資本論』の本源的蓄積論における生産手段所有変革論を乗り越えた歴史認識である。

第 V 章から第 VII 章は，以上の問題を歴史的および理論的に検討している。

先進資本主義では 20 世紀 80 年代以降に少子化が進行し，資本主義における労働者層の階級的再生産が弱体化しはじめた。これは女性労働市場の発展と男女平等の発展により女性への婚姻および出産強制の条件が弱体化したためであり，剰余労働強制と次世代再生産とが対立するようになってきた。これは資本主義の構造的危機であり，危機への対応として社会保障制度を発展させた。社会保障制度は貧困者にたいする選別的生活保障に内在する固有の矛盾として，選別的生活保障にたいする汚名や選別のための官僚層の増加による財政支出の増大等が進行している。その結果，社会保障の諸形態を統一し全男女諸個人にたいする無条件の生活費保障制度としていわゆるベーシック・インカム制度へ転換しようとする志向を生み出している。先進資本主義では国内的な労働市場が縮小するなかで，後進的諸国の労働者層に依拠した世界的労働市場にたいする資本輸出によるグローバルな資本蓄積運動が展開している。それを前提としたグローバルなベーシック・インカム運動の発展は，排他的性関係にもとづく家父長制家族制度としての私的所有制度の世界史的終焉をもたらすであろう。この過程は労働力再生産の社会化の世界史的発展であり，それを基礎として剰余労働の搾取条件が解体され，ベーシック・インカムの高度な発展による労働者の自由時間の発展をもたらし，ポスト資本主義的経済への移行を実現するであろう。この移行は高度な社会的分業にもとづく国際的な市場経済の発展を前提としたものである。この問題の考察が第 VIII 章の課題である。

なお，本書の最重要章である第 VII 章と第 VIII 章の完成にあたり田中宏氏から貴重な助言と示唆をいただいた。それらなしに本書の論旨を明確化することはできなかっただろう。記して厚くお礼を申し上げる。

青柳和身

目　次

第2部　20世紀史の再検討と21世紀社会主義

第１部　マルクス晩年の歴史認識の発展

第Ⅰ章　問題の所在
——20 世紀という時代とマルクス晩年の歴史観——

1　20 世紀という時代をめぐる問題状況

本書は，20 世紀「社会主義」と 20 世紀資本主義とを構成要素とする 20 世紀の歴史的総括にもとづいて，21 世紀の社会主義の歴史的展望を明らかにすることを課題とするが，その検討方法としては，マルクス晩年の歴史観を手がかりにして，『資本論』の基礎的経済理論の 20 世紀の歴史と現代史の史実による再検討をも含むものである。このような課題と検討方法を明確にするため，マルクスとエンゲルスの思想の評価をめぐる問題状況について検討しつつ，問題の所在を明らかにしよう。

歴史家ホブズボームが近現代史の時代区分として提起した，産業革命とフランス革命から第一次世界大戦前までを含む「長い 19 世紀」と第一次大戦からソビエトの崩壊までを含む「短い 20 世紀」という区分論（ホブズボーム 1996）は，後世の歴史家の評価を要するとはいえ，「短い 20 世紀」という時代区分の妥当性にかんしてはおそらく今後の歴史学においても基本的に継承されていくと思われる。なぜなら，第一次大戦のなかで開始されたロシア革命とその後のソビエトの歴史および「社会主義」と呼ばれた独自の社会経済体制の成立と崩壊の歴史は，先進資本主義世界や第三世界をも含む世界の社会経済のあり方に決定的な影響を及ぼし，独自の特質をもった世界史的一時代を形成したことは，価値観の相違を超えて多くの人々に認められるような歴史的事実となったからである。本書では 20 世紀を総括するという問題を検討する場合，「短い 20 世紀」の時代を中心的検討対象とする。

20 世紀という時代の独自性は，「社会主義」と呼ばれた独自の社会経済体制の短期的存在が，長期の近現代史のなかで，世界史的特質を基本的に規定したことであり，その経済体制の成立にとってマルクスとエンゲルスの思想が不可欠の構成要素となったことである。今後の歴史学が 20 世紀という時代を総括し，その時代的特質を検討する際には，マルクスとエンゲルスの思想が果たした役割とその思想内容の総括を欠かすことはできないであろう。

2　マルクスとエンゲルスの思想にたいする多様なスタンス

マルクスとエンゲルスの思想の歴史的評価にかんして，現代という歴史時点における多様な評価にもとづくスタンスを検討するにあたって，あらかじめ本書でのスタンスを明らかにしておこう。マルクスとエンゲルスの思想にたいするスタンスとして，基本的に次の四つのスタンスが存在すると言えよう。

第1のスタンスは，マルクスとエンゲルスの思想を全面否定するものであり，「社会主義」体制の短期的存在と崩壊はマルクスとエンゲルスの思想の歴史的有効性の欠如として，その非現実性を示すものであると捉えるものである。近現代における高度の分業編成による高度経済発展を前提とした場合，市場経済は廃止できず，市場経済を否定した「計画」化の試みは必然的に破綻すること，20世紀における「社会主義」の崩壊はそれを実証していると捉え，近現代に長期に現存している市場経済制度のなかに問題が存在したとしても，市場経済の発展と自由主義の成熟によって問題は克服されていくという歴史観に立つものである。これは経済思想としては新自由主義，歴史観としては近代の自由主義社会と市場経済を歴史の最高発展段階と捉えるものである。このスタンスは，早期のものとしてはフリードリヒ・ハイエク『隷属への道』（ハイエク1992：原書 *The Road to Serfdom*, 1944）が，ソビエト崩壊時のものとしてはフランシス・フクヤマ『歴史の終わり』（フクヤマ1992）が典型的である。

このスタンスは，とくに20世紀「社会主義」とその崩壊を歴史的に経験したソビエトや東欧の多くの人々に受容されるとともに，先進資本主義社会においても20世紀「社会主義」の崩壊直後には広範に受容されたものである。市場経済がいかに欠陥をともなうものであろうとも，自由や人権を抑圧した20世紀の「社会主義」体制よりは「まし」であるというスタンスは，その生活を実際に体験した多くの人々の実感であろう。しかし，新自由主義的経済の徹底化が社会的格差を拡大し，その結果として21世紀初頭の世界的恐慌をもたらす要因ともなり，貧困化や生活苦の直撃的被害をこうむった諸階層に属する人々にとっては，これをそのまま受容することはできない。現代の市場経済に根本的欠陥が内在することを，生活経験を通じて自覚する場合，資本主義経済の根本的矛盾を体系的に分析したマルクス『資本論』の経済理論の現実妥当性をなんらかの程度で認める第2または第3のスタンスに接近するであろう。

第2のスタンスは，資本主義に内在する固有の矛盾の存在を承認し，その矛盾を解明したものとしてマルクスの『資本論』等の経済理論の基本的有効性は認めるが，マルクスやエンゲルスの未来社会論は初期社会主義者のユートピア思想を継承したものにすぎないとして，その「科学的」有効性を否定するものである。このスタンスは，20世紀「社会主義」を国家社会主義と規定し，権力的に構成され，20世紀の冷戦期を含む世界戦争の時代に形成された特殊な経済体制と捉えるが，生産力の内発的発展力をもたない体制であり，冷戦期を含む戦時的状況の変化とともに必然的に崩壊する体制と捉える。20世紀「社会主義」を非資本主義としての「国家社会主義」と規定する理由は，資本主義の所有形態との相違を重視するからである。マルクスやエンゲルスの思想の歴史的意義にかんしては，その思想に含まれていた社会主義的ユートピア思想自体は資本主義批判の思想としてその改良による福祉資本主義の形成にとっては実践的な意義があったとして評価する。和田春樹『歴史としての社会主義』(和田1992) が典型的であるが，このような歴史認識は数多く存在する。

このスタンスのように，マルクスの経済理論の有効性を承認する場合，『資本論』の有効性をどのような点で捉えているかについては明示的ではないが，その核心的部分としての資本主義的剰余労働搾取の理論としての剰余価値論の基本的有効性は承認されていると言ってよい。しかし，それが福祉資本主義論の立場にとどまっている理由は，その代表的見解によれば次のような理由からである。20世紀の歴史的経験から，ポスト資本主義としての社会主義は，「気の遠くなるほど長期的な展望はさておいて，見通しうる限りの中期的展望としては」(塩川1992, 47) 実現の可能性はなく，20世紀「社会主義」とは異なった別の型の社会主義論も，市場社会主義論等を含め，実現可能な社会主義として展望することはできないとする。このような見解は，東欧のハンガリーやユーゴスラビアの社会主義を含め多様な型の社会主義の改革実験がいずれも失敗に終わり，経済改革の進展はいずれも資本主義への体制転換をもたらさざるをえなかったこと，したがって20世紀に現存した社会主義が自由と人権を抑圧した国家社会主義を脱して，ポスト資本主義としての自由な社会主義への発展可能性を欠いていたこと――この冷厳な歴史事実を重く受け止めた結果であると言える（塩川1992, 47-53）。このような歴史事実の誠実な検討にもとづくスタンスは，現代において多くの人々の知的共感を得る可能性があろう。

第3のスタンスは，『資本論』等のマルクスの経済理論の基本的有効性を認めると同時に，マルクスやエンゲルスの諸作品のなかで指摘されている未来社会論を，20世紀に成立した「社会主義」とは本質的に異なるものと捉え，提起された未来社会構想の歴史的有効性はまだ試されていないとして，その実現可能性を承認するものである。このスタンスの場合，20世紀「社会主義」を社会主義とは認めず，国家資本主義等の前社会主義的経済体制として捉えることが多い。この国家資本主義論は，経済制度を所有形態によってではなく，その生産力的実態を重視する立場から規定している。このスタンスは現代マルクス主義の多様な諸見解に広く認められる傾向であるが，たとえばマルクスの史的唯物論と剰余価値論の現代的有効性を承認する聽濤弘『カール・マルクスの弁明』（聽濤2009）など多くのマルクス主義的諸作品はこの系譜に属する。

第3のスタンスは，20世紀「社会主義」のポスト資本主義としての社会主義への直接的な発展可能性を否定している点では，第2のスタンスの歴史的見解と共通しているが，20世紀「社会主義」を国家社会主義等の非資本主義的体制とは捉えず，国家資本主義などの特殊な資本主義経済として捉えている。したがって，20世紀末の「体制転換」とは資本主義の特殊な型から通常の型への転換を意味するものであり，未来社会としての社会主義の成立可能性を否定するものではないと捉えることになる。国家資本主義的経済体制は，開発独裁によって工業化を推進し，機械制大工業段階の生産力を形成した経済体制であり，ポスト工業化段階の情報革命やソフト化社会という現代の先進資本主義が達成しつつある高度な生産力を基礎とする経済的発展段階には到達しえなかった特殊な経済体制であるとする。このように，生産力的発展段階を基礎として20世紀「社会主義」を国家資本主義と規定する捉え方の代表的な見解のひとつは大西広氏の理論である（大西1992；同2011）[1]。

しかし，第3のスタンスの基礎となる経済理論の場合，資本主義の高度な発展が福祉資本主義ではなく，ポスト資本主義としての社会主義への移行をもたらすのはなぜか，その移行の必然性はいつ，いかにして歴史的に出現するのかという問題についての十分な具体的根拠は示されておらず，資本主義から社会主義への体制転換の歴史的必然性を「見通しうる限りの中期的展望として」(塩川 1992, 47) 実証してはいない。なぜなら，第3のスタンスの場合，未来経済の展望にかんして福祉資本主義とは異なったポスト資本主義経済の実現可能性とそれへの移行の必然性とが現代資本主義の歴史的発展傾向にもとづいて明確にされなければならないが，現在のところそれが十分に果たされているようには思われないからである。そうであるかぎり，第3のスタンスの選択は，マルクス主義的な革命的歴史観の信奉という政治的信条にもとづくものであり，それは結局，狭い社会層内部の共感にとどまり，広範な社会的受容は困難であろう。

第4のスタンスは，研究方法としての史的唯物論を承認し，剰余労働を搾取する階級社会としての資本主義の過渡的性格を認め，脱階級社会としての未来社会への転換を展望するが，『資本論』の経済理論やそれにもとづく未来展望にかんしては，20 世紀の歴史的経験にもとづいて，史的唯物論的視点から根本的な再検討が必要であるというスタンスをとるものである。このスタンスについては多様なアプローチがありうるが，第2や第3のスタンスの共通の前提となっている『資本論』の基礎理論としての剰余価値論の史的唯物論的再検討が，両者のスタンスとは区別される第4のスタンスにとって最重要課題となる。

このスタンスは，第3のスタンスと同様，20 世紀「社会主義」も 20 世紀の先進資本主義も剰余労働を強制し，搾取する階級的社会を脱することができなかったという歴史事実を承認するとともに，『資本論』にもとづく社会主義移行理論の実現可能性に否定的な第2のスタンスにおける歴史認識の多くの部分を承認するが，同時に，この冷厳な 20 世紀の歴史事実にもとづいて，『資本論』の剰余価値論と資本蓄積論を基礎とする未来社会論自体の史的唯物論的再検討が不可欠であるというスタンスをとるものである。このスタンスは，史的

1）最近の大西氏は前資本主義社会の生産力発展理論に人口再生産的視点を導入し，第3のスタンスを超えるような歴史認識に接近しつつある。なお，未来の社会主義の実現可能性を認めるが，20 世紀「社会主義」を国家資本主義ではなく，国家社会主義またはそれ以外の独自の経済制度とする見方も存在する（田中宏 2011；藤岡 2011)。この見方は第2のスタンスと第3の国家資本主義論との折衷的見解である。

唯物論的視点から20世紀という時代の総括を行い，それにもとづいて20世紀末以降の新しい歴史発展傾向，とくに人口再生産動向の歴史的転換にもとづく経済の新たな特質を検討しつつ，21世紀が資本主義の存続と発展を前提としたその改良の時代か，ポスト資本主義としての社会主義への移行の時代かを解明しようとするものである。これは現代の歴史学の重要課題であるが，この課題の検討によって21世紀における資本主義の終焉が実証されるとすれば，このスタンスは21世紀に生きる人々，とくに若い世代の共感を得ることができるであろう。本書は第4のスタンスにもとづく検討であるが，そのスタンスにかかわる現代史の新しい特質とそれが提起している歴史的問題について少し敷衍しておこう。

3　『資本論』の論理の内的矛盾とマルクス晩年の歴史観の発展

第2のスタンスも第3のスタンスも，剰余価値論とその基礎としての資本主義的剰余労働論は『資本論』で完成したものとして扱っており，したがって少子化（人口再生産基準以下への低出生率化）という現代資本主義社会の現象を剰余価値論とは無関係な問題として取り扱っている。しかし，少子化という現代的現象は，『資本論』の剰余価値論とそれにもとづく資本蓄積論が，剰余労働の再生産論および資本主義的階級関係の再生産とその拡大再生産としての蓄積論としては未完成であることを露呈している。

少子化現象は，現代の少子化要因を観察するかぎり，現代的貧困化の一形態であり，剰余労働搾取による必要労働への圧迫の一環としての育児労働をはじめ次世代の労働力の養育・養成など次世代を再生産するための必要労働（以下，「次世代再生産的必要労働」と略す）への圧迫の結果として，さしあたり捉えることができよう（森岡 2010, 306-308；山田 2007, 69-74）。『資本論』の絶対的剰余価値生産論でも剰余労働による必要労働への圧迫が「将来の……食い止めることのできない人口の減少」とそれによる「“大洪水”」的破局をもたらす可能性について示唆している（マルクス K. I, S. 285）[2]。しかし，少子化を貧困化の現代的形態と

2）『資本論』からの引用は新日本出版社版によっている。ただし，引用ページは，いずれの邦訳書にも付されている Werke 版のページを，たとえば第1巻からの引用は，（マルクス K. I, S. 285）のように示す。

して捉えた場合，19世紀のイギリス資本主義や20世紀60年代までの先進資本主義における剰余労働搾取による必要労働への圧迫が，同時に，次世代労働力の再生産とその増加を実現し，それが剰余労働の再生産とその増加の人口再生産的基礎となっていたのはいったいなにゆえであるのかという根本的問題が提起される。しかし，この問題は『資本論』ではまったく解明されていない。

『資本論』の資本蓄積論では，A.スミスやS.ラングの貧困多産論，いわば「貧乏人の子沢山」論を肯定的に引用しつつ，当時の貧困階層の多産現象を資本主義社会の「法則」として捉えている（マルクスK. I, S. 672)。『資本論』では，一方で貧困による人口減少の可能性を示唆しつつも，他方で当時の貧困多産現象を「法則」として捉えるという形式論理的に矛盾した問題が指摘されながら，この人口再生産と貧困との関係の問題が中心的検討課題のひとつとして設定されることもなく，したがって解明もされない問題として残されている（マルクス『草稿集』④，294)。『資本論』では，人口再生産問題が剰余価値の生産と再生産の検討の一環として，中心的検討対象にならなかったのはいったいなぜであろうか。これは現代の少子化社会においては避けることのできない問いである。

人口再生産の歴史具体的要因は，次世代人口再生産形態を規定する歴史的家族形態の問題であるが，マルクスは初期の研究段階から『資本論』執筆段階までは家族形態についての歴史的検討をまったく行ってはいない。それはマルクスが家父長制的家族形態を最古の形態として捉え，家族形態の歴史的変化の検討という問題意識も，そのための史料も持ちあわせていなかったためである（エンゲルス『全集』㉑，477)。家族形態にかんする歴史認識を欠如したまま『資本論』が執筆され，その核心的理論として構成された剰余労働＝剰余価値論は，家族形態やそれによる次世代再生産形態の問題を考察対象外として与件化したうえで執筆された（マルクスK. I, S. 185-186)。剰余労働の持続的搾取を含む労働過程は，資本主義のみならず，およそ階級社会の存続に不可欠な基礎的労働過程

なお，以下，『マルクス＝エンゲルス全集』（大月書店）からの出典表示は，（マルクス『全集』巻数，ページ）および（エンゲルス『全集』巻数，ページ）あるいは（マルクス・エンゲルス『全集』巻数，ページ）のように，『マルクス資本論草稿集』（大月書店）からの出典表示は，（マルクス『草稿集』巻数，ページ）のように表記する。また，林直道編訳『資本論第1巻フランス語版：第7篇「資本の蓄積」・第8篇「本源的蓄積」』（大月書店）からの出典表示は，（マルクス『資本論』第1巻フランス語版，ページ）のように表記する。

であるが，この労働過程はきわめて特殊なものである。それは，一方での剰余労働と必要労働との対立関係と，他方での剰余労働の持続的再生産の基礎としての直接的生産者の再生産のための必要労働の維持による両者の統一的存在という矛盾した契機を内包する特殊な労働過程である。しかし，現行版『資本論』では，この労働過程の総体的分析，とくに必要労働の一環として，次世代再生産的必要労働が剰余労働との対立構造のなかでいかに確保されるかという問題，すなわち次世代再生産の歴史的形態としての家族形態の問題の検討は剰余労働再生産を基礎とする剰余価値生産論に不可欠であるはずであるが，現行版『資本論』の剰余価値論ではその検討がまったく欠落している3)。『資本論』執筆段階までのマルクスの生産様式論や共同体論の研究でも，家族史視点からの検討はまったく欠落しており，したがって次世代再生産の歴史的形態という研究課題自体の設定も欠落せざるをえなかった。

マルクスが家族形態と次世代再生産形態の歴史性を自覚し，その研究を開始したのは，1880年にいたってモーガン『古代社会』の研究とその後の一連の古代家族の研究からであり，古代における家族の歴史的形態と階級社会の形成の問題に強い関心をもちつつ研究が行われた（マルクス『全集』補巻④，257-564；布村1980, 382-388；ガマユノフ 1972, 119, 124）。マルクスは晩年，『資本論』第2巻・第3巻のための未完成草稿の完成作業を事実上中断して，古代の家族形態の研究を優先し，それに没頭した。このマルクスの研究スタンスは，家族形態と次世代再生産形態の研究なしには「資本の生産過程」としての第1巻の基礎的理論やそれを前提とした未来社会展望は完成せず，したがって第1巻の論理を基礎とする「資本の流通過程」としての第2巻と「資本主義的生産の総過程」としての第3巻の論理も，理論体系としては，未完成状態になってしまうことを自覚した結果であったとすれば十分に説明がつく。いずれにせよ病魔に襲われつつあった晩年のマルクスにとって時間的余裕はなく，既出版の『資本論』第1巻の

3）『資本論』では「必要労働」概念について規定して，それが労働者にとって「必要」であるだけでなく，「資本とその世界にとって必要である。なぜなら，労働者の永続的な定在は資本とその世界の基礎だからである」（マルクス K. I, S. 231）として，必要労働の維持が持続的剰余労働搾取にとって不可欠であることを指摘している。しかし，「労働者の永続的な定在」としての労働者人口の再生産が剰余労働と必要労働との対立関係のなかでいかに実現されるかという決定的な問題はまったく解明されていない。

内容に決定的な瑕疵が発見された場合，それに直接かかわる問題の検討にすべての研究努力を傾注する以外に選択肢はなかったであろう[4]。しかし，マルクスはこの研究を完成することなく，1883年3月に死去した。

1960年代から70年代にかけて国際的規模で行われた生産様式論争は，マルクス晩年の歴史観の検討をも含んだ広範な歴史学的問題関心を包括した優れた論争ではあったが，1970年代，とくにその後半から先進資本主義において持続的に始まった少子化とそれにもとづく次世代再生産問題にかかわる問題意識は欠落しており，大部分の論争参加者の視点から剰余労働の持続的再生産を実現する次世代再生産形態にかんする考察が欠落している（青柳2009/2010参照）。剰余労働の再生産形態としての家族形態の問題は，現代のマルクス主義歴史学に残されている最重要の未解明問題であり，この視点からのマルクス晩年の家族史研究の再検討は不可欠の課題となっていると言える。

マルクス晩年の家族史研究にもとづく歴史観と剰余労働論の発展方向を再構成しうる第一級の資料は，「モーガン『古代社会』ノート」（以下「モーガン・ノート」と略称）とそれ以後の諸ノート（マルクス『全集』補巻④，257-564）および『古代社会』研究にもとづいた「ヴェ・イ・ザスーリッチの手紙への回答の下書き」と正式の手紙（マルクス『全集』⑲，238-239, 386-409：以下，下書きを含め「ザスーリッチへの手紙」と略称）である[5]。とくに「ザスーリッチへの手紙」はマルクス晩年の

4）マルクスの死後，1883年11月付のエンゲルス執筆の『資本論』第1巻第3版序文および第3版のエンゲルスの付加注（マルクスK. I, 33-35, 373）を参照。しかし，この序文は，フランス語版『資本論』と関連する70年代のマルクスの改訂作業には触れているが，80年代のマルクス晩年の古代家族研究や「ザスーリッチへの手紙」の内容は検討してはおらず，マルクスが『資本論』第2・3巻草稿の完成作業を中断してまで，古代家族の研究に没頭しなければならなかった決定的理由が認識されていない。『資本論』第2巻の論理に不可欠な拡大再生産論の未完成部分の草稿（第8草稿）の執筆は晩年期に行われたが，「対象の暫定的な論述」（マルクスK. II, S. 12）であり，印刷用として完成された原稿ではなかった。「『ロシアの社会状態』へのあとがき」（エンゲルス『全集』㉒b, 419-432）の叙述からも判断されるように，エンゲルスは「ザスーリッチへの手紙」の存在を知らなかった。

5）モーガン『古代社会』研究以前のマルクスのコヴァレフスキー著作のノート（マルクス『全集』補巻④，159-256）は，マルクス晩年の家族認識とは異なっており，検討対象からは除外する。また，エンゲルス『家族，私有財産および国家の起原』（第4版）は，コヴァレフスキー理論を導入しているため，検討対象から除外する。この問題は後述するが，青柳（2009/2010）を参照。なお，第VII章で取り上げるエマニュエル・トッドの家族論の検討として友寄英隆氏の研究（友寄2021）は重要なものであるが，モーガン＝マルクスの家族

歴史観にもとづくロシア革命の予測論であると同時に，未来社会の可能性の独創的省察が含まれており，20世紀のロシア・ソビエト史と20世紀資本主義の歴史とを比較対照しつつ，マルクス晩年の歴史観の現実性と非現実性の問題，すなわち歴史観の新たな発展性とその未完成性の問題について史的唯物論的に検討するための好個の資料となっている。

4　本書の課題と検討方法

以上の点を前提として，本書の課題と検討方法について具体化しよう。本書では，マルクスが晩年に到達した歴史観を手がかりにしつつ，20世紀「社会主義」が剰余労働の再生産によるその強制体制を脱することができず，ポスト資本主義としての社会主義に転化しえなかった歴史的根拠について考察し，20世紀の時代的特質を検討する。これが第1の課題である。第2の課題は，20世紀資本主義を含む20世紀の特質の歴史的総括を前提したうえで，前階級社会としての「原始的共同社会 communauté primitive」[6)]から階級社会への移行研究の一環としてのマルクスの古代家族研究を手がかりにして，剰余労働搾取と次世代再生産的必要労働との両者を家族単位として実現する家族形態，すなわち階級社会の再生産を可能にする両性関係について考察し，それにもとづいて現代の両性関係における剰余労働搾取と次世代再生産的必要労働との両立可能性の視点から現代資本主義の存続可能性について分析し，その歴史的終焉とポスト資本主義的未来社会への移行の展望について考察することである[7)]。まず，第1の課題の一環として，マルクス晩年のロシア革命論を含むロシア論の歴史的現実性と非現実性の問題から検討を行おう。

論（とくに対偶婚家族論）と，コヴァレフスキー理論を導入したエンゲルスの古代大家族論との区別が欠如した結果，モーガンをトッドの原初核家族論で批判しているが，誤りである。この点でもエンゲルスの家族論批判は不可欠である。

6）この表現は「ザスーリッチへの手紙」のなかでの前階級社会にたいするマルクスの一般的規定である（マルクス『全集』⑲，388；Marx 1926, 320）。

7）本書の主旨を要約した青柳（2011a）および本書に関連する青柳（2011b）を参照されたい。本書の初稿は「短い20世紀の史的総括と21世紀社会主義展望」（青柳 2011-2013）と題した6本の連続論文であるが，本書では若干の改稿を行っている。初稿の紹介として浅川雅己氏の論文（浅川 2020）はきわめて的確な内容紹介と論評を行っている。参照されたい。

第II章 「ザスーリッチへの手紙」の歴史認識の現実性と非現実性

1 「ザスーリッチへの手紙」をめぐる論争

マルクスの「ザスーリッチへの手紙」は，生産様式論や市民社会論の問題，とくに『資本論』の適用範囲と非資本主義的発展の問題をめぐって広範な論争を惹起したが，この手紙の中心的検討対象としてのロシア経済論とそれにもとづくロシア革命の予測論の現実妥当性の検証の一環として，当時のロシアの経済実態との比較検討という問題については必ずしも十分な研究が行われているわけではない。しかし，ロシア経済史家の日南田静真氏が参加して行われた福冨正美氏との論争はその問題が中心問題となったものであり，この論争を検討しつつ，晩年のマルクスのロシア経済認識の現実妥当性の問題について検討しよう。

両者の論争は，『マルクス・コメンタールV』(現代の理論社，1973年) の一部として「ザスーリッチへの手紙」にかんする福冨氏の報告 (福冨 1973)，それにたいする日南田氏のコメント (日南田 1973) およびそれへの福冨氏のリプライとして展開された。

2 福冨正美氏の報告

まず，福冨正美氏の報告 (以下「福冨報告」と略称) の導入部でも取り上げられているザスーリッチの質問とマルクスの回答をめぐる事実関係について確認しておこう。

ロシアの女性革命家ヴェ・イ・ザスーリッチの1881年2月16日付の手紙による質問として，「わが〔ロシアの〕農村共同体のさらされる運命にかんする，そしてさらに世界中のすべての国々が資本主義的生産の全局面を経過するという歴史的必然的の理論に関する」(平田 1982, 195：〔 〕内は引用者) マルクスの意見を求めてきたのにたいし，マルクスは詳細な検討を行った3種の草稿を準備したが，3月8日付の正式の手紙では結論のみの次のような簡単な回答を行っている（福冨 1973, 196, 201-202）[1)]。

「私は，この問題について特殊研究をおこない，しかもその素材を原資料のなかに求めたのですが，その結果として，次のことを確信するようになりました。すなわちこの共同体はロシアにおける社会的再生の拠点であるが，それがそのようなものとして機能しうるためには，まずはじめに，あらゆる側面からこの共同体におそいかかっている有害な諸影響を除去すること，ついで自然発生的発展の正常な諸条件をこの共同体に確保することが必要であろう，と。」（マルクス『全集』⑲，239）

福冨報告を，日南田氏のコメント（以下「日南田コメント」と略称）との論争となった論点を中心に紹介しよう。福冨報告は，1881年の手紙におけるマルクスの見解が，1877年の「『祖国雑記（オテーチェストヴェンヌィエ・ザピスキ）』編集部への手紙」のなかで，ロシアの共同体の非資本主義的発展の可能性について態度保留の立場をとり，その発展可能性を提起したチェルヌィシェフスキーの「見解に同意しているのだと結論を引きだしたとしても，……右の見解を拒否しているのだという結論を引きだすのと，すくなくとも同じ程度に根拠のあることだった」（マルクス『全集』⑲，115）という立場をとったときの認識とは質的に異なった発展を示していることを確認したうえで（福冨 1973, 201），「社会的再生の拠点」という新たな積極的主張をともなう1881年段階の歴史認識の形成要因とその内容を中心に検討を行っている。

福冨報告では，ロシアの共同体を「原生的な共有の形態」（マルクス『全集』⑬，19）として捉えた1859年の『経済学批判』の歴史認識は，その形態にかんし「インド的」，「東洋的」，「アジア的」等の地理的表現を脱して普遍化され，70年代には「農業共同体」（農耕共同体）という表現を用いるようになるという変化はあるものの，その基本的認識は変わらずに継承されたことを確認し，その根拠として1873年の『資本論』第2版が『経済学批判』の文章をそのまま引用していることを指摘している（福冨 1973, 207；マルクス K. I, S. 92）[2)]。1877年の手

1）3月8日付の第4草稿も書かれたが，正式回答とほぼ同文である（平田 1982, 203-205）。

紙はこの歴史認識に立っていたが，1881年の歴史認識はこの認識が質的に転換し，「社会的再生の拠点」という新しい認識が現れている。したがって，主として，1857～58年執筆の『経済学批判要綱』や1875年刊行のフランス語版『資本論』に依拠したロシア共同体論やそれを前提とした「ザスーリッチへの手紙」の解釈ではこの質的転換を捉えることはできないとして，平田清明氏らの見解を批判している（福冨 1973, 204）。そのうえで，「ザスーリッチへの手紙」に指摘されているように，「マルクスがその『特殊研究』の『素材』としてもちいたのは，もっぱら，M.コヴァレフスキーが提供した新資料であり」，ザスーリッチへの回答にはコヴァレフスキーの著作ノートを作成した研究自体が「最大限に活用されている」として，マルクスが1879年10月から80年10月にかけてノートを作成したコヴァレフスキー『共同体的土地所有，その解体の原因，経過および結果』（1879年刊）の研究（マルクス 1977, 159-256：以下「コヴァレフスキー・ノート」と略称）を決定的に重視し，この研究がモーガン『古代社会』の理解にも「ひじょうに役に立った」とされている（福冨 1973, 209-210）。マルクス晩年の歴史認識の発展内容を，「モーガン・ノート」ではなく，「コヴァレフスキー・ノート」を中心として理解するのは，福冨氏独自の主張であるが，その見解は著作（福冨 1970）のなかで詳細に展開されており，福冨報告はその要約となっている。

マルクスが準備した手紙の下書きの詳細な草稿は3種あるが，福冨報告はロシアの共同体としての農耕共同体（農業共同体）の特質を純粋に検討した第3草稿を中心に検討し，農耕共同体を通じた非資本主義発展の道について考察している。福冨報告では，ロシアの共同体を，第1の原始的構成から，耕地の私的所有の確立によって第2構成としての奴隷制と農奴制とを成立させるような「新しい共同体」段階以前の過渡的段階としての共同体であり，タキトゥス時代のゲルマン的共同体と同じく，原始的共同社会の末期に成立する農耕共同体

2）「すべての文化民族の歴史の入口で出会う労働の自然発生的形態」という文章への注として，「自然発生的な共同所有の形態」としてのスラヴ的，ロシア的形態はローマ人，ゲルマン人，ケルト人にも存在した原初形態であるという『経済学批判』の文章がそのまま引用されている（ただし「原生的」が「自然発生的」と訳されている）。この注は第1版出版後の1868年のマウラー研究によってマルクスがこの歴史認識を再確認し（福冨 1973, 206-207；マルクス『全集』㉜，37），第2版に導入したものである。

であると捉え，この共同体の本質的特質を，土地の共同所有を前提しつつ耕地用益の分割として定期的割替制が成立していることとして理解している。定期的割替制の成立根拠は，コヴァレフスキーの論理に従い，「家父長制的世帯共同体」の成立によって，「生産上の単位が共同体全体から個々の大家族にかわったために，原始的平等を達成する方法として，最重要の生産手段であった耕地を定期的に均等割替する必要があった」ためとされている（福冨 1973, 214, 215）。

農耕共同体の発展可能性としては，マルクスの草稿の指摘として，「『農耕共同体』に含まれている私的所有の要素が集団的要素に打ち勝つか，それとも後者が前者に打ち勝つか。すべては，それがおかれているこの歴史的環境に依存するのである」（マルクス『全集』⑲, 391）という文章を引用している（福冨 1973, 217）。そのうえで，このようなマルクスの捉え方を，農耕共同体（農業共同体）における共同体原理と個別的原理との二重性原理を示すものとして理解し，その二重性が共産主義の第1段階における共同体原理と個別的原理との二重性の活用による集団化の可能性という新たな歴史認識を示すものであり，このような共有から私有への過渡期の認識が『資本論』における「否定の否定」によって再建される個人的所有論にかんする歴史認識の新たな発展となったと捉えている（福冨 1973, 216-217, 220-221）[3]。

福冨報告は最後に，ロシアの共同体が非資本主義発展としての「社会的再生の拠点」に転化する「経済的必要性」というマルクスの認識を取り上げて，第2草稿と第1草稿の次のような指摘を紹介している。「ロシアの共同体の生活をおびやかしている……国家による抑圧」と「国家が農民の負担と失費において強大にしてきた資本主義的侵入者による搾取」（第2草稿）という「有害な諸影響」を除去するためには，その根源であるロシア国家をくつがえす「ひとつのロシア革命が必要である。……農村共同体に自由な飛躍を保障するために，革命が全力を集中するならば，〈ロシア社会の知性ある部分が〉〈ロシアの知性がその国のすべての生命ある勢力を集中するならば〉農村共同体は，まもなく，ロシア社会を再生させる要素として，資本主義制度によって隷属させられている諸国に優越する要素として，発展するであろう」（第1草稿：〈 〉内は抹消部分，

3）この認識は著作のなかで詳細に展開されている（福冨 1970, 25-42, 141-195, 447-469）。

以下同様，マルクス『全集』⑲，398, 403)。福冨報告では，この〈 〉の文章は「ナロードニキへの彼の心情的期待として理解される」としながらも，1882年の『共産党宣言』ロシア語第2版序文におけるエンゲルスとの統一見解として，次の指摘を引用している(福冨 1973, 222-223)。

「もし，ロシア革命が西欧のプロレタリア革命にたいする合図となって，両者がたがいに補いあうなら，現在のロシアの土地共有制は共産主義的発展の出発点となることができる」(マルクス・エンゲルス『全集』⑲，288)。

福冨報告では，この指摘がマルクスのイニシアティブで書かれたとしたうえで，マルクスの回答の最重要な論点は，第3草稿の「農業共同体の構造的分析を土台にした『社会的再生の拠点』という認識」であったとして，この認識が1882年の「共産主義的発展の出発点」という表現に生かされてくると指摘し，報告全体の結論としている(福冨 1973, 223)。

3 日南田静真氏のコメントと福冨正美氏のリプライ

福冨報告にたいする日南田コメントによる批判を検討しよう。コメントでは，たんに福冨報告の批判を行っているだけではなく，「ザスーリッチへの手紙」の諸草稿自体の限界性をも指摘している。コメントの冒頭で，福冨報告の結論部において，第3草稿には「経済的必要」論や共同体にたいする「有害な諸影響」の根源にかんする分析は存在していないという指摘を引用しつつ，福冨報告が高く評価している第3草稿が，そのような性格をもっていること自体が問題であると批判している。そのうえで，「マルクスは，ロシア共同体そのものの全面的分析をなそうとしてなしえなかったのではないか」，第3草稿でのロシア論の切り落としは方法的に正しかったのか，という重大な問題を指摘している(日南田 1973, 224-225)。これはマルクス晩年のロシア論の現実性と非現実性を，19世紀および20世紀のロシア史の実態と比較検討しようとする本章の課題と共通する問題の指摘である。

コメントは，マルクスの第4草稿の指摘として，ロシア共同体の運命について確固たる見解をもつためには，「〈……漠然たる歴史的類推をするだけではたりない。それを研究しなければなりません〉」(Marx 1926, 340)という文章を引用して，「社会の原古的構成の最近の型」たる「タキトゥスが叙述しているような農耕共同体」（マルクス『全集』⑲，405, 406）と 19 世紀後半のロシア共同体を同一視するのは，形態的類似性による「漠然たる歴史的類推」にほかならないとして（日南田 1973, 225），マルクスの農耕共同体論とそれを前提とする福冨報告のロシア共同体論を次のように批判している。

共同所有から私的所有の過渡段階であり，自給自足的・自立的経済制度としての農耕共同体と 19 世紀後半に資本主義的世界体制の一環に組み込まれつつロシア資本主義の再生産構造の基底部に位置するロシア共同体とは本質的に異なる。それは 19 世紀前半の農奴制下のロシア共同体の場合でも，農奴制社会という第二次構成の不可欠の構成因子としての「農奴制的共同体」と特徴づけられるものであり，農耕共同体とは本質的に区別される。農奴解放による強行的な地主的土地所有の設定（土地の切り取り）と国家的資金調達機構の犠牲となっているロシア共同体，そこでは個別農民経営が，地主地借地，地主直営地での雇役労働，出稼ぎ労働，高利貸しからの借金，穀物の窮迫販売などを通じて商品経済に組み込まれ，かろうじて入手した貨幣で共同体として土地買取りを強制されることによる土地の共同所有としてのロシア共同体と，「農耕共同体」とは，共同体の歴史的段階がまったく異なっていることが強調されている（日南田 1973, 226）。また，福冨報告が重視している耕地の定期的割替制にかんしても，両者の機能がまったく異なっていることが，次のような諸事実をあげて明らかにされている。

タキトゥス『ゲルマニア』第 26 章の「分配の容易さは，土地の広さが保障する。年々，彼らは作付け場所を取り換えるが，しかも田野はなおありあまっている」[4)]という叙述にかんして，マルクスはこの叙述をマウラーによって割替共同体のように読み取っているが（マルクス『全集』㉜，44），「これ自体は焼畑式か何らかの耕作様式を表現したものにすぎないだろう」（日南田 1973, 227）と推定したうえで[5)]，かりに福冨報告のように，大家族的生産単位の耕地用益の平等

4）この訳文は旧訳（タキトゥス 1953, 95）による。改訂訳では最後の部分は「しかし耕地はなお剰（あま）っている」（タキトゥス 1979, 119）となっている。

5）この認識は，コヴァレフスキーの焼畑式という説を参考にした「農学的」な耕地の取り換え説（エンゲルス『全集』㉑，143）に準拠したものである。

化のための割替が存在していたとしても，それは19世紀後半のロシア共同体で行われている割替とはまったく異なっていることが具体的に示されている。農奴解放後，ロシア共同体の割替の実態は土地の買戻し金等の「割当換え」であり，事実上，負担金の授受による土地の売り買いであるという性格があること，また本家からの分離独立等による「部分的割替」という性格が強いこと，さらに盛んに行われた「分与地借地」による土地用益の移転などによって，割替が個別農家の平等化を実現する機能をほとんどもたず，逆に個別農家の変動が割替を規定するような性格をもっていること，これらの割替実態は福冨報告が想定する割替とはまったく異なっていることが明らかにされている（日南田 1973, 227-228；同 1972）。

農奴解放後，ロシアの農民運動としての「総割替」運動にいたる要因にかんしては，マルクスや福冨の「農耕共同体」論とは異なった視点から，ロシアの共同体農民が置かれた歴史的状況について次のように説明されている。

「共同体未墾地もなく周囲を地主的土地所有に取り囲まれた中央部ロシアの多くの旧領主地の共同体」では，農奴解放時の「切取り」によって縮小した分与地を人口・戸数増加によって増やす余地もなく，一人当たりの分与地は減少していくばかりであって，「田野はなおありあまっている」と言われたゲルマン共同体=「農耕共同体」とはまったく異なる状況に置かれている。農民は地主的土地所有からの借地や地主直営地の雇役の必要が生じるが，高地代=低労働報酬が壁となり，農民は閉ざされた壁のなかで，負担増をともなわない分与地増加や負担減少を期待して割替を続けるが，「共同体の枠内では期待通りにはならないとわかったとき，地主的土地所有を含むいっさいの土地を『総割替（チョールヌイ・ペレヂェール）』する必要を感ずるにいたる。19世紀後半ロシアの条件のもとでは，割替慣行はこのような農民意識をまことに自然に形成させるという特殊な機能をもつ」。共同体の「二重性」としての私的所有と集団的要素との関係については，「『私的所有の要素』が強まれば強まるほどそれだけ『集団的要素』（ただし『総割替』を求める運動に体現）が強まる，といいうる」（日南田 1973, 228-229）。

農耕共同体の私的所有の要素と集団的要素のどちらが打ち勝つかという問題にかかわる「歴史的環境」の問題にかんしては，資本主義の「肯定的諸成果をみずからの中に組み入れうる」幸福な「資本主義との同時存在性」(マルクス『全集』⑲, 391, 395) にすぎないとその一面性を批判し,「『同時存在性』の肯定面のみでなく否定面をも含む全体的歴史的環境の中でのロシア共同体の分析」, すなわち「『資本主義世界体制のもとでの後発資本主義の共同体』の一般問題」の理論化が必要であったとして, マルクスのロシア共同体論とそれに依拠する福冨報告における分析方法の一面性が批判されている (日南田 1973, 230)。

コメントは,「ザスーリッチへの手紙」の草稿作成過程の検討を通じて, ロシア論が漸次切り捨てられ,「農耕共同体」論に純化されるというマルクスの「思惟過程」自体の方法論的問題点を検討している。

コメントでは, 原文の文献学的検討を通じて, 次のような重大な問題が提起されている (日南田 1973, 230-234)。マルクスの草稿作成過程は現行配列のような「第1」→「第2」→「第3」→「第4」の順ではなく,「第2」→「第1」→「第3」→「第4」の順である。このことはさまざまな表現の連続性と不連続性の分析, とくに決定的に重要な専門用語である「農耕共同体（コミューヌ・アグリコール）」(commune agricole) の出現と「農村共同体（コミューヌ・リュラール）」(commune rurale) 用語からの転換 (マルクス『全集』⑲, 389-390；Marx 1926, 321) の分析によって実証される。第2草稿では「農耕共同体」という用語は使われず, もっぱら「農村共同体」という用語が使われているが, 第1草稿の途中から「農村共同体」用語にかわって「農耕共同体」用語が出現し, 第3草稿では「農耕共同体」用語が使用され,「農村共同体」用語は抹消部分等を除きほとんど使用されなくなる[6]。「農耕共同体」の初出は, 第1草稿のタキトゥス時代の共同体の表現にかんし (マルクス『全集』⑲, 389),「ゲルマン共同体」→「農村共同体」→「共同体」および「農耕共同体」→「農村共同体」と転々と変更し, 最終的に共同体の三つの特徴づけを行う際に「農耕共同体」用語に定着した (日南田 1973, 232-233)。この用語は第1草稿で初めて出現したものであり, 福冨報告の主張するような70年代のマルクスの文章や『反デューリング』論のエンゲルスの文章には発見できない用語である (日南田 1973, 230)。

コメントでは, 以上の草稿執筆順序を確認したうえで, マルクスは最初の第

6）第3草稿訳文の407頁下段終わりから3行目の「農村共同体」は「農耕共同体」の誤植である (日南田 1973, 233；Marx 1926, 338)。

2草稿ではロシア共同体の分析を志し，ロシア資本主義下の歴史的性格を明らかにしていたとして，次のようなロシア共同体の特徴づけを引用している（日南田 1973, 234）。

「国家の仲介によって，農民の負担で養われているある種の資本主義が，共同体に相対峙している。……多少とも生活にゆとりある農民を中農階級に仕立てあげ，そして貧しい耕作者——すなわち大多数——をたんなる賃金労働者，つまり安価な労働に転化することは，地主の利益でもある。これはたやすい仕事というものである。国家の〈租税の〉苛斂誅求によって打ちひしがれ，商業によって略奪され，地主によって搾取され，高利によって内部から掘り崩されている共同体……」（マルクス『全集』⑲, 403）[7]。

次に執筆された第1草稿では，ロシア共同体論と農耕共同体論とが混在しているとして，ロシア共同体の歴史的性格にかんする新たな論点を次のように引用し，紹介している（日南田 1973, 234-235）。

「この共同体に対して，国有地を除外して土地のほとんど半分を，しかもその最良の部分を，その掌中ににぎっている地主的土地所有が，対峙している。この面があるから，『農村共同体』をさらに発展させて維持することは，ロシア社会の全般的運動——ロシア社会の再生はこの代価によってあがなわれるのだが——と，渾然一体となる。〈したがって全般的蜂起のただなかでのみ，この『農村共同体』の孤立，……一言でいえば『農村共同体』に《いっさいの》歴史的創意を禁圧しているその局地的な小宇宙性が，打破されうる〉。」（マルクス『全集』⑲, 393-394）[8]

第1草稿には，ロシア共同体の局地的小宇宙性を克服するために，「政府組織の郷（ヴォロスチ）のかわりにもろもろの共同体そのものによって選ばれかつそれらの共同体の利益を守る経済・行政機関たる農民会議を設置」というマルクスの叙述があるが，この叙述は「1905年革命期の『全村とりきめ運動』およびその発展としての17年革命期の『郷委員会権力獲得運動』の基本的経過とあまりに似ているので，私は2,30年前のマルクスのこの深い予見に驚くのである」とマ

7）この訳文の脱落（「つまり安価な労働」）がコメントでは補われている（Marx 1926, 334）。
8）この引用文は，手稿を忠実に再現したロシア語訳文によって，〈 〉内の文が直接接続するように訂正されている（日南田 1973, 235）。

ルクスのロシア共同体認識の歴史現実性とその予見性とを高く評価したコメントを行っている。

しかし，第3草稿ではロシアの共同体の「構造上の形態とその歴史的環境とがそれに与えている進化の可能性だけを見る」（マルクス『全集』⑲，408）として，「農耕共同体」の理論に純化されることによって，「資本主義的世界体制のもとでの後発資本主義国の共同体」の理論化の手がかりをさしあたり失うことになったと批判している（日南田1973, 236）。そのうえで最後に，草稿全体における非資本工義的発展論の決定的な欠陥として，「共同体農民自身がいかにして主体的に集団労働に移行しうるのか」という問題が，マルクスの草稿でもそれにもとづく福冨報告でも明らかにされていないとして，次のような批判を行っている（日南田1973, 237-238）。

農耕共同体における「『集団的要素』，つまり『土地共同所有が，集団的生産と領有の自然的基礎をなし』，かつ『資本主義的制度によって作りあげられた肯定的諸成果』，たとえば大農業機械などを享受しうる『歴史的環境』にある，という点が，『草稿』では一貫して強調されているが，これはあまりにも没主体的な把握である。」マルクスの草稿や福冨報告の「経済的必要」による社会的再生論も誰が「正常な諸条件のもとに置く」のか明らかではない。結局「それはもはや理論的問題ではない，ロシア共同体を救うには一つのロシア革命が必要である」として，第1草稿の末尾の抹消部分のように「ロシア社会の知性ある部分が……その国のすべての生命ある勢力を集中するならば」，農村共同体は社会的再生の要素となるという捉え方となり，農民自身の主体的な展開の道を明らかにするようにはなっていない。このような展開は「『農耕共同体』による方法からして当然のことであったろう」として，その抽象的方法を批判している。

コメントは，このような批判を行いつつも，第3草稿の末尾で，新たな考察を開始しようとしたのではないかとして，次のように推測している（日南田1973, 237）。

第3草稿の末尾で，「ロシア農民のアルテリ慣行」「草刈，干拓などにおける協同労働」のほかに，「〔平等主義的〕農民間耕地細分が……集団耕作への移行を容易にしていること」を新たに書き記し，次にマルクスの原草稿では「土地小片は……」と書いてとぎれていること（Marx 1926, 340）を指摘して，「ここで，ロシア共同体の現実へのマルクスの接近が，ふたたび……始まっているように思える」と推測している。

このようなマルクスの「思惟過程」の可能性について触れつつ，コメントの結論として，革命期の共同体農民の「『総割替』運動――このいわば大きな『集団的労働』のなかにこそ，主体的な『集団的労働への移行』の契機がはぐくまれうるのではないだろうか。……私は『農耕共同体』論から切り落とされたもののうちに，学ぶべき点を見たい」として，「ザスーリッチへの手紙」のロシア共同体論の現実性とその全面的分析への接近可能性について総括的に評価している（日南田 1973, 237）。

日南田コメントを受けた福冨氏のリプライ（以下「福冨リプライ」と略称）は次の通りである。リプライでは，日南田コメントが，これまでのわが国の「ザスーリッチへの手紙」にかんする論議のなかで，「ひじょうにユニークで貴重な内容（たとえば，下書きの執筆順序の文献学的再検討）をふくんでいる」として高く評価している。そのうえで，第3草稿にかんし，「『切り落とされたもののほうを軽視することはできない』し，マルクスは『ロシア共同体そのものの全面的分析をなそうとしてなしえなかったのではないか』という見解もまた絶対的に正しいと考えられる」として日南田コメントによる批判を全面的に受け入れ，マルクスの「農耕共同体」論とそれに依拠する福冨報告のロシア共同体論の限界性を認めている（福冨 1973, 238, 241-242）。

マルクスによるロシア共同体とタキトゥス時代のゲルマン共同体との共通性論にかんしても，その割替制の機能の点では，「かなり異なっている。たしかに，マルクスは，19世紀の学問的水準に規定されて事実認識においてはまちがいをおかした」として，日南田コメントによる批判を受け入れている（福冨 1973, 244）。また，草稿の執筆順序の問題にかんしては，その順序にかんする日南田説にたいして全面的に賛成すると同時に，「農耕共同体（コミューヌ・アグリコール）」と「農村同体共（コミューヌ・リュラール）」との用語法上の批判を「完全に受け入れたい」（福冨 1973, 248）として，「農耕共同体（コミューヌ・アグリコール）」用語が第1草稿の中途から出現する新しい用語であることを認めている。こうして福冨リプライは，事実関係や歴史的事実認識の点で日南田批判の多くの部分を受け入れつつも，草稿で提起されている「農耕共同体」論の独自の意義にかんしての持論を再説しつつ次のように問題提起している。

日南田コメントで提起されている共同体農民の「主体的」な集団的労働への移行問題の研究の重要性を認めるとともに，この問題が，ミール共同体の歴史的運命にかんするソビエトの論争の中断や中国の人民公社問題にたいするソビエト側の理論的無視等に現れているような「集団化政策の政治的影響」という問題領域とかかわっており，その問題を含めたスターリン批判の徹底化が不可欠であるが，これは「今日においてもあらゆる分野の科学においてまだ完全には成功していない」という重大な問題を指摘している。そのうえで，この問題にたいする回答は，「今後の研究が進展するまで保留させていただきたい」としてリプライを締めくくっている（福冨 1973, 248-249）。

この研究課題の提起は，非資本主義的発展という独自の社会運動が西ヨーロッパ以外の諸地域の運動として20世紀に展開したことにたいし，非資本主義的発展論を内包した「農耕共同体」論はそれを解明しうる可能性をはらんでおり，ロシアの集団化の歴史的再検討を含めた現代史の再検討によって発展させる必要があるという問題意識による積極的な問題提起であったと言えよう。

4　「ザスーリッチへの手紙」のロシア・ソビエト史にとっての現実性と非現実性

「ザスーリッチへの手紙」（以下「手紙」と略称）は，マルクスの執筆時の半世紀後の歴史としてのロシア革命，ネップおよび集団化の歴史を包括するロシア農業の歴史だけでなく，それから1世紀以上後のソビエト体制の崩壊という歴史にもかかわる問題を提起しており，マルクスの1881年時点の歴史認識の現実妥当性を長期の歴史によって評価しうるような広範な歴史的内容が提起されている。この「手紙」を今日の視点から再検討する価値があるのは，「手紙」の内容がこのような広範な歴史的問題を包括しているからである。

マルクスが，晩年の発展した歴史観にもとづいて，「農耕共同体」論によって提起しようとした広範な問題，すなわち原始的共同社会から階級社会への移行認識とその認識にもとづく未来社会への非資本主義的発展可能性の問題は，

20世紀の歴史と20世紀末以降の歴史的発展という現代史を踏まえてその現実性と未完成性を検討する必要があるが，その検討は次章以降の課題である。ここでは，ロシア共同体論を中心としたロシア論の歴史認識の現実性と非現実性という問題に限定して，論争を総括しつつ，マルクスの歴史認識をロシア・ソビエト史との比較によって評価しよう。しかし，マルクスのロシア共同体論の理解のためにも，「農耕共同体」論を含むマルクス晩年の歴史観の捉え方にかんする福冨理論の問題点をあらかじめ指摘しておく必要がある。

福冨報告は，1877年の「『祖国雑記』編集部への手紙」の歴史認識から1881年の「手紙」の歴史認識への飛躍的発展とそれによる『資本論』体系完成のための課題意識の自覚というマルクス晩年の歴史認識の発展を正当に捉えており，その意味でリプライとして提起されている研究課題もきわめて重要な意味をもっている。しかし，1881年の「手紙」執筆のための「特別研究」の「素材」は，「もっぱら」コヴァレフスキーが提供した資料であると断定しているのはまったく根拠がないばかりか，決定的な問題点がある。なぜなら，マルクスが「手紙」のなかで唯一名指しして批判している人物はヘンリ・メーンであるが，コヴァレフスキーの著作は歴史理論の「基礎的理解」としてはこのメーンの歴史理論に準拠しているからである（コヴァレフスキー 2011, 4；青柳 2009/2010, 49-51）。福冨報告の前提となっている福冨（1970）では，エンゲルス『家族，私有財産および国家の起原』（第4版，1891年）が最新の研究成果としてコヴァレフスキーの1890年の著作の資料を導入していることが，コヴァレフスキーを重視する重要な論拠になっている。しかし，エンゲルスは「手紙」を読んでいないだけでなく，マルクスがメーンの歴史理論を決定的に批判した「ヘンリ・サムナ・メーンの著書『初期制度史講義』1875年刊の摘要」（マルクス『全集』補巻④，475-546：以下「メーン・ノート」と略称）も読んでいないと推定される。福冨（1970）や福冨報告も，1972年に公表され，1977年に邦訳された「メーン・ノート」を検討していないが，これはマルクスの歴史観の理解として決定的な問題点となっている（青柳 2009/2010, 13-15, 35-44, 49-51）。

ザスーリッチが所属していたジュネーブのロシア亡命者グループの指導的位置にあったプレハーノフが「黒土割替（チョールヌイ・ペレヂェール）」（総割替（チョールヌイ・ペレヂェール））派ナロードニキの立場からマルクス主義の立場に転換するさいに決定的な影響を与えた著作が，

共同体的所有から私的所有への必然的進化論を展開したコヴァレフスキーの1879年の著作『共同体的土地所有，その解体の原因，経過および結果』であった（田中真晴 1967, 45-46, 99-101）。ザスーリッチがコヴァレフスキーと同様の「農村共同体」用語を使ってマルクスへの質問の手紙を出したのはこのような背景があったと考えられる。マルクスがこれらの事情をどこまで知っていたかどうかは別として，「手紙」のなかでの「サー・H・メーンや彼と同じ穴のムジナども」という強い批判的表現やメーンに関連して「ブルジョアたちによって書かれた原始的共同社会の歴史を読むにあたっては用心するのが肝要である」（マルクス『全集』⑲，389, 405）とわざわざ指摘していることを考慮すれば，メーンの歴史認識とコヴァレフスキーの歴史認識をマルクスがどのように捉えていたかということの検討は，「手紙」の理解にとって不可欠となる。しかし，福冨（1970）を含め，多くの「手紙」の解釈論にはこのような検討，とくに「メーン・ノート」と「コヴァレフスキー・ノート」との比較検討はまったく行われていない。コヴァレフスキーが共同体の進化過程を捉える概念として「農村共同体」と「家族共同体」という用語を使用していたことを考慮すると（コヴァレフスキー 2011, 3；マルクス『全集』補巻④，181, 196；Ковалевсий 1977, стр. III, 86, 101），「家族共同体」という用語をまったく使わず，「農村共同体」用語から「農耕共同体」用語へと変更したさいのマルクスの歴史認識を解明するためには，コヴァレフスキーの歴史理論とは明確に区別して検討することが不可欠となることを確認しておこう。

「手紙」とロシア・ソビエト史との比較検討に不可欠な前提条件として，レーニンやボルシェビキの現実認識の方法的態度について指摘しておこう。

「手紙」は1924年にロシア語訳として，1926年にフランス語原文として公表されるまでは，その内容は知られていなかった。しかし，マルクスによるロシア共同体の非資本主義的発展可能性論は，1877年の「『祖国雑記』編集部への手紙」（1886年公表）や1882年の「『共産党宣言』ロシア語第2版序文」で十分に知られており，とくに後者の歴史認識は，マルクスの革命思想を継承しようとする立場に立つかぎり，ナロードニキ思想の後継者であるエスエル（社会革命党）と社会民主党，とくにボルシェビキとの共通の前提となっていたと言える。

以上のマルクスの革命思想に忠実であろうとするかぎり，ロシアのマルクス主義者にとって二つの原則的態度が決定的に重視されることになる。一つはマルクスの先進資本主義革命を中心とした世界革命論の継承である。ロシア革命が西欧のプロレタリア革命の「合図」となって，ロシア革命と西欧革命とが補い合うという世界革命論にかかわる歴史認識は，晩年のレーニンやトロツキーを含めたボルシェビキの理論家にとって，17 年革命後の 20 年代のネップ期まで継承された原則的認識であった（渓内 1992）。もう一つは，マルクスのロシア革命論が共同体的社会主義の「必然」論ではなく，あくまでもその「可能性」論であったことから派生するスタンスであるが，共同体農民にかんする「事実」の探究という方法的スタンスである。ロシアの農民革命運動の歴史的性格を社会主義的なものではなく，「ブルジョア的」なものとして捉えるというレーニンやプレハーノフのスタンスの基礎は，ロシアの共同体農民の「両極分解」，すなわち一部の富農層の「ブルジョア的」発展傾向と多数の貧農層の「プロレタリア」化傾向とを 19 世紀末・20 世紀における「事実」であるという認識にもとづくものであって（田中真晴 1967, 44-45, 99-103），「両極分解」の「法則」論やその「必然性」論にもとづくものではないという態度の堅持である。資本主義発展の「必然性」論ではなく「事実」というレーニンなどのスタンスは「『祖国雑記』編集部への手紙」におけるマルクスのスタンスと共通したものであり，この「事実」探究という方法的スタンスの重要性は強調しても強調しすぎることはない（青柳 1994, 5-13）。なぜなら，平田清明氏を含む多くのレーニン批判論者がレーニンの「両極分解」の「事実」にかんする研究を，その「法則」論ないし「必然性」論と解釈し，「手紙」を含むマルクスのロシア共同体論と本質的に異なるスタンスとして批判しているからである。また，この方法的スタンスは，実践的スタンスの基礎となった点で決定的に重要である。農民経済にかんする「事実」認識を実践の基礎とするスタンスは，その事実認識が新たな探究によって変化するか，事実関係自体が歴史的に変化すれば，農業問題にたいする異なった実践的スタンスが派生しうること，事実探究というスタンスによって事実認識の異なる理論家や経済政策論者との共同研究を通じた協同関係も可能になるということである。レーニンが 1905 年革命の経験を通じて探究したロシアの土地問題研究とそれにもとづく「農業綱領」は，ロシア革命期のボルシェビキとエスエル左派との協力関係をもたらし，20 年代におけるロシア農民層の事実認識としての「農村の平準化」(レーニン『全集』㉜, 346)[9]の認識や農業の荒廃という認識は，ネップの採用をもたらした[10]。レーニンを含むボルシェビキは，農民経済の「事実」認識を実践行動の基礎とするというスタンスをネップ期まで堅持しており，このスタンスが自由主義的経済学者や農民社会主義的経済学者との広範な共同研究による協同関係(小島 2008, 16-19, 105-139)の基礎となっていた。このことを「手紙」の検討の前提として確認しておこう。「手紙」の歴史認識は，マルクスとレーニンに共通する「事実」探究という方法的スタンスにもとづいて，その現実性と非現実性を評価する必要がある。

「手紙」の決定的な非現実性は，ロシア革命が実現され，ロシアの旧体制が崩壊したにもかかわらず，それが「西欧のプロレタリア革命」の「合図」にはならなかったことである。それだけではなく，第1草稿や第2草稿でロシア共同体の非資本主義的発展の決定的条件としての「歴史的環境」要因とされている資本主義制度の「消滅」や「隠退」にいたる「危機」，労働者大衆および科学や生産力との「闘争状態」にある西欧や合衆国の資本主義制度の「危機」という歴史認識(マルクス『全集』⑲, 388, 393, 401)は，マルクスがこのような指摘を行ってから130年以上も経過したにもかかわらず，西欧や合衆国の資本主義の「消滅」や「隠退」という事態は発生していないことである。これは「手紙」の歴史認識における決定的な非現実性である。マルクスの資本主義「危機」論の理論的根拠は，『資本論』の資本主義的蓄積の歴史的傾向論であるとすれば，この歴史認識も決定的な非現実的認識であったことになる。この問題は次章以降の検討課題である。ここでは，その検討の前提として，西欧や合衆国の資本主義の長期存続という歴史的事態を前提としたロシア・ソビエト史の諸「事実」と比較した場合，「手紙」にはいかなる現実性が内包されているかという問題のみに限定して検討を行おう。

日南田コメントは，「手紙」におけるロシアの共同体と先進資本主義との同時存在という「歴史的環境」論が資本主義の肯定面の影響だけで，その否定面

9)『レーニン全集』(大月書店)からの出典表示は，(レーニン『全集』巻数，ページ)のように表記する。

10) レーニンのネップ構想は，当初少数意見でしかなかったが，クロンシュタットの兵士反乱が決定的契機となり，ネップに転換した(メドヴェーヂェフ 1995, 30)。

の影響が無視されていると批判しているが，否定面の捨象は，マルクスの同時存在論がロシア革命と「西欧のプロレタリア革命」との相互作用という歴史展望にもとづいていたからである。ロシア革命は実現したが先進資本主義革命の非実現という「歴史的環境」が現実化した場合，資本主義の強力な否定的作用が作動することは必然的であり，この作用をマルクスが忘れるはずはない。『帝国主義論』によって帝国主義戦争の不可避性という歴史認識に立ち，ロシア革命にたいする資本主義諸国による「干渉戦争」を闘い抜いたレーニンの場合，20年代後半から30年代までレーニン自身が生存していて，先進資本主義革命，とくに期待していたドイツ革命が当面実現されず，イタリアやドイツのファシズム運動が現実化しつつあることを知りえたとしたら，資本主義の否定的作用の問題は，ソビエトの運命にとって決定的に深刻な問題として認識されたことはまちがいない。先進資本主義における高度な生産力発展の肯定的影響という作用だけでなく，先進資本主義の高度な生産力とその軍事力による決定的な否定的作用は，誕生まもないソビエト史に強力な作用を及し，その歴史的展開方向を規定する強力な要因となったことはまぎれもない歴史「事実」であったからである。

このような歴史的環境のもとでは，一時再評価されたような漸次的な農業集団化路線，とくに協同組合の経済的有利性の経験を通じた協同組合の漸次的な高度化的発展というエンゲルスが晩年提起し（エンゲルス『全集』㉒，482-501），ボルシェビキのなかではブハーリンに継承された路線は現実的選択肢にはなりえない。急速な工業化による近代的軍需産業の急成長なしには，ナチスの軍事的侵略の餌食になったことは疑いないであろう。この「歴史的環境」の否定的作用を考慮したとき，マルクスの「手紙」はどのような現実性を内包していたのであろうか。

結論を先取りして言えば，「手紙」の第2・第1草稿で展開されている帝政ロシアの独自の国家資本主義的強蓄積様式の地主的大土地所有を廃棄したうえでの強力な推進，すなわち先進資本主義に対抗し追いつくための剰余労働の強度搾取にもとづく強蓄積と，第1・第3草稿で中心的に主張されている非資本主義的発展形態との複合的形態として現実化することになったと言える。ロシア革命は政治的には帝政ロシアの専制政治を解体し，地主的大土地所有を廃止したにせよ，帝政期に形成された工業化推進を中心とする経済発展構造は（ラウエ 1977），革命後に歴史的遺産として継承されるほかはなかったからである。革命前のロシア資本主義と共同体の実態に肉薄したマルクスのロシア経済認識は，革命期と革命後のロシア・ソビエト史の展開をも，抽象的ではあれ内包する可能性があるのは，経済発展がある程度まで「経路依存」性という再生産構造的連続性をもっているからである。

レーニンは，20年代のネップ期のソビエト経済を多様な労働様式としての多ウクラードを内包する国家資本主義と規定した（レーニン『全集』㉜，356-363；Ленин 1970, 207-213）。このソビエト「資本主義」の規定はたんに制度的多様性を根拠としたものではなく，先進資本主義におけるプロレタリア革命の援助なしに，先進資本主義の生産力，すなわち電化にもとづく高度な生産力に独力で追いつくためには，当面は，主として農民経済によって生産される剰余農産物とその輸出および農民家族から供給される脱農化した労働者人口にもとづいた蓄積による急速な経済発展を実現する以外にソビエト経済が生存する可能性はなく，そのような後進的社会はマルクスが想定したような先進資本主義中心の世界革命によって実現されるような未来の社会主義社会ではありえないという根本的な認識を根拠にするものであったといってよい。「共産主義とは，ソビエト権力プラス全国の電化である」（レーニン『全集』㉛，422, 524）というレーニンのスローガンを，「一国社会主義」の実現可能論と捉える解釈もあるが，この解釈ほど冷徹なリアリストであるレーニンの歴史認識を歪曲した解釈はない。電化を通じた国家資本主義的経済発展によって帝国主義戦争の時代を生き抜いて，差し迫っている先進資本主義の社会主義化という新時代の到来を通じた共産主義への世界史的移行という予測的認識は，レーニンの帝国主義時代認識に内在するものである（レーニン『全集』㉒，342-352；同 ㉜，347, 510-530）。当時の帝国主義世界の構造認識を忘れて，「一国社会主義」の実現を期待するオポチュニストとしてレーニンを捉えることはできない。このようなレーニンの現実認識がボルシェビキの理論家内部で継承され，発展していった場合，ネップ経済が「穀物調達危機」という独自の「危機」にみまわれた20年代末期にいかなる現実的な国家資本主義的経済政策の展開が可能になったかという問題は後で考察しよう。まず，マルクスの「手紙」の歴史認識の範囲を20，30年代まで広げて問題を考察しよう。

「手紙」で指摘されている「特殊研究」の「素材」となった「原資料」を，福冨報告のようなコヴァレフスキー著作と捉えるのではなく，「手紙」のなかで展開されたロシア資本主義論と共同体論の基礎資料そのものに直結する資料となるものを探せば，1881年末から82年に書かれた「1861年の改革と改革後のロシアの発展についての覚書」(マルクス『全集』⑲，410-430) のもとになった諸資料であることは明らかである。「覚書」では，「手紙」で指摘されている諸事実はすべて指摘され，より詳細に叙述されているだけでなく，「手紙」では指摘されていない諸事実も指摘されており，これらの諸事実を記載した「原資料」は，「手紙」の叙述の基礎になっていたといってよい。

「覚書」の歴史認識によれば，61年改革以前のロシアは「農奴制 Leibeigenschaft の時代」(マルクス『全集』⑲，418；Marx 1962, 414) と規定されている。このマルクスの認識は，福冨理論のように耕地が私有化された「新しい共同体」のみを奴隷制・農奴制の基礎として捉え，「農耕共同体」段階のロシアの共同体を奴隷制・農奴制の成立以前の段階の共同体として，絶対的に区別するような発展段階論には立っていない。また，耕地の農学的土地利用制度はロシアの黒土地帯の場合，ヨーロッパ中世と同じ「三圃式」であることが指摘されており，これは「手紙」の記述としてのロシア農民経営が「西洋の小農民と同じように」分割地を経営しているという認識の基礎となっている (マルクス『全集』⑲，402, 417, 423)。

「覚書」の事実認識としては，農奴解放後の農民経営の土地の切り取り，高額の買戻し金賦課，直接税や間接税の重い負担およびこれらの負担の結果としての地主地借地と賃かせぎの必要性，国有地を除き土地面積のほぼ半分を占める地主地の存在，これらの農民搾取強化の結果としての穀物取引と穀物輸出の増大，政府の財政収入の増大，国有鉄道から私営鉄道への移管による株式会社としての鉄道の発展，国立銀行と私営銀行の発展と鉄道会社との資金的結合，綿工業発展の指標としての綿花輸入の増加，放牧地不足の結果としての農民経営の馬保有状況の悪化，少数形成された富農と商人による農民略奪，農民経営の赤字経営化などが指摘されている。「覚書」では，「国家の仲介によって，農民の負担で養われているある種の資本主義」(マルクス『全集』⑲，403) という第1

草稿での総括的特徴づけの基礎となる諸事実が検討されており，これは19世紀末帝政ロシアの国家資本主義的工業発展を見据えた現実認識であると言ってよい。

これらの認識にもとづいて，第2草稿でロシアの共同体農民にかんし，「動産の所有は，共同体諸成員の財産を漸次的に分化させ，とりわけ国家の租税の圧迫によって，共同体のなかに利害の衝突をおこさせている」と指摘し，さらに共同体的土地所有の解体にかんし，第1草稿では「耕作者達を収奪するには，イギリスやその他のところでおこなわれたように彼らをその土地から追い払う必要はない。勅令によって共同所有を廃止する必要はない。農民から彼らの農業労働の生産物をある程度をこえて奪いとってみることだ。そうすれば，憲兵隊や軍隊をもってしても，彼らを彼らの畑につなぎとめることには成功しないだろう」（マルクス『全集』⑲，396, 402）という注目すべき指摘を行っている。このマルクスの認識は，19世紀後半のロシアの共同体的土地所有とその土地割替制は，農民層分解を阻止するものではなく，むしろ保有分与地規模に応じて賦課される租税や買戻し金の負担の他者移転のための分与地借地関係や部分割替による用益地移転は，階層分化や家族分割の結果であるという日南田コメントの歴史認識と共通する認識である。また，コヴァレフスキーや福冨理論のような「家族共同体」や大家族を根拠とした土地割替論は，「手紙」の割替制の論拠にはなっていない。割替制にかかわる農民の土地用益については，次のように指摘されている。

「おのおのの小農民は，西洋の小農民と同じように，自分自身の計算で自分の〈分割地〉畑を耕作し，用益する〈その分割地の果実をわがものとして領有する〉。土地の共同所有と土地の分割用益」（第2草稿），「畑は依然として共同体的所有ではあるが，しかしそれは定期的に分割され，したがっておのおのの耕作者は，自分にあてがわれた畑を自分自身の計算で用益し，その果実を個人的にわがものとして領有する」（第1草稿）。第3草稿の記述は第1草稿とほぼ同様である。

この指摘は，1860年代のリチャード・ジョーンズの研究によって新たに獲得した概念として，奴隷制・農奴制の基礎として，私的土地占有を基礎とした「小経営生産様式」（一夫一婦婚複合家族を含む一夫一婦婚的家族経営）概念と同じものである（青柳 2009/2010, 23-23；マルクス K. I, S. 789）。19 世紀末・20 世紀初頭のロシアの共同体農民は，西欧の小農民とは発展程度は異なるにせよ，同様の階層分化が進展しており，その点ではロシア農民の割替制的土地用益は西洋小農民の土地用益と決定的な相違はないと見ている。この点でマルクスの事実認識はレーニンの「両極分解」の事実認識と共通しており，ロシアの共同体農民の実態に肉薄している。19 世紀後半の中央黒土地帯の共同体は放牧地や採草地を含む共同地の不足により，動産としての家畜や馬の保有状態が悪化しているだけでなく，共同放牧地の利用や採取飼料の均等利用条件の解体と不均等な穀作飼料への移行による動産保有の分化が分与地借地の発展を含む耕地経営の分化をもたらすとともに（青柳 1994, 145-214, 217-315），日南田コメントの指摘のように，分与地買戻し金と分与地規模に比例した租税の重圧が土地用益の移転とその不均等化を強化しているからである。

マルクスは，第 2 草稿で，19 世紀末の発展傾向の到達点として，ロシア資本主義にとって，「共同体を押しつぶすことが利益」であり，少数の富農を「中農階級」（「小農」より上位の階級）に仕立て上げ，貧しい耕作者をたんなる賃労働者に転化することは，「地主の利益」であり，それは「たやすい仕事」であるとして，すでに引用したように，国家の租税の苛斂誅求，商業的略奪，地主的搾取，高利がこの進化の推進要因であることを指摘している（マルクス『全集』⑲, 403）。このマルクスの歴史展望は共同体解体の地主的推進によるユンカー（地主）経営的農業進化の方向を予測しているが，この経営的進化の予測は当たらなかった。革命前の共同体解体の傾向は，中央部ロシアの場合，雇役制を含む地主経営全体の解体と地主地貸出の方向に進展したからである（青柳 1994, 84-93, 278-292）。しかし，20 世紀初頭のストルィピン改革とそれに対抗するロシアの土地革命の予測は当たり，農民運動による総割替運動の徹底によって，地主的大土地所有自体が廃止されるとともに，ストルィピン的共同体解体の試みを崩壊させ，共同体的土地所有の復活をもたらした。ボルシェビキが採用した土地法は，農民運動の主導性を尊重して，エスエルの土地社会化法が採用されたからでもあった（保田 1971, 307-315；佐藤 2000, 352-353）。

革命後の内戦と干渉戦争の時代に行われた「戦時共産主義」と呼ばれた強度の穀物収奪としての「割当徴発」は農民経済を荒廃させ，一定の現物納による

「食糧税」の賦課を前提とした農民経済の市場経済化と農村の小営業や小商業の復活を通じた農業生産の発展を保障する新経済政策（ネップ）に転換し，農業生産は回復し発展した。しかし，20年代後半になるといわゆる「穀物調達危機」が出現し，穀物価格上昇にともなって，都市住民への穀物供給が困難になった。この原因には多様な要因がありうるが，20年代における農民家族分割の一層の進展にもとづく農民経営の縮小および富農層が自己経営の拡大を通じた商品化率の上昇に警戒的であったことなどによる経営規模の全般的縮小と，「農村の平準化」（レーニン『全集』㉜，346）および農村人口の増加による現物消費増加とによる商品化率の低下が基本的要因となっていたことはまちがいない（佐藤 2000, 351-376；松井 1976）。20年代末のソビエト政府は農民的小経営の変革を迫られることになった。

変革の方法の一つは，農民経営の集約化による経営拡大として，共同体的零細地の集中を通じた農業発展の道である。これはストルィピン改革期に権力的に遂行された方法を，地主的大土地所有を廃棄したうえでの再版的実施の道であるが，コンドラーチェフ等の自由主義経済学者が提案していた改革路線であった（小島 2008, 81-92）。もう一つは，協同組合化を通じた集団化路線であり，その方法と速度の相違の問題は別として，農民的社会主義的思想をもつチャヤーノフ（小島 2008, 114-128）や漸次的協同組合化路線を主張したブハーリンを含むボルシェビキ的理論家[11)]に支持された。ただ，ここで注意すべきことは，トロツキーを含む路線論争は「社会主義」路線の論争と呼ばれる場合があったとしても，ボルシェビキ的理論家にとっては，1936年のスターリン憲法の規定のような短期の「一国社会主義」実現論ではなく，ドイツを含む先進資本主義革命の早期実現の期待を含む社会主義実現の追求であって，社会主義を目指す経済体制，すなわち過渡的な前社会主義経済の長期存続路線であり，ブハーリンの場合には数十年にわたる「亀の歩み」を想定する過程であったことである（コーエン 1979, 225-250）。

11）ここでは，ロシア革命と先進国革命の合成によってのみ，社会主義は可能になるというマルクスとエンゲルスの1882年の思想に忠実な社会民主党の原思想を継承したレーニンを含むロシア・マルクス主義者を簡単に「ボルシェビキ」と呼び，急速な「一国社会主義」の実現可能論へと転換したスターリンを含む「ソビエト・マルクス主義」者と区別する。

スターリンを中心とした急進的協同組合化，すなわち強行的集団化路線が実践される経過について，ここで検討することはできない。ただ，内戦期（「戦時共産主義」期）と同様の暴力的「穀物調達」（穀物収奪）方式が採用され，それにたいする農民の抵抗を排除し，確実な「穀物調達」を実現するための「集団農場」の設立が連鎖反応的に展開したこと，この組織者として脱農化して都市労働者となった多くの共産党員とコムソモール員が武装して農村に派遣され，その組織的主導力を通じて実現されたこと，抵抗する農民の暴力的追放などを含め農民の主導性を無視して強行されたこと，その結果，集団的所有化の対象となった馬の屠殺や斃死によるその激減，農業生産の低下，穀物収奪強化による多数の餓死者の発生という巨大な犠牲をともなったという諸事実のみを指摘しておこう（奥田 1990, 510-528, 632；メドヴェーヂェフ 1995, 48-76；石井 1995, 233-244）。

この変革過程を，レーニンの多ウクラード的国家資本主義というソビエト経済の本質的認識を前提とすれば，「小商品生産」と家父長制的な「現物的農民経済」とのウクラードの，国家地主的大経営と自留地零細経営とのウクラードへの転化であり，それによる地主的大経営における剰余生産物の強度搾取にもとづく強蓄積体制への転換であったこと，このウクラード転換が国家資本主義的工業化のための賃労働者創出と剰余生産物投資による急成長の基礎となったという本質的性格を捉えることができる。しかし，その結果は，集団化による「集団的所有」という外見的形態を形成することによって，多くの労働者を集団農場と国有企業の労働に動員するための「社会主義」イデオロギーを不可欠の構成要素とする独自な国家資本主義体制が創出されたと言える。

このような歴史認識に立って「手紙」の第2草稿の末尾の記述を再検討すると，共同体的土地所有の地主的解体による賃労働者の形成とそれを通じた「地主の利益」の実現としての地主経済的剰余生産，および共同体解体による資本主義の「利益」，すなわち国家資本主義的強蓄積は，ストルィピン改革期に一時的に展開した後，30年代の集団化期に再び本格的に展開するという歴史過程の予測としての歴史現実性を内包していたと言える。また，集団化の外見的形態という問題にかんしては，第1草稿末尾にある記述として，共同体変革のために「革命が全力を集中する」ことの具体的内容として，「ロシアの知性がその国のすべての生命ある勢力を集中する」という少数の組織者による主導性論も集団化期の特殊な運動形態の予測として現実性の高い認識であったと言える。マルクス自身はロシアの「一国社会主義」論としてこの指摘を行ったわけではないが，1924年にロシア語訳で公表されたこのマルクスの「手紙」がソビエト国家の指導層内部の「知性ある部分」に実践的ヒントを与えた可能性を否定することはできないであろう。

しかし，「手紙」の執筆を通じたマルクスの考察過程は，ロシアの歴史的展開として以上のような問題の考察だけで終わったのだろうか。農民の主導性はまったく考慮されていなかったのであろうか。日南田コメントでも注目されている第3草稿末尾の「土地小片は［……］parcelle［……］」（Marx 1926, 340）という表現で途切れているパラグラフにおける新たな検討を通じてマルクスは何を考察しようとしていたのであろうか。

第2・第1草稿ではロシア共同体の転換の「経済的必要性」の問題を「大規模の結合された機械制耕作」（マルクス『全集』⑲，403）の採用の必要性として，もっぱら労働手段視点からのみ考察され，土地の農学的改良視点が欠如しており，農業生産力発展のための共同体的土地所有の変革にたいする農民の主導性の視点も欠落していた。この点は日南田コメントが指摘している通りである。しかし，第3草稿の末尾にいたってはじめて農学的な土地問題視点が出現している。

マルクスは，「土地小片」の分散錯圃状態，すなわち碁盤の目状の土地小片（地条）の細分状態という新たな問題を，最後のパラグラフで取り上げつつ，その成立根拠を，自然的豊度と位置の相違による労働成果の相違の均等化のため，それらの条件の等しい「耕地帯」（耕区）ごとの土地小片の均等な分散配分を行った結果であるという歴史的成立根拠を明らかにしている。それはかつて西欧にも一般的に存在し，ロシアの共同体では最近でも永続しているが，現代では，それは「農学的の要請とはあいいれない。……労力と時間の浪費を必然にする」として，次のようなきわめて重要な指摘を行っている。

> 「〈……もし農民の耕す畑を一箇所にまとめたなら，彼はそこに主人として君臨するであろう。〉」（マルクス『全集』⑲，409）

ここでは，土地の農学的改良視点の出現とともに，「農民」が耕地にたいして「主人として君臨する」という農民の主体的態度の視点が初めて登場している。この視点は，耕地の交換分合による団地化によって，移動や輸送時間の節約という経営合理化の問題のみではない。マルクスは，西欧農業史の研究を通じて，すでに「土地資本」概念を獲得していた（マルクス K. III, S. 635-636）。したがって「農民」が耕地にたいし「主人として君臨する」ということの具体的意味は，経営主としての「農民」の土地生産性にたいする主体的関与行為としての「土地資本」投下，すなわち土壌改良や地力増進や灌漑・排水設備の設置等を含む耕地改良による土地生産性の上昇という農学的な農業生産力発展の展望を含んだ表現であったと言ってよい。これは近世から近代ヨーロッパにおける農業発展の歴史的経験から，19世紀末ロシア農業が同様の発展可能性とその「経済的必要性」の段階に到達しているという歴史認識を含むものであったと言える。日南田コメントが推定しているように，「土地小片は……」という書き出しで終わっている第3草稿の最後の部分は，農民の経営主的主体性にかかわる土地問題の新しい考察が始まっていたとみることができよう。

土地生産性の点で，19世紀後半から集団農場の時代までの三圃式農業を中心とした中央部ロシアの農業地域の約1世紀にわたる歴史を事実に即して概観すると，次のような発展過程の特質を指摘することができる（青柳 1994, 320-364）。

農奴解放後に本格的移住運動が展開した南部・東南部地方を除くロシアの定住地方である非黒土地帯では，農奴解放前に耕地拡大は完了し，また，定住地方である黒土地帯では，1870年代まで耕地拡大が進行したが，19世紀末には両地帯とも耕地拡大が限界に達し，人口増加とともに土地不足現象が現れ，両地帯におけるその後の農業生産の発展はもっぱら土地生産性の上昇による集約的発展として進展した。農民経営の土地生産性は，1860年代には1デシャチーナあたり30プード前後，播種量にたいする収穫倍率は4前後であったが，1910年代にはヨーロッパ・ロシア50県平均で1デシャチーナあたり50プード，収穫倍率6.3，中央農業地方平均で57〜59プード，収穫倍率7.3程度に上昇した[12]。この土地生産性は地主経営より若干低かったが，それほど遜色ない水準であった。農民経営の土地生産性を西欧と比較すると，イギリスとネーデルランドの16〜17世紀の平均収穫倍率の7，フランス，スペイン，イタリア

12) 1デシャチーナ＝1.092 ha，1プード＝16.38 kgであるので，1デシャチーナ当たり50プードは1 ha当たり750 kgにあたる。

の16〜18世紀の平均収穫倍率の6.3，ドイツ，スカンジナヴィア諸国の18世紀の平均収穫倍率の6.4の水準に匹敵し，20世紀初頭のフランスと合衆国のライ麦収穫の1デシャチーナ当たり68プードの水準に接近する発展であった。この土地生産性は，西欧の経験によれば，三圃式農法の最高水準として，多圃輪作等の新農法へ移行する直前の発展水準であり，中央部ロシアの場合，厩肥の施肥や入念な耕作によってはじめて達成された集約的農法によるものであった。しかし，集団農場の時代の穀物収穫はきわめて停滞的であり，1940年の総収穫量は1913年の水準を若干上回る程度であり，1950年の総収穫量はそれを下回った（青柳1994, 355, 376参照）。この間の人口増加による食糧需要の増加は主として零細な自留地経営で生産されたジャガイモ生産の増加によってかろうじて補われた。集団農場には機械トラクター・ステーションを通じて，機械力が導入されたが，この機械化は集団農場の土地生産性の上昇にはまったく寄与しなかった[13)]。ロシア農業の集約的発展の歴史は，革命前に農民経営の経営改善によって急速に発展したものの，集団農場の時代にはきわめて停滞的であったと言える。

「手紙」の第1・第2草稿のなかで主張されている大規模機械導入のための共同体解体論は，ソビエトの集団農場形態として実現されたとみることもできる。集団農場は多くの共同体農民を脱農化させ，工業発展のための賃労働者を大量に供給したが，農民の主導性を阻害する強制的形態によって実現された結果，経営主としての「農民」が土地にたいし「主人として君臨する」ことが不可欠な農学的発展による土地生産性の上昇は達成されなかった。

1920年代から30年代のソビエトにおいて，先進資本主義に対抗しつつ，農業生産の発展にもとづく国家資本主義的工業化による急速な経済発展を実現するための最も現実的な道は，マルクスが第3草稿末尾で考察を始めた共同体的分散錯圃の団地化によって，「農民」が経営主として自己の土地の「主人公として君臨する」道であったと考えられる。これがソビエト農業と西欧農業との比較から導かれる結論であると同時に，小経営的農業を維持したままのポーラン

13）ここではスターリン期のみを考察対象とする。それ以降は，外延的な耕地拡大と化学肥料の投入によって穀物生産の増加がはかられたが，西欧で発展した農学的方法による農業発展は実現されなかった（メドヴェーヂェフ1995, 132-138, 233-242, 316-324）。

ドの国家資本主義的発展や現代中国における小経営的農業の復活による国家資本主義的経済発展という経済実態からも可能な発展形態である。この方向は自由主義的経済学者としてのコンドラーチェフなどの提案であったが（小島 2008, 105-128；佐藤 2000, 361-375），優れたボルシェビキの伝統としての農民経済の「事実」の分析にもとづく実践という態度に立ってその方向を採用することは不可能であったのだろうか。

この視点から再評価する必要があるのは，レーニンの土地国有論の理論的意義である。土地国有論は，たんに地主的大土地所有の廃棄論であっただけでなく，土地の自治体的所有としての「公有化」論（メンシェビキ路線）や農民社会主義の実現手段としての土地「社会化」論（エスエル路線）とは本質的に異なったものであり，それが農民層分解を促進するブルジョア的な土地変革，すなわち「アメリカ型の道」として最適な土地所有形態であるという認識にもとづくものであった（レーニン『全集』⑬，317, 434-441）。この認識を，マルクスの「手紙」における租税賦課による脱農化と土地集中による共同体解体の現実性認識と結びつければ，「食糧税」の国家的地代としての現物地代的再編強化を通じた農民層分解による脱農化の促進と富農経営における主体的な耕地改良による集約的農業の発展および国家的地代の集中投下による国有工業の急速な発展という地代強化的共同体解体路線が，巨大な犠牲をともなった強行的集団化よりは，はるかに「たやすい仕事」（マルクス『全集』⑲，403）であり，帝国主義に包囲された状況下で，最も犠牲の少ない国家資本主義的経済発展としてはるかに現実的で，より急速な経済発展を実現する道となったように思われる[14)]。

14）コンドラーチェフはネップ期の農産物の商品化率の低下原因を，大地主経営の消滅，農村の平準化，農民の自家消費の増大，税・地代等の農民負担の減少，農産物の相対価格の低下という要因をあげ，当面の農業発展の方向を農村の階層分化の促進による大農民経営の育成として捉えていたが，これは「アメリカ型の道」を志向する土地国有化路線に沿った捉え方であったと言える（小島 2002, 45-49）。「穀物調達危機」が発生した 20 年代末の時期には食糧税は現物税から貨幣税に転換され，穀物価格の上昇が国家の「穀物調達」をより困難にしていた（石井 1995, 211）。この「危機」への対応としては，「食糧税」の土地用益基準による固定現物地代としての再編強化による貧農の零細地用益の解消（脱農化による地代負担からの解放）と零細地集中の促進が，ネップ期以前の「割当徴発」と同様の恣意的「穀物調達」と暴力的集団化との連鎖反応という「上からの革命」路線とは異なったより現実的な土地改革路線ではなかったかと考えられる。集約的農業が発展していた先進地このようなレーニン的土地改革路線がボルシェビキの理論家の内部で支配的見解になりえなかった根本的要因については，ここで検討することはできない。しかし，その重要な要因の一つに，ソビエト国家の指導層の農民観として，農民の「私的所有」とそれにもとづく市場経済的な農民経営の発展にたいする過剰な警戒感，すなわち「両極分解」の「必然性」観とその過大評価があり，それが農民経済の「事実」に即した冷静な分析を困難にして，その結果，農民層にたいする偏見が政策決定の重要な要因になった可能性は否定できないであろう(松井 1976, 308-334)。「私的所有」と市場経済にたいする過剰な警戒感の理論的根拠がマルクスの『資本論』段階までの「私的所有」と商品経済にたいする歴史観にあったとすれば，その歴史観の限界をも現代的視点から再検討する必要がある。

「手紙」の歴史認識の現実性と非現実性について総括しよう。日南田氏のリプライでも指摘しているように，マルクスのロシア資本主義論とロシア共同体論の認識のみを析出すると多くの現実性と予測性を内包していることがわかる。この現実性の基礎は，1870年代までのロシア共同体認識のように，最古の「自然発生的共同所有」形態と捉えるのではなく，共同体農民の「私的所有」の要素の存在を認め，それにもとづく農民経営を小経営生産様式として捉えるという新たな歴史認識をマルクスが獲得した結果である。この認識はロシアの「農奴制」時代の歴史認識の基礎となると同時に，三圃式農法にもとづく農奴解放後のロシア農業の発展方向を西欧農業のような新農法として展望する視点をも内包する歴史認識の基礎となっていた。

しかし，「手紙」の「農耕共同体」論には決定的な非現実性があった。マルクスは，ロシア共同体の割替制を西欧のような「新しい共同体」との発展段階における相違として区別し，それを原始的共同社会の土地共有制からの過渡的形態と捉えて，「農耕共同体」として概念規定しているが，今日の実証研究水準からみて決定的な問題点がある。耕地割替制は，マウラー等に依拠したマルクスの認識とは異なって，原始的共同社会から継承された過渡的形態ではなく，

方では，多圃輪作や「広幅地条」化等の集約化過程が進行していたが（奥田 1990, 209-247)，このような発展傾向を促進することは，当時のロシア農業の発展水準からみて，より現実的な道であったと考えられる。

移住するロシア農民家族が移住先での人口増加による未開墾地不足にともなって新たに形成されるようになった新しい形態であることが，その成立史研究によって明らかにされているからである（阪本 1998）。農奴解放後，ロシア農民と近世西欧農民との土地の「私的所有」（私的占有）にたいする態度の相違を最もよく示す歴史事実は，両者の移住（移民）先における土地利用形態の相違であり，そのさい最も重要な要因となりうるのは家族形態の相違である。しかし，ロシア農民の家族形態をコヴァレフスキーや福冨理論のような「家族共同体」または大家族形態とする認識では，日南田氏が実証的に明らかにしているように，農奴解放後の家族分割と小家族化（青柳 1994, 81-84）のなかでの部分割替と革命時の総割替運動を説明することはできない。ロシア農民家族の土地の「私的所有」（私的占有）形態を検討するためには，その基礎になっているロシア農民の家族形態を事実に即して歴史具体的に検討することが不可欠であるが，「手紙」の「農耕共同体」論ではこのようなロシアと西欧との家族形態の比較という具体的な問題の検討は行われてはいない。

ロシアの共同体における共同体的所有の集団的所有への転換による非資本主義的発展の可能論は，社会主義経済ではなく国家資本主義経済としてしか実現されえなかったことは，マルクスとエンゲルスの 1882 年段階の先進国革命の必要性論からも予測されることであるが，その認識の正当性は 20 世紀の歴史自体が証明している。しかし，欧米とは歴史的状況が異なった中国などの諸地域で，土地や生産手段の国有化による国家資本主義的な経済発展路線を求める社会運動が展開したことを考慮すると，ロシア農民を含めた非西欧的諸地域における農民の「私的所有」形態を西欧農民の「私的所有」形態と比較して検討することは，きわめて重要な視点となると思われる。この点を考慮すれば，「手紙」における西欧農民とロシア農民との「私的所有」の共通性とその形態の相違という視点を，家族形態の比較研究として継承発展させることは現代の歴史学にとって不可欠の研究課題となろう。

マルクスが「農耕共同体」論によって提起しようとした問題は，現代的視点から発展可能性のある認識を含んでいる。「農耕共同体」論は，原始的共同社会から階級社会への移行の基礎要因として，生産手段の「私的所有」による家族的労働様式の成立という認識を含んでいるが，この視点は階級社会論としてさらに発展させる必要がある。なぜなら，この歴史認識では，次世代再生産的必要労働と剰余労働との家族単位的強制による階級社会存続の基礎として，直接的生産者の「私的所有」（私的占有）と「私的労働」が位置づけられているからである。この認識を発展させれば，資本主義の労働者家族形態における「私的所有」と「私的労働」の問題を，次世代再生産的必要労働と剰余労働との家族単位的強制による資本主義の存続力の基礎として事実に即して検討することも可能になる。この視点は，「手紙」の歴史認識の決定的な非現実性としての資本主義の存続力という未解明問題を，事実に即して検討する視点となると同時に，その存続力の限界性を考察する視点ともなるであろう。マルクス晩年の階級社会への移行研究とそれにもとづく「私的所有」論の発展は，階級社会から脱階級社会としての未来社会への移行研究にとっても新たな考察視点を提起していると思われる。

以上のような「手紙」における新たな歴史認識の現実性と未完成性の問題の歴史事実に即した検討は次章以降の課題である。

第 III 章　マルクス晩年の家族認識と歴史観
――個人的所有と私的所有との峻別――

1　「農耕共同体」概念の成立と『資本論』の問題点

マルクス晩年の歴史観は，超歴史的な家父長制的家族認識を前提とした『資本論』の論理，とくに第 1 巻の論理にたいしていかなる改訂を必要とするものであったのかという問題の考察が第 III～IV 章の課題であるが，まず『資本論』の問題点について明らかにしよう。

このような視点からの『資本論』の再検討は，新たに獲得されたマルクスの歴史観からは不可欠の課題であるが，従来このような再検討はほとんど行われてこなかった。それは『資本論』第 1 巻第 2 版（1873 年）を事実上完成されたものとして取り扱ってきたためでもあるが，マルクス晩年の歴史観を明示的に捉えることが困難であり，その統一的理解が成立していなかったことにも関連している。そのことは，福冨氏の問題提起として，『資本論』の未来社会論としての「個人的所有」の「再建」論を，「コヴァレフスキー・ノート」による「ザスーリッチへの手紙」の解釈を中心として捉え直し，ロシア革命をその視点から理解しようとする試みも，日南田氏による批判によって事実上撤回せざるをえなかったことにも表れている。しかし，ロシアの共同体をタキトゥスの時代のゲルマン共同体と同一視することは誤りであるとしても，そのゲルマン共同体の一般概念としての「農耕共同体」概念が「ザスーリッチへの手紙」の執筆過程で新たに形成された概念であることを実証した日南田氏も，その概念自体の歴史的重要性を否定しているわけではない。マルクスにとって「農耕共同体」とは，社会の原古的構成としての「原始的共同社会」の最近の型であって，前階級社会としての第一次構成から階級社会としての第二次構成，すなわち奴隷制と農奴制とに基礎をおく社会への過渡期であり（マルクス『全集』⑲，391, 407），階級社会の形成を理解するための最も基本的な概念である。したがって，「農耕共同体」概念は，現代の歴史学・人類学によってその有効性を検証すると同時に，階級社会の形成とその消滅という歴史観を前提とする『資本論』の論理を歴史的に再検討するために決定的に重要な概念である。その検討のためには，この概念自体の明確化が必要であるが，そのために「ザスーリッチへの手紙」における「農耕共同体」にかんする指摘を，前階級社会から階級社会への移行にかんする研究を行ったマルクス晩年の諸ノート，とくに「モーガン・ノート」と比較検討することが不可欠である。そのためには，マルクスがいつモーガンの『古代社会』を読み，それによっていつ超歴史的家父長制家族観を払拭したのかという問題について明確にしておく必要がある。

マルクスは1879年10月から80年10月にかけて「コヴァレフスキー・ノート」を作成したが，この段階では，超歴史的家父長制家族観を前提としたコヴァレフスキーの共同体と家族の進化シェーマである「氏族共同体」から「家族共同体」および「家族共同体」から「私的個別家族」へという進化シェーマを基本的に承認していた。このシェーマはヘンリ・メーンの家族進化シェーマにかんする「基礎的見解」に準拠したものであり，家族の変化は家父長制家族の量的規模の縮小過程として原初の大規模な非分割「合同家族」からの家族分割過程という認識と共通したシェーマである。この認識には西インドと東インドとに共通する原初家族として家父長の存在が当初から前提されていた。このシェーマの場合，モーガンが『古代社会』のなかで検討している母系氏族制の問題は一切考慮されず（マルクス『全集』補巻④，165-166, 181, 477, 629；コヴァレフスキー 2011, 4），家父長制家族形態を最古形態とするヘンリ・メーンおよび「一団の著名な学者達」の研究にたいするモーガンの決定的な批判も考慮されていない（モルガン 1961（下），320-321）。マルクスは，「コヴァレフスキー・ノート」のなかでは，このコヴァレフスキーの家族認識にたいして批判的評注をまったく行っていないだけでなく，「未分割の土地所有と共同耕作が行われる氏族共同体」から「大小さまざまの数の家族共同体〔南スラブ的な意味における〕」への移行，最後に「現代的意味における私的個別家族」（傍点と〔 〕内はマルクス）への移行というシェーマを無批判に引用し，そのシェーマを南スラブの家族に当てはめている。したがって，マルクスはこの段階では，非分割家父長制大家族を原初家族形態として想定するメーン＝コヴァレフスキー理論を基本的に承認していたと言ってよい（マルクス『全集』補巻④，189；青柳 2009/2010, 49-50）。マルクス晩年の歴史認識としてコヴァレフスキー理論を重視する福冨氏やその他の論者は，マルクスのノートのこの部分をマルクス晩年の歴史認識として決定的に重視している（福冨編訳 1969, 84；福冨 1970, 154；青柳 2009/2010, 13, 19)。しかし，1881 年 2 月 16 日付のザスーリッチからの手紙を受け取り，3 月 8 日付で正式回答を書く間に執筆された手紙の第 1 草稿には，モーガンへの高い評価とメーンにたいする決定的批判的評注が行われている（マルクス『全集』⑲，388-399)。したがって，「コヴァレフスキー・ノート」の完了後から 2 月末までの 4 か月程度の短期間にモーガン『古代社会』とメーン『初期制度史講義』(1875 年）を読了し，その基本的主旨を理解していたとみてよい。「モーガン・ノート」は 1881 年 5 月から 1882 年 2 月の間，「『初期制度史講義』……の摘要」（以下「メーン・ノート」と略称）は 1881 年夏に執筆されたと推定されているが（マルクス『全集』補巻④，357-546, 637-638；布村 1980, 384-385)，前者の母系制を含む氏族制から家父長制的一夫一婦婚への転換という認識と後者の超歴史的家父長制論にたいする批判的認識（青柳 2009/2010, 50）は，1881 年 2 月末には獲得され，1880 年 10 月以降の短期間にメーン＝コヴァレフスキー理論と共通する超歴史的家父長制家族認識からの離脱が行われたと言える。したがって，「ザスーリッチへの手紙」の第 1 草稿と第 3 草稿で出現する「農耕共同体」概念の理解のためには，福冨氏のように「コヴァレフスキー・ノート」に拠るのではなく，「モーガン・ノート」との比較検討が決定的に重要である。この検討のために，「農耕共同体」概念が『資本論』段階のいかなる認識を継承し，「モーガン・ノート」を中心とするマルクス晩年の認識はそれをどのように乗り越えているかという問題を中心に検討しよう。

「農耕共同体」概念が最初に提起された第 1 草稿を中心とし，第 3 草稿をその補足としつつ「農耕共同体」概念を把握すれば，より原古的な共同社会から区別される特徴的な三つの特質によって次のように規定されている。

第 1 に，農耕共同体は，先行する原始的共同社会の基礎としての自然的な血縁関係の紐帯を断ち切り，「自由な人間たちの最初の社会集団」となっていること，第 2 に，先行する原始的共同社会は共同の家屋を物質的基礎としているが，家屋とその補完物としての屋敷地が「すでに耕作者の私的所有となっている」こと，第 3 に，先行する原始的共同社会では生産は共同で行われ生産物だけが分与されたが，農耕共同体では畑は依然として共同体的所有ではあるが，「それは共同体成員のあいだで定期的に分割され」，「おのおのの耕作者は，自分にあてがわれた畑を自分自身の計算で用益し，その果実を個人的にわがものとして領有する〔s'approprie〕」という特質がある。これらの諸特質の全体的作用としては，共同所有とその社会諸関係が農耕共同体の基礎を強固にすると同時に，「私的な家屋，耕地の分割耕作，およびその果実の私的領有〔appropriation〕が，より原始的な諸共同社会の諸条件とは両立しない個人性の発達を可能にする」ことによって，「家畜のかたちでの富にはじまる……動産的富の漸次的蓄積は……この動産的要素が農業そのもののなかではたすますます顕著な役割や，この蓄積と不可分である他の多くの事情〔とともに〕……経済的および社会的平等の解体者として作用し，共同体自身の内部に利害の衝突をおこさせる」（〔 〕内引用者）。さらに「この衝突は，まず最初に耕地の私的所有への転化を引きおこし，最後には，そのころにはすでに私的所有の共同体的付属物になっている森林，牧地，荒蕪地なども私的に領有させ」，したがって「古代および近世の西ヨーロッパの歴史的運動においては，農耕共同体の時期は，共同所有から私的所有への過渡期として，第一次構成から第二次構成への過渡期としてあらわれる」のであり，「この第二次構成は，もちろん，奴隷制と農奴制とに基礎をおく諸社会の一系列を含んでいる」（マルクス『全集』⑲，390-391, 406-407：傍点は原文。以下同様）。

以上が農耕共同体にかんするマルクスの特徴づけであるが，「西ヨーロッパ」という限定規定については注意が必要である。この規定を，福冨氏やその他の論者のように，ロシアを含む非西ヨーロッパ地域における奴隷制・農奴制規定の適用除外というように解釈するのは誤りであり，ロシアの非資本主義発展の可能性判断にもとづく規定にすぎないこと，しかし，この非資本主義発展可能性論も20世紀の歴史現実から見て誤りであったということは前章で検討した通りである。

マルクスの「農耕共同体」論の基本的特質は，農耕共同体段階から共同体的土地所有の全面的解体期まで，耕作者の農耕経営を連続的発展過程として，共同体的土地所有内部における私的土地占有の連続的発展過程として捉えていることである。この農耕共同体における耕作者の農耕経営は，『資本論』段階の歴史概念としては，奴隷制・農奴制の基礎としての「小経営生産様式」概念によって捉えられていると言ってよい（マルクスK. I, S. 789；同K. III, S. 815；中村 1977, 226-248）。マルクスはリチャード・ジョーンズの地代論研究を通じて，家族を構成せず，次世代再生産を行わない動産奴隷を奴隷制の基本的階級と捉えていたそれ以前の認識を変更し，家族を構成し，土地を占有し，小経営を営む土地占有奴隷，すなわち古代ギリシアの「世襲の占有者」や「土地奴隷」を古代奴隷制社会の基本的階級と捉える歴史認識（マルクス『全集』㉖-3, 516-518, 537-539, 542；中村 1977, 67-118；青柳 2009/2010, 58-60）へと転換することによって，前資本主義的階級社会の直接的生産者人口を持続的に再生産する基礎的形態として，小経営生産様式の概念を獲得した。マルクスはこの認識にもとづいて，『資本論』執筆の直前に書かれた『資本論草稿集』（1861-1863年）のなかで，「奴隷制および農奴制」を「生産手段が直接に直接的生産者……の所有として現存している形態」と規定し，『経済学批判要綱』（1857-1858年）段階の認識として，奴隷と農奴を「土地にたいしても，用具にたいしても，したがって労働そのものにたいしても，自分のものにたいする様態でかかわるのではない」者とする規定を根本的に変更した（マルクス『草稿集』⑨，599-600；同『草稿集』②，155；青柳 2009/2010, 58）。この根本的変更にもとづいて，前資本主義的階級社会における直接的生産者の生産手段にたいする私的占有にもとづく小経営生産様式の奴隷制から農奴制への連続的発展という歴史認識と奴隷と農奴にたいする地代的搾取という前資本主義的剰余労働搾取の共通の基本形態にかんする歴史認識とが確立した（青柳 2009/2010, 58-61）。この場合，土地占有奴隷から農奴への発展は土地の私的占有から事実上の私的所有への発展にもとづく小経営の発展として捉えられる[1)]。その結果，直接的生産者と生産手段との歴史的分離を基礎とする本源的蓄積論が普遍的な世界史的理論として成立し，『資本論』の基礎となる歴史認識が確

1）小経営生産様式を基礎とした奴隷制と農奴制との相違は必ずしも明示的ではないが，前章で検討したように，ロシアを含むヨーロッパの農奴制の場合，三圃制などの集約的土地利用にもとづく小経営は，土地改良のための直接的生産者の諸家族の労働投入（「土地資本」）にたいする所有権を前提してはじめて家族的小経営の再生産が可能になる。マルクスはこのような土地の事実上の所有権を前提とした集約的農業経営にもとづく農業生産力発展という認識にもとづいて，小経営生産様式概念を確立したと考えられる。なお，この点については，中村（1977, 170-225），青柳（2007/2008, 29-57）参照。

立した。この歴史認識は，直接的生産者が次世代再生産的必要労働を含む必要労働を全体的に担うことによって自己の階級的存在を「永久化」し，それによって剰余労働の「恒常的」担い手となるという賃労働者の階級的人口再生産視点（マルクスK. I, S. 185-186, 597-598）を，奴隷制・農奴制の直接的生産者の人口再生産問題にも適用したものであり，この認識によって奴隷制，農奴制および資本主義における直接的生産者層の認識が首尾一貫した階級概念として成立した[2)]。

この歴史認識は，本源的蓄積論によって小経営生産様式にもとづく奴隷制と農奴制の解体条件を明確にしたが，小経営生産様式の形成条件とそれにもとづく階級社会の成立条件については，その歴史具体的契機を明確にすることはできなかった。なぜなら，『資本論』段階の歴史認識では，第2版出版時の1873年およびフランス語版出版時の1875年の時期を含め，「コヴァレフスキー・ノート」の執筆完了時の1880年10月にいたるまで，マルクスは超歴史的な家父長制家族観に立脚し，モーガンの『古代社会』研究にもとづいた家父長制的一夫一婦婚家族の歴史的形成や家父長制家族以前の氏族制社会にかんする歴史認識を欠如しており，小経営生産様式の歴史的成立を明確化しうる歴史的視点が欠落していたからである。『資本論』段階の歴史認識は，『経済学批判要綱』や『経済学批判』段階の歴史認識の限界を乗り越えて，前資本主義的直接的生産者の土地占有による小経営（家族経営）にもとづく次世代人口の再生産様式を明確にし，前資本主義的階級社会の人口再生産様式の実態に接近したが，前階

2）マルクスは前資本主義的大規模協業としての奴隷制大経営の「散在」的存在を例外的経営形態として，階級関係を再生産するような奴隷制の基本的形態からは除外しているが（マルクスK. I, S. 354），それは奴隷制大経営における動産奴隷は家族を構成せず，次世代再生産者ではないため，この関係を全体的な生産関係に転化するような再生産能力が欠如していたからである。

賃労働者の人口再生産の歴史具体的契機については，『資本論』では未解明である。生産手段から分離した直接的生産者が，奉公人のように家族を構成しない階層的存在ではなく，賃労働者のように家族を構成し，剰余労働搾取という必要労働への圧迫作用があるなかで次世代再生産的必要労働を含む必要労働全体をも担うことによって，階級的存在に転化する歴史具体的契機については，『資本論』では，人口再生産様式の問題を検討対象外にしたため，未解明のままになっている（マルクス『草稿集』④，294；青柳2009/2010, 192-195；同2011b, 102）。この問題は後述。

級社会を再生産する歴史具体的な制度的要因について明確にすることは不可能であった。

『資本論』の前階級社会の認識にかんしては，結局，『経済学批判要綱』や『経済学批判』(1859年) 段階の認識を継承し，「自然発生的共同所有」・「自然発生的な共同体〔Gemeinwesen〕」論や「諸家族・諸部族・諸共同体〔Gemeinwesen〕」論，それらと共通する「自然生的共同体組織」論という曖昧な概念にとどまっており，共同所有や共同体組織を再生産する要因にかんしては，諸個人の「自然的な類的連関の臍帯」や「部族または共同体〔Gemeinwesen〕の臍帯」との結合論，「共同体組織の器官」としての労働者論，「共同的労働力の器官」としての労働力論などの生物学的類比を用いた曖昧な非制度的用語で説明されている。したがって，この曖昧な用語は，諸階級を内包する「インド的共同所有」・「インド的共同体〔Gemeinde/Gemeinwesen〕」論や「スラブ的 (ロシア的)」共同所有論や「インカ国家」的「共同体〔Gemeinwesen〕」論までも包括しうるような曖昧な用語であり，『経済学批判要綱』における最も包括的な用語として，自然生的な「最初の社会諸形態」または「家父長的な状態」から階級社会としての「古代の状態」や「封建的な状態」までも包括する「人格的な依存関係」という極端に包括的で曖昧な用語につらなる用語であり，『資本論』もその曖昧な用語を継承している (マルクス K. I, S. 91-92, 93, 102, 354, 372-373, 378-379；同 K. III, S. 187；同『草稿集』①，138；同『草稿集』⑨，599-600)。マルクスが『資本論』のなかに，『経済学批判要綱』や『経済学批判』の用語を継承し，前階級社会と初期階級社会とを包括しうる概念として，「自然発生的共同所有」を包含しうる「アジア的共同所有」や「古アジア的生産様式」概念を，「古代的生産様式」等々の前段階の概念として残し (マルクス K. I, S. 92, 93)，それが「アジア的生産様式」論争という膨大な未解決論争 (青柳 2009/2010) の原因となった。この未解決論争の根本的原因は，マルクスが使用した概念自体が歴史分析用語としては使用に耐ええない非制度的用語としての未成熟性があり，その結果，前階級社会から階級社会への制度的移行過程が不明確にならざるをえなかったからである。この未成熟性の根本的原因はマルクスの超歴史的な家父長制家族観自体にあったと言ってよい[3]。

3) 渡辺憲正氏は，ジェンダー (両性関係) 視点を含む優れた論考 (渡辺 2005) のなかで，『経

「農耕共同体」概念は，「(古) アジア的生産様式」等の曖昧な用語とは異なり，先行する原始的共同社会とは明確に区別された制度的概念であり，歴史分析のための概念として十分に使用に耐えうる明確な段階的規定を内包した概念である。この概念を，その根拠になった「モーガン・ノート」と比較しつつ，マルクスが獲得した新たな歴史認識について検討しよう。

2 『古代社会』研究による階級社会への移行過程認識

マルクスは，前一夫一婦婚家族段階から家父長制的な一夫一婦婚家族段階への転換を両性関係のあり方の根本的転換点であり，前一夫一婦婚段階の氏族制のもとでの性関係が非排他的な「対偶婚」であったのにたいし，一夫一婦婚段階の性関係では排他的性関係を女性に強制する関係として女性支配を特徴とする家族制度であることを，『古代社会』の検討を通じて摘記しつつ (マルクス『全集』補巻④，287, 292-294, 462-465)，「一夫一婦婚家族」の項の最初の部分で，フーリエの歴史認識に関連して次のような重要な評注を行っている[4)]。

済学批判要綱』における用語法としての「共同体 Gemeinde/commune」と「共同社会 Gemeinwesen/community」とを比較検討し，前者は男性中心の政治組織，後者は男女両性からなる経済的再生産組織として，その区別を明確化し，「共同社会 Gemeinwesen」を「共同体」と混同している訳語を批判している (『資本論』の訳語も同様であり，本稿では引用の都合上そのまま引用しているが，「共同体」の原語が Gemeinwesen の場合〔 〕内にそれを付記した)。この検討にもとづいて，男性中心的な「共同体」概念を捨象し，男女両性からなる「共同社会」の第一形態における原初形態にかんするマルクスの認識を析出した結果，そこにも家父長制家族が想定されており (渡辺 2005, 27)，したがって『経済学批判要綱』段階のマルクスの歴史認識の場合，家父長制家族の存在が前提とされる「共同体」のみならず，原初的な「共同社会」を含め，超歴史的な家父長制家族観に立っていたことは明らかである。

4) 以下の「モーガン・ノート」のなかで検討されている古代ギリシア・ローマ史や古代ゲルマン史は現代の最新の歴史研究にもとづくものではない。マルクスが歴史研究のさいに直面した当時の歴史研究にもとづくものであるということをあらかじめ断っておきたい。

　マルクスは，「モーガン・ノート」のなかで，南スラブ人の共同世帯にかんして，複数の「一夫一婦婚家族」の共住であることを注記している (マルクス『全集』補巻④，285)。これは共同世帯を複合的な小経営生産様式であることを確認するための注記であった。「ザスーリッチへの手紙」では，一夫一婦婚家族にもとづく農耕共同体の特質として，「共同の家屋とそれへの集団居住」とは区別しているが (マルクス『全集』⑲，406)，これは氏族制的居住様式との本質的相違を規定するものである。マルクスはこの時期になって初め

「フーリエは，一夫一婦婚と土地の私的所有とを文明時代の特徴としている。近代家族は，*servitus*〔奴隷制〕だけでなく，農奴制をも萌芽として含んでいる。というのは，それは，はじめから農耕のための労役に関系しているからである。それは，のちに社会とその国家のなかに広く発展してくる諸敵対のすべてを，縮図として自己のうちに含んでいる。」(マルクス『全集』補巻④，291-292：以下，傍点による強調はマルクス；青柳 2009/2010, 5-6)

この一夫一婦婚家族にかんするマルクスの評注は，農耕共同体の規定と重なっている。ここでいう「近代家族」とは，一夫一婦婚以前の対偶婚等を含む「古代社会」の家族とは区別された家族であり，奴隷制・農奴制の基礎としての家父長制的一夫一婦婚家族のことであり，土地の家父長制的な私的所有（私的占有）にもとづく一夫一婦婚家族は，階級社会への過渡的形態として，のちに社会のなかに発展してくる諸敵対のすべてを，「縮図」として自己のうちに含んでいるとされている。この家族認識は，私的土地占有にもとづく小経営（家族経営）を内包する農耕共同体において，動産的富の蓄積が，「経済的および社会的平等の解体者として作用し，共同体自身の内部に利害の衝突をおこさせ」，第二次的構成としての奴隷制・農奴制への転化，すなわち階級的分解をもたらすという農耕共同体の認識とまったく同一の内容を示している。

この評注で，フーリエの歴史観をきわめて高く評価している理由について，若干の補足的説明が必要である。

マルクスは，初期の著作である『聖家族』(1844 年）のなかで，フーリエの女

て，フーリエの排他的一夫一婦婚と排他的財産所有とを結合した排他的労働単位という認識を継承し，前家父長制的な氏族制労働様式とは明確に区別された排他的労働様式の基礎として，家父長制的一夫一婦婚家族の労働単位化という認識を確立させた。これは超歴史的な家父長制家族と「自然発生的な共同所有」関係との併存という認識を前提とする「アジア的共同所有」観という『資本論』第 1 巻第二版（マルクス K. I, S. 92）段階の認識とは決定的に異なったマルクス晩年の新しい歴史観であった。

斎藤幸平 (2020) は本書と同じくマルクス晩年の歴史観として，「ザスーリッチへの手紙」を決定的に重視した貴重な労作である。しかし，「モーガン・ノート」の十分な検討が欠如しているため，対偶婚家族から家父長制家族への転換による長時間の剰余労働強制という階級差別のジェンダー的基礎が検討されていない。また，マルクス晩年の「生産力」発展についての指摘が無視されている。その結果，環境危機克服のためのポスト資本主義的移行の歴史的条件の問題と，ポスト資本主義における労働時間短縮型生産力発展の問題とがマルクス晩年の歴史観にもとづいて検討されていない。これらの問題は後述。

性抑圧と社会的抑圧との関連，女性解放と社会の一般的解放との関連という歴史認識を高く評価して，その歴史認識を次のように紹介していた。

「『歴史時代の変化は，いつでも自由にむかっての婦人の進歩に応じて定まる。なぜなら男子にたいする婦人の，強者に対する弱者のこの関係のうちに，獣性にたいする人間的天性の勝利が，もっともはっきりとあらわれるからである。婦人解放の度合は，一般的解放の自然的尺度である。』『女性のいやしめは，文明ならびに野蛮の本質的特徴である。……女子を奴隷状態にとどめておくことの罰は，たれあろう男子自身に，もっともふかくふりかかるのである』（フーリエ）。」[5)]（マルクス・エンゲルス『全集』②，207；青柳 2009/2010, 3）

フーリエは，女性の性的抑圧と排他的性関係を内在する家父長制的一夫一婦婚とそれにもとづく排他的所有関係を「不統一家族」または「孤立世帯」と呼び，それを社会的対立と不平等の基礎と捉え，原始社会と未来社会をそれから解放された社会であり，女性の生殖能力の排他的独占のための性的抑圧と排他的財産所有関係から解放された社会とみる歴史観をもっていた（フーリエ 1970；同 1990；青柳 2009/2010, 4-6）。マルクスはこれと共通する「古代社会」の歴史認識と未来社会展望を含むモーガンの『古代社会』を検討した結果，フーリエの歴史観の基本的正当性を再確認したと言ってよい。マルクスは，初期から晩年にいたるまで，未来社会を排他的一夫一婦婚家族と排他的所有関係からの解放とみるフーリエの歴史観を基本的に承認していたと考えられるが[6)]，原始社会にか

5）この引用文はマルクスが記憶に頼って引用したためか，フーリエの原文と若干相違しており，事実上マルクス自身の思想の表明となっている（青柳 2009/2010, 3）。

6）マルクスは『聖家族』の直後に書かれたフォイエルバッハにかんするテーゼのなかで，「地上の家族が聖なる家族の秘密としてあばかれた以上は，こんどは前者そのものが理論的かつ実践的に消滅させられなければならない」（マルクス『全集』③，4）と指摘している。この場合，「家族」とは排他的一夫一婦婚家族と考えられる。また，晩年のマルクスは「モーガン・ノート」のなかで，未来社会にかんするフーリエと共通したモーガンの認識を次のように引用している（青柳 2009/2010）。両性の平等が達成される「遠い将来において一夫一婦婚家族が社会の要請に添いえなくなるとしても，そのあとにくるものの性質を，予言することは，不可能である」（マルクス『全集』補巻④，299）。エンゲルスは『家族，私有財産および国家の起原』第4版（1891年）で排他的性愛や排他的一夫一婦婚の未来社会継承論を導入している。しかし，それを除けば，マルクスとエンゲルスは，フーリエの排他的一夫一婦婚（排他的性愛）からの解放論にたいする批判を行ったことは生涯にわたって

んしては，初期から1880年の「コヴァレフスキー・ノート」にいたるまでは，超歴史的な家父長制家族観にもとづいて，フーリエの原始社会認識を空想的なものとして事実上否定する歴史観に立っていたと言える。しかし，1881年の「モーガン・ノート」におけるマルクスの評注は，はじめてこの歴史観を根本的に転換し，あらためてフーリエの歴史観の先駆的意義を高く評価しつつ，その歴史観の空想的ではない歴史現実性を再確認するものであったと言える。

原始的共同社会の最終段階に成立する農耕共同体の内部における耕作者の小経営を基礎的な出発点とするその階級的分解にかんするマルクスの歴史認識を「モーガン・ノート」と比較検討しつつ再構成しよう。ノートはモーガンが提示した事実のみの記述にとどまっている部分があり，その事実がいかなる原因や結果と結びついているかについては明示的ではない場合もある。その場合，マルクスがその諸事実からいかなる歴史認識を獲得しているかについての推定作業も不可欠となるが，ここでは『資本論』における小経営生産様式とそれにもとづく奴隷制・農奴制の論理と統合しつつ，マルクスの歴史認識を再構成してみよう。

まず，小経営生産様式の経営的特質について確認しておこう。その特質は資本主義的経営のような生産手段（不変資本）と生活手段（可変資本）との分化が成立せず，その区別は連続的な相対的差異にすぎないことである。土地は耕地としては生産手段だが，居住用地としては生活手段であり，穀物は種子としては生産手段だが，食糧としては生活手段であり，家畜は農耕・畜産の生産手段であると同時に食肉や乳製品としては生活手段である。小経営における物的資産のこのような両義性は小経営が経営的労働と家事労働とが未分化の結果であり，それは労働過程の両義性にもとづいている（青柳 2010, 344-358）[7]。この点を

なかったと思われる。それは，マルクス家の家事使用人であるヘレーネ・デームートの婚外子出産（エンゲルスまたはマルクスの子の出産）という非一夫一婦婚的性行動にたいする批判と自己批判は，一切行われなかったことからも推察されることである（青柳 2009/2010, 40-44；同 2010, 256-257, 273 参照）。エンゲルスの排他的性愛論はこの問題を完全に無視している。マルクス主義の通説的性愛論も同様である。

7）『資本論』の労働過程論のなかで，マルクスはブドウ酒の原材料としてのブドウと食品としてのブドウの例を使って，生産手段と生活手段との両義性の問題を適切に説明している（青柳 2011a, 51；マルクス K. I, S. 197）。

考慮し，小経営の生産手段であり，同時に生活手段でもある物的生活の再生産手段を一般的に「資産」または「財産」（特定の所有関係のもとにある資産）と呼ぶことにする。

小経営生産様式を内包する農耕共同体の階級的分解要因として，小経営者の経済的上昇要因については，家父長制的一夫一婦婚の成立にもとづく相続規則にかんする『古代社会』の次のような引用によってある程度明示的に指摘されている。

「土地が財産の主体となり，諸個人への割当地が個人的所有権をもたらした時，宗族親による相続〔男系親の相続 agnatic inheritance〕につづいて，死亡した所有者の子どもたちに財産をあたえる相続の第三の大規則が現れることは，必至であった。……全地表を単独の諸個人に所有される財産の主体となしうるということを，畑地栽培が証明し，そして家長が蓄積の自然的な中心となったとき，人類の新しい財産づくりの行路が開始された。これは，未開の後期の終わりまでに完全に実施された。」（マルクス『全集』補巻④，315；モルガン 1961（下），380-381；Morgan 1985, 544：〔 〕内は引用者）

ここで，相続の第1の大規則とは母系氏族制的相続規則であり，男の財産は母系氏族員，男の姉妹とその子ども，母方おじが大部分を相続し，女の財産は，女の子ども，姉妹，母，母の姉妹による相続規則である。相続の第2の大規則とは父系氏族制的相続であり，男の財産は，引用文にも触れられているように，「宗族親」（男系親）による分配相続であり，男の子どもは「宗族親」（男系親）の筆頭相続順位を占めるが，排他的相続人とはならないような相続規則である（マルクス『全集』補巻④，304, 306, 311；モルガン 1961（下），363, 365-366, 374）。氏族制的相続規則には子どもの排他的相続規則は欠如しており，氏族内に分散相続される傾向があるのにたいし，家父長制的一夫一婦婚家族による小経営生産様式の場合には，男系の子どもの排他的相続によって不動産や動産が経営主としての家長によって集中的に相続され，その結果，家長が財産の蓄積の中心となることを保障するような相続規則である。これは財産の蓄積を通じた小経営の経済的上昇を可能にする相続規則である。

小経営生産様式は，家父長制的一夫一婦婚家族を労働・生殖単位とする経営であるが，そこでは家父長的権力が家族労働にたいする労働指揮の基礎になっている。「モーガン・ノート」では，家父長制権力の基礎として，家長の家族的資産（不動産と動産）にたいする単独所有とその排他的相続をあげているが（マルクス『全集』補巻④，292, 313），それと同時に，妻の出自氏族との関係の切断として，「婚姻によってその宗族親〔男系親〕の諸権利〔agnatic rights〕を喪失」すること，および排他的生殖すなわち一夫一婦婚による「適法な婚姻関係のもとで子を生むこと」を強制するための妻の「閉居」を前提とするものであった（マルクス『全集』補巻④，293：〔 〕内は引用者）。妻の閉居とは排他的生殖の強制手段として『古代社会』では強調されているが，農耕経営を中心とする小経営生産様式では男女の性別分業にもとづく協業としての野良仕事を行っているかぎり「閉居」は不可能であって，モーガンもこれらの諸事実を富裕階級に関係するもので，「それが示す精神は疑いもなく一般的なものであった」と指摘するにとどめている（マルクス『全集』補巻④，293, 294, 465；モルガン 1961（下），110, 281, 283-284）。妻の排他的生殖を確保しようとする「精神」は，婚外性関係を許容する対偶婚にもとづく氏族制には存在しえた両性の自由な協業を前提とする氏族制的共同労働を排除し，両性間協業を夫婦間に限定しようとする排他的労働単位の形成傾向をもたらし，それが小経営的労働の特質となったと考えられる。家父長制的一夫一婦婚の場合，一夫一婦的配偶関係を単位とする複合家族による経営の形成は，南スラブやロシアの農民経営の例が示しているように可能であるが，母系氏族制のような共同家屋による大規模な共住とそれによる氏族的共同労働は解体すると捉えられていたと推定される。

小経営生産様式の経営的特質は，資産の家長の単独所有による排他的な一夫一婦婚的労働単位にもとづき，氏族的な資産所有・相続関係やそれによる氏族員の保護関係を解体し，氏族的共同労働を廃棄した経営である。それゆえ，それは，一方では，資産の家長による蓄積によって富裕化し，経営的に上昇する傾向を内在させると同時に，他方では，貧困化によって資産を喪失し，経営的に没落する傾向を内在させている。紀元前6世紀初頭のギリシアの小経営，すなわち家族経営体としてのオイコスはこのような事態に直面しており，「モーガン・ノート」では次のような状況が引用されている。

「ソロンがアルコーン〔執政官〕職についたとき〔紀元前594年〕，財産の占有をめぐる闘争の結果，社会状態は険悪になっていた。アテナイ人の一部は，負債のため奴隷に転落していた。債務者の人身は，支払いが履行できなければ，奴隷とされることをまぬがれなかったのである。他の一部は，その土地を抵当にいれていたが，その負担を解除する能力をもたなかった」（マルクス『全集』補巻④，425；モルガン 1961（上），357：〔 〕内は『古代社会』からの引用）。

ソロンの時代のギリシアは，相続の「第３の大規則」の段階とされ，この段階において債務による抵当地が発生しているという『古代社会』の叙述を引用したうえで，マルクスは土地抵当にかんするソロンの措置についてのプルタルコス『ソロン伝』のギリシア語原文を，ドイツ語訳を付けつつ次のように引用している。ソロンは，抵当にはいっている土地に立てられる抵当標（抵当化された家屋や耕地に立てられる標石で債務者の名まえと負債額を記したもの）にたいする自己の措置にかんして，その「抵当標を取りのぞいた。まえには奴隷であった〔不自由であった〕土地がいまは自由になった」と誇っている（マルクス『全集』補巻④，313；モルガン 1961（下），378, 385, 302：〔 〕内は『古代社会』からの引用）[8]。

ソロンの時代の債務奴隷，および抵当地耕作によって債務弁済労働を行うが，その負担を解除できない債務負担農民は，不断に動産奴隷を排出する社会層ではあるが，恒常的小経営者としての土地占有奴隷にまでは転化していない社会層であり，奴隷制的階級関係を再生産する直接的生産者にはなりえない社会層である（青柳 2007/2008, 30-35）。小経営者が完全に没落し，債務奴隷化した場合，家族員は動産奴隷に転化され，家族が解体することによって次世代人口再生産能力を喪失した。また，債務弁済負担を負う債務農民の場合は，家族員の一部を動産奴隷として売却するか，次世代再生産を縮小せざるをえず，いずれは消滅せざるをえない一時的階層である。これらの社会層は，小経営を持続的に再生産する次世代人口の再生産能力を欠いており，奴隷制的階級関係を内的に再生産する経済的能力が欠如している。

奴隷制・農奴制の基礎としての小経営生産様式認識を獲得していたマルクスにとって，『古代社会』の論理として，相続の第３の大規則にもとづく家父長制的一夫一婦婚家族の論理は，階級社会形成の必要条件ではあるが，十分条件

8）「奴隷」または「不自由」という土地保有形態にかんする表現の相違はギリシア語原文の相違ではなく訳語の相違である。

とはなりえなかった。マルクスは「モーガン・ノート」の「(第三篇第5章) 一夫一婦婚家族」の項で，前述したフーリエ評価の評注の後で，次のような評注を行っている。

「一夫一婦婚家族が自立的，個別的に存在できるためには，それはどこでも家内僕婢の一階級を前提とする。後者は，はじめはどこでも直接に奴隷であった。」(マルクス『全集』補巻④，292)

この場合の奴隷とは動産奴隷としての家内奴隷であり，家族をもたず，次世代人口の再生産能力を欠いた一代限りの階層である。マルクスの評注は，家父長制的一夫一婦婚家族の成立段階では，小経営の上昇と没落という経済的対立をもたらす要因ではあるが，それだけでは直接的生産者が剰余労働負担と次世代再生産的必要労働との両者の労働を負担する被支配階級としての小経営者に転化するための十分な条件とはなりえないという認識にもとづくものであったと言ってよい。

モーガンの『古代社会』は，この問題に直接解答するような論理構成にはなっていない。しかし，アメリカ原住民の氏族制社会と比較しつつ，ギリシア・ローマの階級国家の形成過程を歴史的に考察した検討作業は，この問題に解答しうる重要な論点を提起している。それは氏族制社会の首長の「民事的機能 civil functions」や「民事権力 civil powers」の発達とその集中的統合としての階級国家の形成という視点からの検討であり，マルクスもこの問題を注意深くノートしている (マルクス『全集』補巻④，354, 362, 401, 413, 418, 419；Morgan 1985, 119, 136, 212, 241, 250, 252, 534)。

アメリカ原住民の氏族制社会の首長層は，罷免可能な軍事的指揮機能や刑事裁判機能や祭祀機能を持つことがあったとしても，民事的機能は別の首長層に分有され，それらの機能と民事的機能とを統合し，一身に掌握することはできなかった。ギリシア社会は，文明社会として登場した紀元前8世紀から6世紀の時代には，家族制度としては氏族制から一夫一婦婚家族に転換していたが[9]，

9）モーガンは歴史的に知りうるかぎりのギリシア社会 (ホメロス時代) を「低い型の〔低級な〕一夫一婦制家族」と捉えているが，マルクスはオリュンポス神話における女神たちの立場は「以前には女たちがもっと自由な，もっと有力な地位を占めていたことの追憶を示している」と評注し，一夫一婦婚以前の母系氏族制あるいは父系氏族制の社会の可能性を

統治形態としては，氏族制形態，とくに父系氏族制形態が存続する過渡的社会であった。人口増加によって「最も望ましい地域の占有をめぐるたえまない軍事的紛争」と財産の増大による「社会における貴族的要素の強化」は過渡期の「アテナイ社会の激動の主要な原因」であった（マルクス『全集』補巻④，401-402, 417, 418：傍点はマルクス）。その間，首長層出身のバシレウス（軍司令官）職は，有力な存在になり，戦場や城塞都市の守備隊においては，民事業務に影響力を獲得する手段を与えられたが，民事的な職分をもつにはいたらず，紀元前776年以前に廃止され，アルコン（執政官）職にとって代わられた（マルクス『全集』補巻④，413, 418, 419, 423；モルガン（上），353）。マルクスはテセウスの三階級分割の措置にかかわって，ソロンの改革以前の社会状況について次のように評注している。

「〔その措置は〕氏族の首長たち等々が，富その他の結果としてすでに氏族の大多数者と利害の衝突をきたしていたことを示すものだと思われる。これは家屋，土地，畜群の私的所有が存在し，一夫一婦婚家族がそれにともなっているところでは，避けられないことである。」（マルクス『全集』補巻④，423：〔 〕内は引用者）

この指摘は，農耕共同体の論理と同内容のものであり，この時期のギリシア社会を階級社会への過渡期としての「農耕共同体」段階の社会として捉えていたと言える。

ソロンの改革は富の程度によって人民を4階級に分けたが，マルクスは『古代社会』の記述をプルタルコス『ソロン伝』によって次のように補足している。

第1階級は土地からの収穫が乾燥作物および液状作物の合計で500度量単位の者，第2階級は300度量単位の収穫がある者で，騎士税納入者と呼ばれた者，第3階級は200度量単位の収穫がある者で，連畜保有者と呼ばれた者，第4階級はそれ以外の者で，「労役者（テーテス）」と呼ばれた（マルクス『全集』補巻④，425）。

第1から第3階級までが官職に就くことができ，第1階級のみが高い役職に

示唆している（マルクス『全集』補巻④，293；モルガン 1961（下），172，〔 〕内は『古代社会』からの引用）。

就いた。第2階級は騎兵の勤務に，第3階級は歩兵の勤務に，第4階級は軽歩兵の勤務に服した。

テセウスやソロンの時代には「貧民階級の人々は，氏族としていずれかの部族への加入を許されることも，またいずれかの部族の一氏族に養取されることもなかった」(マルクス『全集』補巻④，426)。また，この時代には人の移動や移民が激しくなり，加えて家屋以外の土地の他氏族への譲渡や他氏族の土地の取得の結果，氏族員を同じ地域にまとめておくことが困難になった[10)]。しかし，「統治諸制度は依然として未開後期型の氏族的諸制度」が存続しており，ソロン以後の約1世紀は動乱に満ちた時代となった(マルクス『全集』補巻④，428)。

紀元前509年のクレイステネスの改革によって，住民の地縁関係を基礎とする国家制度が成立し，この制度はアテナイの独立が失われるまで続いた。この制度では，アテナイは100の市区（デーモス）に分けられ，市民は自己が居住する市区に自身の登録と自己財産の登録をしなければならなかったが，この登録は市民の市民的特権(civil privilege)のあかしであり，基礎であった(マルクス『全集』補巻④，428；Morgan 1985, 270)。10市区を統合したものが地縁的部族（フューレー）であり，軍事動員の単位となり，10の地縁的部族を統合したものがアテナイ国家であった。「氏族または胞族にたいする関係が市民としてのアテナイ人の義務を支配することはなくなった。地縁的区域の統治体〔bodies politic〕に人民を合同させる過程は，いまや完了した。こうしてデーモス，フューレー，国家が，氏族，胞族，部族等々にとってかわった」(マルクス『全集』補巻④，429, 430)。ソロンの時代からクレイステネスの時代にかけての約1世紀の時代は，人々の居住様式や財産の所有・相続様式の決定権にかかわる「あらゆる民事権力が氏族，胞族，部族から取り去られて」，「高い役職につく資格」がある第1階級に独占される過程であったと言える(マルクス『全集』補巻④，420, 425, 430)。

マルクスは以上のような『古代社会』の摘要に加えて，上級階級について重要な注釈を行っている。権勢ある氏族の名をとった諸市区（デーモス）は，ゲレオンテス（支払う人々の意）・フューレーに所属し，首都アテナイとその周

---

10) この土地所有と人口の氏族間移動は債権債務関係による土地の抵当化を通じた土地所有の移動および商工業者の移動や債務奴隷化による人口移動という経済変動の結果であったとみてよい。

辺に存在していたが，それらの市区に「大部分の最も有力な貴族家族が住んでおり，彼らの領地もそこにあった」と指摘している。この指摘は，大量の穀物や作物の収穫をもたらすような第1階級の大規模所有地の経営形態について，マルクスがどのような形態として捉えていたかという問題を推定する根拠を与えている（マルクス『全集』補巻④，429, 431）。

また，下級階級にかんしては次のような注釈がある。クレイステネスはアッティケ在留の解放奴隷を含む多数の非市民（メトイコイ）に市民籍を与えて人民の人数を増やした。第4階級は上級の3階級として査定されるのに必要なだけの土地財産をもたない社会層であるが，商業や手工業の発展で富裕化した者も含まれ，この階級を増加させるとともに，ペルシア戦争で土地が荒廃し，零落した土地所有者が第4階級の人口を増加させた（マルクス『全集』補巻④，431-432）。この注釈は，第4階級がクレイステネスの改革以後，市区に登録された零細地の相続的保有権を与えられるという市民的特権を保持することによって，ソロンの時代のように動産奴隷化によって次世代人口の消滅をもたらすような一時的な階層とは異なり，次世代人口を再生産する恒常的階級に転化したことを示している。

以上のマルクスの注釈を前提とすれば，クレイステネス改革以後のアテナイ社会がどのような階級社会として誕生したのかという問題にかんするマルクスの歴史認識を再構成することが可能になる。家族経営の規模を超えていると推定される上級の2階級，とくに第1階級の大規模所有地の経営形態が動産奴隷にもとづく奴隷制大経営であったとしたら，動産奴隷の供給状況に依存するきわめて不安定な経営形態であり，動産奴隷の一時的存在形態と同じく，大経営も一時的経営形態としての存在にしかなりえないであろう。仮にソロンの時代にそのような経営形態が一時的に成立していたとしても，それは恒常的経営として存続することはできない。なぜなら第1階級の大土地所有の耕作者，すなわち直接的生産者となりうる第4階級の「労役者（テーテス）」が土地保有権をもたず，僕婢や動産奴隷に転化して次世代人口を消滅させるような一時的階層にすぎないとしたら，大土地所有にもとづく第1階級の存在自体も，僕婢や動産奴隷の供給状況に依存する過渡的存在形態であり，したがって社会において支配的な経営形態に成長することはできないからである。マルクスは，リチャード・ジョーンズの研究を前提とした『資本論』段階の奴隷制認識として，すでにこのような階級関係の再生産法則の認識を獲得していた。第 1 階級の大土地経営が恒常的経営形態として存続するためには，その土地の耕作者（直接的生産者）自身が相続的土地保有（tenure）にもとづく一夫一婦婚家族世帯を構成し，次世代人口を再生産すると同時に，債務弁済労働または地代としての貢租負担労働の恒常的な担い手となるような独自の歴史的条件が不可欠である。この視点からみれば，モーガンが「人類政治組織の第二の大形態」（モルガン 1961（上），364；Morgan 1985, 270）として，主として統治形態の変革として捉えたクレイステネスの変革は，徹底した階級的利害に立脚する変革であり，民事権力の階級的独占にもとづく相続様式と次世代人口再生産様式およびそれにもとづく労働様式の変革を中心的内容とした民事的大変革であったことが明らかとなる。この変革によって第 4 階級まで付与された「市民的特権」としての家屋と零細地を含む不動産の相続的保有権（tenur）とその国家登録制は，第 4 階級の所属者が債務者になり，また部分的な土地喪失によって借地人になったとしても，債務弁済労働や貢租負担労働の義務を履行するかぎり，家族経営の解体と動産奴隷への転落を回避するような独自の特権となり，それが次世代人口再生産を保障する権能として作用することによって，大土地所有経営の安定化と恒常化の基礎となったからである。

資本主義社会における労働者家族の次世代再生産にとって，住宅市場（借家市場）と生鮮食料品市場の形成による生活手段市場の発展は，大世帯内に居住する奉公人的地位を脱して一夫一婦婚家族世帯を形成するために不可欠な社会的条件であった（青柳 2007/2008, 120–123, 148）。このような生活手段市場を欠いた前近代社会における奴隷と農奴による一夫一婦婚家族世帯の形成には，家屋と生鮮食料供給用菜園等の零細地を含む不動産の相続的土地保有（tenure）が次世代再生産に不可欠な社会的条件となる。直接的生産者が家屋と零細地を喪失した場合，すでに引用したマルクス評注の指摘のように，他者の世帯内に居住する僕婢か動産奴隷として生活するほかはなく，その場合，生殖と次世代養育の条件を喪失するからである。マルクスはモーガンが指摘した園圃（*hortus*）栽培にたいする注釈として，「*hortus* は野菜のための囲い地……である」として菜園の経済的重要性を指摘したうえで，この用語の各国語を列挙し，英語の *gar-*

den，フランス語の *cour* であることを指摘している。「ザスーリッチへの手紙」では，小経営成立の必要条件として「家屋とその補完物たる屋敷地」の私的所有という条件が指摘されているが，「屋敷地」の原語は cour（菜園）であり，「モーガン・ノート」の評注と同様の菜園の経済的重要性にかんする認識が導入されている（マルクス『全集』補巻④，263；同『全集』⑲，406；Marx 1926, 336）。

マルクスは，ローマの「政治的社会の創設」という項でギリシアと共通した階級制度の創設を検討しているが（マルクス『全集』補巻④，454-461），「メーン・ノート」おける次のような摘要は，ギリシアとローマの共通した階級形成過程の認識を前提としていたと言える。

> 「古代世界では，われわれは，非常に早く，平民階級が貴族身分の者に莫大な債務を負っているのを見出す。アテナイの市民は，債務のために世襲貴族〔eupatrids〕の債務奴隷になったし，同じくローマの平民は，貴族〔patricians〕にたいして金銭による奴隷となった」（マルクス『全集』補巻④，495）。

この場合，アテナイの市民もローマの平民も相続的土地保有権（tenure）にもとづく一夫一婦婚家族を構成する社会的条件を保持しており，したがって債務奴隷化したとしても，動産奴隷には転落せず，次世代再生産を行う独自の社会層として捉えられていたこと，貴族身分の大規模所有地は債務奴隷化した市民層や平民層の耕作者の債務弁済的労働等によって耕作されており，動産奴隷にもとづく奴隷制大経営は例外的形態にすぎなかったこと，これらの認識が『古代社会』の研究を通じて再確認されたと言える。階級社会の形成にとって決定的な条件は，家父長制的一夫一婦婚家族による小経営者層が剰余労働を担う社会層に転化することによって，剰余労働と次世代再生産的必要労働とを両立的に実現することが可能な直接的生産者層が創出されることである。換言すれば，小経営生産様式における家父長制的土地保有権（tenure）が社会的に確立することによって，小経営者層の分解が階級的両極分解に帰結するような社会構造が創出されることである。これが，『資本論』の小経営生産様式の論理を前提としつつ，『古代社会』における歴史的諸事実を検討した結果，マルクスによって獲得された新たな歴史認識である。

このような認識に立った場合，氏族制社会はいかなる条件によって階級社会の形成の障害となっているのであろうか。この問題を，その人口再生産的特質を中心に検討して，氏族制社会から階級社会への移行過程を全体的に総括しつつ，「農耕共同体」の歴史的位置とその性格について考察しよう。この検討では，『古代社会』と「モーガン・ノート」における「対偶婚家族」にもとづく氏族制社会のみを考察対象とし，未開社会の家族形態としてはその存在が否定されている「血縁家族」や「プナルア家族」は考察対象外とする。「プナルア家族」の実態は，ミクロネシアの母系氏族制社会の例にみられるように，妻の姉妹との夫の性関係と夫の兄弟との妻の性関係という公認の婚外性関係を含む対偶婚的性関係（須藤 1989, 93）を，独自の「家族」形態として誤認した結果であると考えられる。なぜなら，カエサルが叙述したブリタンニー族やヘロドトスが叙述したマッサゲタイ族やアガテュルソイ族は「プナルア家族」に分類されてはいるが，ミクロネシア母系制社会と同様の対偶関係を前提とした婚外性関係の事例が示されているからであり，また「プナルア家族」でも「多少の対偶関係は存在していた」とされ，「妻を共有する肉親の兄弟たちと……夫たちを共有する肉親の姉妹たち」という対偶関係を前提した婚外性関係も「プナルア家族」に含められているからである（マルクス『全集』補巻④，266, 278, 286, 287, 288；モルガン 1961（上）, 261, 262；同（下）, 217–218, 237–238）。これらの社会においても，対偶的婚姻関係を前提とした婚外性関係が存在している場合には対偶婚家族に分類したうえで，それにもとづく氏族制社会として考察する必要がある[11]。

氏族制社会の人口再生産的基礎は対偶婚家族（Syndyasmian Family）であるが，これはギリシア語の「シンディアゾ（syndyazo）すなわち配偶する……からきており」，「結婚の形式の下における一人の男子と一人の女子のあいだの配偶に基礎を置くが，排他的な同棲を伴ったものではなく」（モルガン 1961（上）, 266），「婚姻関係は，当事者，すなわち夫婦いずれかの心にかなうあいだだけ」続く関係であって，離婚・再婚も自由な家族形態である[12]（マルクス『全集』補巻④，266,

11）対偶婚以外の前一夫一婦婚の家族形態として，一夫多妻婚による「家父長制家族」はヘブライの遊牧諸民族の首長や有力者にのみみられる家族形態であり，普遍的にはなりえないとして，モーガンは主な検討対象から除外しており，マルクスもそれを踏襲している（マルクス『全集』補巻④，266, 289–290；モルガン（上）, 52–53, 270–272）。本書では，一夫多妻婚の問題については後に別個に考察する。

12）ミクロネシアの母系制社会の事例では再婚を含めた婚姻回数は平均 3 回以上であった（須藤 1989, 108）。

285, 287, 288, 300)。対偶婚家族は母系氏族制のみならず，父系氏族制にも存在し，一般的に氏族制の基礎として存続した家族形態である（マルクス『全集』補巻④，286, 300, 327；モルガン 1961（上），103；同（下），258-259, 325)。「対偶婚家族は野蛮と未開の境界に発生し，未開の中期とその後期の大部分とを通じて存続し，やがて一夫一婦婚家族の低い形態によってとってかわられた」（マルクス『全集』補巻④，289）とされ，定住化した未開社会の大部分の時代に存在し，一夫一婦婚家族の形成前まで長期存続した家族形態とされている。モーガンは『古代社会』の最終篇である第4篇「財産観念の発達」では，母系氏族制を相続の「第一の大規則」とし，父系氏族制をその「第二の大規則」と定式化して，一夫一婦婚による「第三の大規則」の段階と明確に区別しつつ，父系氏族制を含む氏族制段階における対偶婚の長期的存続を前提とした定式化を行っているが，マルクスもこの定式化を基本的に承認して，正確な摘要を行っている。

対偶婚家族の居住形態にかんして，「通常は，いくつかの対偶婚家族が一つの家屋に住んで……共同の世帯を形成している……のが見いだされ，そこでは生活上の共産主義の原理〔the principle of communism in living〕が実行されていた。この事実は，この家族が単独での生活の苦難に直面するにはあまりにも脆弱な組織であったことを証明している」とされ，また「対偶婚家族は，共同世帯……に庇護をもとめたが，いまや，この家族は，それ自身のほか，共同世帯と，さらに夫たちおよび妻たちがそれぞれ所属していた諸氏族とから支援をうけるようになった」とされている（マルクス『全集』補巻④，285, 288-289；Morgan 1985, 453；須藤 1989, 38-39：〔 〕内は引用者)。しかし，このような居住形態はミクロネシアの母系制社会の事例のように[13)]，諸家族の氏族的隣接居住による日常的な氏族的庇護と生活支援の可能な居住形態をも包括するものとして，より広く解釈する必要がある。また，父系氏族制の場合でも，生活の苦難にたいする個別家族の脆弱性にたいする相互支援は隣接居住という条件があれば十分に達成されるであろう。

氏族制社会における家族形態が，一夫一婦婚家族のような妻の排他的生殖，

13）ミクロネシアの母系制社会の隣接居住単位は母系集団による共同調理単位として成立している（須藤 1989, 38-45)。

すなわち「適法な婚姻関係のもとで子を生むこと」を強制する排他的同棲関係が作用せず，配偶関係以外の性関係が許容されていた決定的条件は何であろうか。それは，母系氏族制における母系相続や母系制的生活支援だけでなく，すでに引用したように，女性は「婚姻によってその宗族親（男系親）の諸権利〔agnatic rights〕を喪失」するという一夫一婦婚の原理（マルクス『全集』補巻④，293）が作用せず，妻が自己の氏族からの支援や庇護を受けることができ，離婚しても戻ることができる宗族親（男系親）が存在していたためであると言ってよい。このような氏族的庇護があるかぎり，妻は，夫による排他的性関係の強要に服する必要は生じない。

対偶婚から家父長制的一夫一婦婚への移行過程の考察には，父系氏族制についての検討が不可欠である。モーガンはアメリカ原住民の氏族制にかんし，母系制（女系制）か父系制（男系制）かが判明するかぎり，その詳細な叙述を行っているが，マルクスもその問題を重視し，それにかんし詳細な摘要を行っている[14)]。

モーガンが調査したと推定される1850年代と60年代に時期に[15)]，移動生活に戻ったダコダ部族（モルガン 1961（上），216）や人口減少や分散居住等によって氏族としての存在が確認されない部族を除き，氏族としての存在が確認される諸部族のうち，伝聞等による間接的判断ではなく，直接的に，モーガン自身が「女系」（母系）または「男系」（父系）と明確に判断している諸部族にかんして検討しよう。これに含まれる諸部族は，歴史的資料や伝聞にもとづいて生活形態を判断しているニュー・メキシコ，メキシコと中央アメリカ，アンデス高原の「村落インディアン」[16)]やエスキモー等の最北部の原住民を除き，モーガン

14）しかし，エンゲルスの『家族，私有財産および国家の起原』は，「モーガン・ノート」の父系氏族制の認識を脱落させ，氏族制をもっぱら母系氏族制に収斂させて検討すると同時に，モーガンが例外とした「家父長制家族」を普遍的過渡形態して導入し，さらに第4版ではコヴァレフスキーの「家父長制世帯共同体」論を普遍的形態として導入することによって（青柳 2007/2008, 40-42），マルクスとモーガンの父系氏族制認識を事実上消去してしまった。その結果，父系氏族制認識はマルクス主義的歴史観から忘れられた歴史認識となっている。

15）モーガンは自己の調査時点について，1859，60，61，62，69年等を指摘している（モルガン 1861（上），216, 224, 226, 234, 235）。

16）モーガンはアステカ社会について，未開の中段階の氏族制社会と捉えており，文明社会す

自身が報告している北米の諸部族であり，その母系（女系）氏族と父系（男系）氏族への分類の結果は次の通りである（モルガン 1961（上），212, 214-242）。

女系部族と規定されている部族は，イロクォイ部族，ワイアントッド部族，オトー部族*，ミズリー部族*，マンダン部族，ミニタリー族，クロー（ウプサルオカ）部族，チェロキー族，デラウェア族，マンシー族**，七面鳥胞族（モヒーガン族）である[17]。

男系部族と規定されている部族は，プンカ部族，オマハ部族，アイオワ部族，カウ部族，ヴィネバゴー部族，オジブワ族，ポッタソッタミー族，ショーニー族*，血・黒足族，ピーガン・黒足族，アベナキ族である[18]。

部族の女系と男系への分類は，全体的動向判断としては必ずしも正確なものではないが，モーガンの調査時点では，全体的趨勢として，女系と男系がおよそ同程度存在しており，北米原住民の氏族制は女系から男系への過渡期にあったということは判断できよう。

モーガンの調査はこのような過渡期に行われたために，母系（女系）から父系（男系）への変化を具体的実例によって捉えることができた。

ヴィネバゴー部族は男系氏族であるが，1787 年には首長は女系氏族によって継承された記録があり，女系から男系への転換を示している。モーガンは「この種族のかくも多数の部族が女系から男系へと出自を変えたことには驚く」と指摘し，ギリシア人やローマ人のような財産観念が発達していないにもかかわらず，男系へと転換した要因をアメリカ人や宣教師の影響の結果ではないかと推測している（モルガン 1961（上），219；マルクス『全集』補巻④，372）。

オジブワ族は男系であるが，二，三世代前には酋長の公職は女系であった証

なわち階級社会とは認めていない。これは文明社会への転換条件を，鉄器の出現を絶対的条件と捉え，青銅器段階での階級や国家の出現を否定しているからである（モルガン 1961（上），51, 261）。これは当時のアステカ，インカ，マヤの諸文明研究が不十分であった結果でもあると考えられ，それと重なる地域としての「村落インディアン」の諸地域にかんする他者の研究に依拠したモーガンの推論については，ここでの考察対象から除外する。

17）＊印の二つの部族は，調査時点では一部族に統合されており，＊＊印のマンシー族はデラウェア族の一支族である（モルガン 1961（上），236）。

18）＊印のショーニー族は女系から男系への移行過程としての双系状態である（モルガン 1961（上），232）。

拠があり，また，この部族が属するアルゴンキン諸部族はデラウェア族を出身部族と認めているが，デラウェア族は女系であることが，女系からの転換の証拠となっている。モーガンはこれらの検討によって，「女系氏族はガノワニア種族〔アメリカ・インディアン諸部族の総称〕において古くは普遍的であり，そしてそれはまた制度の太古的形態であるという結論に到達するのである」と指摘している（モルガン 1961（上），229：〔 〕内は引用者）。

ショーニー族は，女系には分類されていないが，独自の制度として子どもを父の氏族か，母の氏族か，他のいずれかの氏族に加入させる慣例があり，この慣例によって男の子による父の地位の相続と子どもの父の財産の相続を可能にしていた。モーガンによれば，これはこの部族が過去に女系制であった結果であり，それは独自な首長選出の方式によって示されているとされている（モルガン 1961（上），232-233；マルクス『全集』補巻④，379）。デラウェア族は女系に分類されているが，息子に父の氏族名を付けるという同様の習慣がある（モルガン 1961（上），236；マルクス『全集』補巻④，381）。マルクスはこれらの事例にたいし，「名前を変えることで物ごとを変えようという，人間生まれつきの決疑法だ！」「これが女系から男系に移行した自然的な経過であると思われる。〔出自を〕変更する以外にはこの混乱〔出自の混乱〕を終わらせることはできなかった」と注釈している（マルクス『全集』補巻④，379, 381：〔 〕内は引用者）。

モーガンは，アメリカ原住民の母系（女系）氏族制から父系（男系）氏族制への転換という変化の方向を見据えることによって，その変化の延長として父系氏族的遺制を残すギリシアの一夫一婦婚[19]と父系氏族的統治形態の変化を捉えることができたと言える。

『古代社会』にも「モーガン・ノート」にも明示的には示されてはいないが，マルクスの階級観にとって不可欠な視点としての次世代人口再生産視点からモーガンが提示している資料によってギリシア社会とアメリカの原住民社会とを

19) モーガンは，すでに引用したように，ホメロス時代の家族を「低い型の一夫一婦婚家族」と捉えていたが，婚姻制度にかかわって，「ギリシア人のあいだでは，妻が――ローマ人のところでみられるように――婚姻によってその宗族親としての諸権利を喪失したとは思われない」，「妻は父の氏族に属していたことは疑うべくもない」としている（マルクス『全集』補巻④，405；モルガン 1961（上），308）。

比較すると，氏族制社会に内在する階級的分解にたいする阻止的要因として，独自の人口再生産的要因が内在していることに気づかざるをえない。この特質はモーガンが提示した資料を入念に検討したマルクスも十分に気づいていたと思われる。

モーガンは，アメリカの氏族制社会の婚姻形態として，有力者の場合，一夫多妻婚が「一般に習慣によって許されている」として，一人の男が長女と結婚した場合その妹たちと優先的に結婚する権利を有していたことを指摘し，その事例を紹介している。しかし，一家族以上を扶養することが困難であるため，「広範囲にわたって行われたことはかつてなかった」と指摘している。そのような事例として，母系氏族であるクロー部族の酋長の一人であり，毛皮商社の代理商でもある男が複数婚の権利を利用して，戦争捕虜にした他部族の娘を自己の妻の妹として，妻の氏族の養女としたうえで，二番目の妻とした事例を紹介している（モルガン 1961（上），221-222）。これは妻の姉妹との夫の多妻的性関係を許容する対偶婚の一形態と考えられるが，これは同時に夫の兄弟との妻の多夫的性関係をも許容されていたと考えられる。男性が重要財産の継承者となった父系氏族制の場合，富裕者になった男性の財産の家族内における父系的相続を前提とした一夫多妻婚家族は，母系氏族制社会より多く発生しえたであろう。しかし，このような一夫多妻婚による大家族化は，その子どもたちが父系氏族の宗族親（男系親）としての権利によって均分相続をもたらすかぎり，父親によって集中的に蓄積された財産が分散化され，階層間の財産保有格差を解消する要因として作用することになる。富裕者が一夫多妻婚でなかったとしても，生活の富裕化によって多数の次世代が扶養され，養育されるかぎり，同様の結果となる。また逆に，父系氏族制社会の内部に貧困階層が形成されたとしても，老後生活が氏族的庇護によって保障されるかぎり，必ずしも次世代を老後の生活保障として養育する必要性がないとすれば，貧困家族層自体の自然消滅という結果をもたらす。これは貧富の階層間格差を解消する人口再生産的要因である。父系氏族制がこのような人口再生産様式を内在しているかぎり，部分的に階層間格差が発生したとしても，それは階級的分解や階級的搾取関係に発展することが妨げられる。その究極的要因は，下層階層に剰余労働と次世代再生産的必要労働との両者を世代継承的に強制するような人口再生産構造が欠落しているためである。

この問題は「モーガン・ノート」では直接には言及されていないが，部族間関係の問題としては本質的に共通した問題が提起されている。イロクォイ族とデラウェア族の同盟関係によって成立した「貢納」関係にかんして，次のような問題が指摘されている。

第2篇第5章「イロクォイ同盟」の項では，「イロクォイ族は，他の諸部族，たとえばデラウェア族を征服して，服属させていたが，しかし後者は彼ら自身の首長たちの統治のもとにとどまって，同盟の力に一物もくわえなかった。この社会状態のもとでは……被征服部族に貢納を課するとともに，貢納以外の何らかの利益を得ることは不可能であった」(マルクス『全集』補巻④，369)。

最後の部分の意味は必ずしも明瞭ではないが，原文では「貢納以外の何らかの利益をもたらすような貢納を，被征服部族にたいする賦課として維持し続けることは不可能であった」[20]という意味であり，階級的な労働強制にもとづく剰余労働の搾取関係を実現することは不可能という意味である。もし氏族制のもとでそのような搾取が強行された場合，次世代人口再生産的必要労働が縮小し，剰余労働の持続的再生産とその搾取は不可能になる。このような「社会状態」のもとでは，貢納は被支配部族の構成員とその首長とが同意する程度の軽微な水準にならざるをえない。氏族制社会の諸部族は相互に中立地帯を置いて，直接的な領域接触による紛争や領域的支配を回避するように分散配置された部族の「領域と名称」を所有おり (マルクス『全集』補巻④，351；モルガン 1961 (上)，158)，この究極的条件は氏族制社会の人口再生産制限による分散的居住の維持であり，それは土地の相対的不足傾向が現れた場合には，人口減少に帰結するような人口抑制構造によって保障されていたと言える。

このような氏族制社会の人口再生産様式および財産相続様式と比較すれば，階級社会の形成にとってどのような変革が不可欠となるのかという問題が明瞭になる。それは一夫一婦婚家族の形成という必要条件に加えて，上層階層では，一夫多妻化傾向の制度的排除[21]と多数の子どもによる分割相続の排除とを通じ

---

20) It was impossible ... to hold conquered tribe under tribute with any benefit but the tribute. (Morgan 1985, 149)

21) 上層階層の富裕者の場合，一般的に一夫多妻化傾向があるが，その場合，一子相続の実現

て，一子相続制による世襲財産の集中相続制の実現であり，とくに世襲的不動産の集中的蓄積であって，それが支配階級の再生産条件となる。また，下層階層では，一夫一婦婚家族による小経営の相続的実現のための家屋と零細地の不動産の家父長制的相続による土地保有と同時に，個別家族にたいする氏族的庇護とその基礎としての氏族的な血縁的居住の解体による小経営の脆弱化と不安定化を通じた貧困化にもとづく被支配階級の持続的再生産である。この過程は，家族制度と統治制度とに氏族的遺制を残したギリシアの一夫一婦婚家族社会の変革過程，とくにソロンの改革からクレイステネスの改革およびそれによる氏族的血縁居住の完全解体と地縁的居住への転換へといたる変革過程のなかに明瞭に表れている。この変革過程の核心的内容は直接的生産者女性にたいする社会的生殖強制，すなわち婚姻，出産，子どもの養育の強制を通じた次世代再生産強制制度である。家屋と菜園の保有権を剝奪され，氏族的血縁居住の解体による氏族的庇護の条件をも解体された女性たちにとっては，家屋と菜園の保有権をもつ男性の妻となり，同時にそれらを相続する息子の母となることによって，はじめてそれらの持続的利用が可能になる。家屋と菜園を保有する男性の妻およびその息子の母となることが直接的生産者女性の唯一の生存手段となるような社会制度の構築を通じた女性にたいする生殖強制の実現[22]こそが，階級社会の形成とその再生産の人口再生産的基礎であり，それがクレイステネスの改革の階級的核心であったと言える。

この変革を，『古代社会』の最終篇の総括的規定としての「相続規則」の概念によって規定すれば，相続の「第四の大規則」，すなわち「階級的相続規則」と

のため，「嫡子」を出産する「正妻」制度が形成されるか，公式的一夫一婦婚関係を形成して，それ以外の多妻を非公式関係とするが，これは財産の集中的な世襲相続に不可欠な条件である。

22）ボーヴォワールは「あえて義務的な性交を制度化した国家はこれまで一つも存在しなかった。……女にこどもを産むように直接，強制することはできない。できることは，女にとって母になることが唯一の逃げ道であるような状況に女を閉じ込めることだ」と指摘しているが（ボーヴォワール 1997, 86；青柳 2010, 28, 29），これはまさにクレイステネスの改革の中核的内容であったと言える。家族（世帯）を持続的に構成する条件が欠如した近代カリブ海の奴隷制大経営のもとでの女性奴隷は，性交は行ったが，薬草利用中絶や嬰児殺し（または嬰児遺棄）によって次世代再生産を行わず，次世代再生産的必要労働の負担を回避した（ミース 1997, 135-138）。

規定できる。氏族社会から階級社会への変化を相続規則にもとづく家族と次世代人口再生産様式を中心に段階的に整理すれば，対偶婚にもとづく氏族的再生産様式から家父長制的一夫一婦婚にもとづく小経営的再生産様式への転換として大きく二段階に整理でき，さらに小段階に区分すれば，第一の母系氏族的相続規則にもとづく母系氏族的再生産様式，第二の父系氏族的相続規則にもとづく父系氏族的再生産様式，第三の家父長制的一夫一婦婚的相続規則にもとづく過渡的再生産様式，第四の不動産の階級的一夫一婦婚的相続規則にもとづく階級的再生産様式に整理される。「農耕共同体」とは第三段階の過渡的再生産様式のことであり，アテネ社会について言えば，クレイステネスの改革以前の時期の家父長制的一夫一婦婚にもとづく過渡的再生産様式の段階のことであると言える。

晩年のマルクスが『古代社会』研究を通じて到達した階級社会形成の歴史認識はおよそ以上のようなものとして段階的に整理できよう。「ザスーリッチへの手紙」における「農耕共同体」論は以上のような歴史認識を前提として執筆されたと言える。

「ザスーリッチへの手紙」のなかで，「農耕共同体」の典型的事例とされたゲルマン社会（マルクス『全集』⑲，389, 405）にかんして，マルクスはどのように捉えていたのであろうか。

「モーガン・ノート」では，『古代社会』の第2篇第15章「人類の他の諸部族における氏族」がノートの末尾の項に置かれると同時に，『古代社会』におけるアジアやアフリカの諸部族にかんする広範な検討が，最初のケルト人等にかんするノートを除きすべて省略され，大部分は初期ゲルマン社会の検討のみ行っている。この検討では，モーガンが依拠しているカエサル『ガリア戦記』とタキトゥスの著作の原文自体を詳細に検討すると同時に，他の文献をも参照しており，それまでの『古代社会』の諸章の検討にもとづいたマルクス自身の独自研究とも言えるような内容となっている。カエサルの時代（紀元前1世紀中葉）とタキトゥスの時代（紀元1世紀末）のゲルマン人の社会状態について特徴的な問題を比較検討しよう。

マルクスは導入部で，タキトゥスの『作品集』から古い歌謡の内容を紹介し，氏族の起原として大地の神の息子および彼の三人の息子という男系父祖による諸族の発生という神話，および諸氏族（諸部族）の全体にかんする「民族〔nationis〕」名称としてゲルマーニー族と呼ばれるようになったという伝承について引用して，「ここの naitio＝部族同盟にちがいない」と注釈している。タキトゥス『ゲルマーニア』（第38章）でのスウェーウィー族の諸族について naitio の用語が用いられていることにたいし（タキトゥス 1979, 186），それはイロクォイ族やセネカ族と同様の部族であって，「だんじて民族ではない」と注記している（マルクス『全集』補巻④，470）。このことは，古い歌謡によって伝えられた古いゲルマン社会を，アメリカ原住民の氏族制社会における諸部族関係および「イロクォイ同盟」と同様の部族同盟の関係として，マルクスが捉えていたことを示している。

カエサルの時代のゲルマン社会について，カエサル『ガリア戦記』（第6巻第22章）から次のような状況が示されている。

人々は農耕には熱心でないこと，食料の大部分は乳とチーズと肉からなっていること，「だれも決まった大きさの耕地や，自分の地所をもってはおらず，役職者たち……や首長たちが，毎年，一つに結合した氏族や同族者に，適当な場所に，適当な大きさの耕地を割りあてるのであって，しかもその翌年には別のところへ移動させるのである」（マルクス『全集』補巻④，473）。

このような耕地制度の理由として，農耕の営みで戦争への熱意を低下させないこと，有力者の土地獲得によって弱小者を追い出すことのないようにすること，党争や不和を生みだす金銭欲が起こらないようにすること，有力者とその他の人々とが等しい扱いを受けることで心の平安を保障することなどの理由があげられているが，マルクスはモーガンが引用していないこれらの理由についても詳細に引用している（マルクス『全集』補巻④，473；カエサル 2008, 346）。

そのうえで「カエサルは……『一つに結合した氏族や同族に』と言っている」とあらためて強調した注釈を入れている（マルクス『全集』補巻④，474）。また，『ゲルマーニア』（第7章）から騎兵や歩兵の構成は，「偶然の集合体ではなく，家族と親族である」という記述を引用したうえで，「ここではすでに *familia* のほうが前面におしだされているが，カエサルでは，この familia そのものが氏族と規定されている」と注釈を入れている（マルクス『全集』補巻④，474；タキトゥス 1979, 52）。

カエサルの時代のゲルマン社会の居住様式や軍事指揮官にかんして，諸部族は不意の侵入にそなえるため，相互に広い無人の荒野を介在させて居住していること，軍事指揮官は戦時には選ばれるが，平時にはおらず，地方やパグス（地区）の首長がそれぞれの地域内の裁判を行うということを，『ガリア戦記』（第6巻第23章）から引用したうえで，「地方やパグスの首長たちは……軍事首長ではなく，インディアンの場合と同じ民事首長である。戦争のためには，軍事首長が選出されるが，これはインディアンの場合と同様である」と指摘している（マルクス『全集』補巻④，474；カエサル 2008, 347）。

タキトゥスの時代のゲルマン社会の家族形態にかんしては，「モーガン・ノート」の「一夫一婦婚家族」の項で，「彼らは一人の妻で満足している」こと，女たちは「貞操の垣をめぐらしている」ことを『ゲルマーニア』（第18，19章）から引用し，一夫一婦婚家族であることがすでに確認されていた（マルクス『全集』補巻④，292；タキトゥス 1979, 89, 92）。

この時代の耕地配分については，『ゲルマーニア』（第26章）から次のような状況が示されている。

土地は耕作者，働き手の人数におうじて，全集団によって，順次に占有され，「ついで彼ら相互のあいだで地位におうじ（カエサルのころにはまだ平等であった）分配される」。広大な原野があるので分配は容易であり，年々畑を取りかえるが，土地はなお余っている（マルクス『全集』補巻④，474：（ ）内はマルクスの評注，タキトゥス 1979, 119）。

タキトゥスの時代には，土地不足の原因からではなく，経済的「地位」の相違によって不均等な用益地配分が行われていること，ゲルマン社会内部にすでに貧富の階層分化が発生していることが示されている。

この時代の部族長と軍司令官にかんして，『ゲルマーニア』（第7章）から次のような状況が示されている。

「*Reges*（部族長）は門地のゆえに（すなわち氏族から，つまり氏族中の格式の高い家族から，また有力な氏族から）選ばれ，*duces*（大戦士）はその勇気のゆえに選ばれる（イロクォイ族と同じだ）」。部族長には無制限の権力はなく，大戦士は，命令によってではなく，模範によって部下を統率する（マルクス『全集』補巻④，472：（ ）内はマルクスの注記；タキトゥス 1979, 52）。

この指摘は，タキトゥスの時代でも，統治制度としては氏族制的形態が存続していたことを示している。

マルクスは，以上の検討にもとづいて，カエサルの時代の社会状態について，「その記述の仕方からみて，カエサルのころの家族は対偶婚家族であったと思われる」と結論づけている。またタキトゥスの時代の社会状態については，パグス（地区）は徴兵に関連した集落群として，マルクやガウの制度と同じものであるが，氏族制度と政治制度との中間の過渡的段階であり，依然として血縁関係に基礎をおいた集団であったと結論づけている（マルクス『全集』補巻④，474；モルガン 1961（上），124, 125）。

以上のマルクスの検討が明らかにしていることは，カエサルの時代は対偶婚家族にもとづく氏族的再生産様式であるが，男系神話から判断されるように第二の相続規則の父系氏族的再生産様式の段階であり，タキトゥスの時代は第三の相続規則の一夫一婦婚家族による過渡的再生産様式の段階であるということである。

マルクスが，第2篇第15章でモーガンが検討した多くの事例のなかで，とくにゲルマン社会を重視して検討した理由は，『古代社会』が全巻で提示している多くの社会事例のうちで，それが，対偶婚家族による氏族制社会から一夫一婦婚家族による小経営生産様式の社会への転換を実証する唯一の事例であったからである。「ザスーリッチの手紙」におけるタキトゥス時代のゲルマン社会を「農耕共同体」の典型的事例として提示した理由は，このような歴史的変化を示す決定的な実例であったからである。この検討結果から「ザスーリッチの手紙」における次のような結論が導かれている。

> 「彼〔カエサル〕の時代には土地は毎年分与されていたのであるが，しかしそれは，ゲルマン人のさまざまな連盟に所属している諸氏族や諸部族のあいだにおいてであって，一つの共同体の個々の成員においてではなかった。それゆえ農村〈農耕〉共同体は，ゲルマニアにおいては，よりいっそう原古的な型からでてきたものであり，そこでは自然成長的な発展の産物だったのであって，アジアからできあいのものとして輸入されたのではなかった。」（マルクス『全集』⑲，389：〔 〕内は引用者）

「農耕共同体」の定式化は『古代社会』全体の検討結果の総括となっている。

その第1規定としての血縁的関係に基礎をおく共同社会の紐帯を断ち切るという規定は，氏族制的関係の解体という条件の定式化である。その第2規定の「家屋とその補完物としての屋敷地〔菜園〕」の「私的所有」という条件は，女性の不動産保有権の排除を前提とした家父長制的不動産保有にもとづく一夫一婦婚家族による小経営成立の必要条件にかんする規定であり，ギリシアやローマの家父長制的一夫一婦婚家族研究にもとづいたものである。第3規定における西欧の小農民と共通した耕地の分割耕作という規定は『古代社会』の検討結果と同時に『資本論』の小経営生産様式論が導入されている（マルクス『全集』⑲, 390, 402, 406)。しかし，耕地の割替制という規定は『古代社会』や『ゲルマーニア』の研究にはもとづいていないものであり，19世紀のロシア農業経営の過去への投影にすぎないことはすでに考察した通りである。

この「農耕共同体」の三つの規定の過渡的性格について言えば，支配階級の土地所有規定が欠落しており，それが直接的生産者（農民家族）とどのような階級的な土地保有（tenure）関係を形成するかという歴史的契機，すなわち重層的土地所有の具体的形態の規定が欠如していることであり，それが未定状態におかれていることである。これはクレイステネスの改革以前のギリシア社会の状況を反映している。また，支配階級の上級土地所有権の具体的形態については，ギリシア・ローマ以外の地域における諸形態を考慮する必要があり，モーガンもマルクスもそれを視野に入れているが，この問題は次節で検討しよう。

次節では『資本論』の再検討の前提として，これまでの検討を総括しつつ，「ザスーリッチの手紙」で言うところの「自然成長的な発展」としての財産の所有形態の転換の性格と転換要因について考察しよう。

3　財産所有形態転換の性格と要因
——個人的所有と私的所有との歴史的峻別——

「モーガン・ノート」と「ザスーリッチへの手紙」のなかで示されているマルクスの新たな歴史認識は，新たな所有形態認識を提起している。共同占有としての土地占有形態は，奴隷制と農奴制の階級社会の発展過程ではその範囲を縮小する土地占有形態ではあるが，氏族制社会から階級社会まで存続し，氏族制社会と階級社会の財産所有の質的相違を規定するような独自の所有形態ではない[23]。氏族制社会と階級社会との所有形態の決定的な質的相違は，動産や家屋およびその付属地等の不動産の個別所有財産の所有形態であり，その相続様式には決定的な相違が内包されている。

氏族制社会の場合，個別所有財産は，女性の財産も男性の財産も，一代限りの個人的所有であり，死後は氏族内で分散相続され，特定の個人が排他的に相続することはありえない。この点に関連して，モーガンは興味深い例を示している。物品財産が個人的に生前贈与され，贈与者が死亡した場合には，被贈与者はその財産を氏族に引き渡して哀悼の意を表現するか，または被贈与者が自分の指の関節を切り落として哀悼の意を表現するかのいずれかが必要とされた（マルクス『全集』補巻④，374；モルガン 1961（上），221-222）。この場合，贈与財産であろうともその個人的相続は氏族的相続権の侵害であり，指の切断は，それにたいする制裁措置または謝罪措置とも考えられる。しかし，家父長制的一夫一婦婚家族にもとづく階級社会の場合，個別所有財産は一夫一婦婚家族の子どもによって排他的に相続され，支配階級では世襲制によって集中的に相続される。このような「相続規則」による相続様式の決定的な相違が，一代限定的所有の場合，氏族制社会を再生産し，排他的な家族的相続による所有の場合，階級社会を再生産する。

両者の相続様式の決定的な相違を，『資本論』の「資本主義的蓄積の歴史的傾向」論で使われた概念として，ポスト資本主義の未来社会を再生産する「個人的所有」（個人的財産 individual property）概念と前資本主義的小経営生産様式と資本主義を含む階級社会を再生産する「私的所有」（私有財産 private property）概念との本質的区別（マルクス K. I, S. 791；同 K. III, S. 456）によって規定すると，氏族制的所有は「個人的所有」，階級再生産的所有は「私的所有」として区別することができる。この場合，「個人的所有」と「私的所有」との相違は，所有財産が交換対象となり交換の結果取得された交換財であるか否かという問題

23）土地の共同占有としての共有地は西欧でも近世まで存続し，ドイツでは19世紀まで存続した（マルクス『全集』⑲，389, 390-391）。この問題は初期マルクスの研究の出発点となったことは周知の通りである。土地や建築物等の不動産を中心とした共同所有は公共的所有（国家や公共団体の所有）形態として資本主義社会にも存続している。

とは別次元であり，交換財であっても一代限定的な個別所有であれば「個人的所有」であり，非交換財としての土地・家屋などの不動産であっても排他的な一夫一婦婚家族内の排他的な相続所有であれば「私的所有」である。モーガンは，すでに引用したように，母系氏族制のクロー族の酋長であり，毛皮代理商人の事例を紹介しているが（モルガン 1961（上），221），その場合の交換財の個別所有財産は一代限定的「個人的所有」（個人的財産）であって，私的排他的相続所有としての「私的所有」（私有財産）ではない。

このような新しい概念規定によれば，氏族制社会から階級社会への所有形態の転換は「個人的所有」から「私的所有」への転換として総括的に規定することができる。「ザスーリッチへの手紙」における「家屋とその補完物たる屋敷地」の「私的所有」（マルクス『全集』⑲，390）という規定は，家父長制的一夫一婦婚家族の排他的相続にもとづく「私的所有」概念であって，新たな歴史認識を前提とした概念である。この不動産の「私的所有」規定は，交換財か否かという要因とは無関係な規定であることに留意する必要がある。この場合，氏族制的生産様式における「個人的所有」と家父長制的一夫一婦婚家族の小経営生産様式における「私的所有」とは歴史的発展段階の相違として明確に峻別されている。「個人的所有」という概念は，畑の果実の「個人的……領有」（マルクス『全集』⑲，390）という表現の場合のように，共同所有と区別した概念としては通歴史的概念として使うこともできる。しかし，「私的所有」という概念は，家父長制的一夫一婦婚家族における排他的相続を通じた小経営の再生産を実現する所有形態であり，固有の発展段階を含意する歴史概念である。

超歴史的な家父長制家族認識を前提とした『資本論』における「個人的所有」や「私的所有」の概念には，このような発展段階の相違にもとづく歴史的峻別は行われてはいない。したがって，「私的所有」の概念の性格規定もおのずから異なった内容を含まざるをえない。『資本論』段階の歴史認識における「私的所有」の概念が内包する問題点の検討は第IV章で行おう。

財産所有形態の転換を内包する氏族制社会から階級社会への転換要因と転換の形態について考察しよう。この問題は歴史的研究の対象である。しかし，マルクスが『古代社会』の研究を通じてどのように捉えていたのかという問題の検討は，歴史研究の方法論の検討にとっても，『資本論』の論理の再検討にとってもきわめて意味のあることである。その方法は，「モーガン・ノート」の独自の論理構成，とくに家族形態論を基礎とした論理構成，論理相互の全体的関係および「ザスーリッチへの手紙」の論理との比較対照から，マルクスがどのような考察を行っていたのかについて検討することである。

以上のような考察からわかることは，第1に，動産，とくに畜産の発展自体は，父系氏族制や家父長制的一夫一婦婚家族への転換の促進条件ではあったとしても，その決定的契機にすることはできないということである。エンゲルスの『家族，私有財産および国家の起原』（以下『起原』と略称）は畜産の発達それ自体を，「女性の世界史的敗北」としての家父長制家族への転換の決定的原因としているが（エンゲルス『全集』㉑，60-63, 161），「モーガン・ノート」の全体的論理としてはそのような見解をとることはできない。なぜなら，マルクスはモーガンとともに，アメリカ原住民の氏族制には母系氏族制から父系氏族制に転換する内的要因があり，その発展傾向がギリシア・ローマ社会やゲルマン社会の家父長制的一夫一婦婚家族へと接続したことを認め，北米のアメリカ原住民社会が畜産を欠いていてもこの発展傾向を内在していたことを認めているからである。また，中米の「村落インディアン」も畜産を欠いていたが，父系氏族制の高度な内発的発展があったと捉えられている。マルクスやモーガンは，現代の歴史認識とは異なり，中米のアステカ社会やマヤ社会が独自の「文明社会」，すなわち階級社会に到達していたことを認めてはいないが，畜産を欠きつつも高度な内発的社会発展を達成したことは認めている。また，家畜以外の動産所有の発展は父系制的相続の促進条件ではあっても，家父長制的一夫一婦婚とそれによる排他的相続への転換の決定的契機ではない。なぜなら，すでに引用したように，「相続の第三の大規則」すなわち一夫一婦婚家族による排他的相続の出現条件は，「土地が財産の主体となり，諸個人への割当地が個人的所有権をもたらしたとき」，すなわち不動産所有が財産所有の中心的内容となる場合であり，また「ザスーリッチへの手紙」ではその条件を継承して，「家屋とその補完物たる屋敷地」という不動産の「私的所有」を小経営生産様式にもとづく「農耕共同体」成立の不可欠の契機としているからである（マルクス『全集』補巻④，315；同『全集』⑲，390）。不動産における「私的所有」の発生という問題は『資本論』の「私的所有」論の再検討にとってきわめて重要な問題を提起しているが，これは第IV章の検討課題である。

第2に，一夫一婦婚家族の形成要因にかんして，女性の主導性や自発的同意やあるいは女性独自の性的特質を形成要因とするような論理を一切認めていないことである。エンゲルスの『起原』は，一夫一婦婚家族が男性支配を目的として形成されたことは認めているが，初期ゲルマン社会の一夫一婦婚にかんしては，「男の支配をいくらかゆるやかな形態でつつみ，女にたいして……はるかに大きな尊敬をうける，はるかに自由な地位をあたえた」こと，その結果，一夫一婦婚のたまものとしての「最大の道徳的進歩」としての「個人的性愛」が発展したとされている。また，「バッハオーフェンが……個別婚への移行は，本質的に女の力によってなしとげられたと主張しているのは文句なしに正しい。……彼女たちは……ただ一人の男だけと一時的または永続的な婚姻を結ぶ権利を……望まざるを得なかった」として女性独自の排他的性愛傾向を主張している（エンゲルス『全集』㉑，57-58, 73-74）。マルクスは，このような主張を一切行っていないだけでなく，対偶婚から一夫一婦婚への転換が妻の対偶婚的な婚外性行動にたいする暴力的「懲戒権」の発動によって実現されたという事実を見逃さずに捉えていたと考えられる。ローマ社会の一夫一婦婚の実態として，妻の対偶婚的な婚外性行動としての「姦通」にたいし，「夫が生殺与奪の権利をもっていた（妻の氏族会議の同意をえて）」ということを摘記するとともに（マルクス『全集』補巻④，294），ゲルマン社会での夫がもつ懲戒権の特質にかんするタキトゥスの次のような指摘を見逃すことはなかったと思われる。なぜなら，タキトゥスはゲルマン社会の女性の「貞節」の堅持というすでに引用した文章の直後に，妻の「姦通」にたいする処罰は「夫に一任され」，ただちに執行されるが，その場合，「夫は妻の髪を切り去って，これを裸にし，その近親の目前において，家より逐い出し，鞭を揮って村中を追い回す」という一方的な懲戒執行が，妻の出身氏族の同意なしに行われていることが指摘されているからである。これはまさに妻の氏族における裁判権の剝奪と妻にたいする「懲戒権」の独占にもとづく妻の対偶婚的性行動の暴力的破壊による「一夫一婦婚」の一方的な強制的実現である。しかし，夫には一夫多妻婚が「きわめて少数」の高位者の事例にせよ許されていた（タキトゥス 1979, 89, 92）。『起原』はゲルマン社会における家父長制的一夫一婦婚の暴力的実態を完全に隠ぺいしている。マルクスはエンゲルスが全面肯定しているバッハオーフェンの一夫一婦婚の正当化論にたいし,「生粋のドイツ式机上学者」として批判しているが(マルクス『全集』補巻④, 465; 青柳 2009/2010, 55), これは一夫一婦婚における家父長的権力としての「懲戒権」の実態を見逃さずに捉えていたからであると思われる。

第3に, 母系氏族制社会, 父系氏族制社会, 家父長制的一夫一婦婚家族にもとづく過渡的社会, 階級社会という各発展段階の転換要因および各発展段階における相続様式の転換要因にかかわって, 軍事的要因が軽視されていないことである。これは, 軍事指揮機能を担う首長層の権力拡大やその職能の世襲化という上からの転換要因だけでなく, ギリシア・ローマ社会での階級規定に見られるように, 兵役義務負担者としての男性家族員への市民的特権付与と兵役義務との結合という男性中心主義的権利義務関係の編成を通じた社会の地縁的組織化という下からの転換要因についても, マルクスは注意深く検討している。動産増加による相続様式の変化という要因や動産の発展による交易の拡大という要因も考慮されていたとはいえ, 部族間紛争や社会階層間対立という軍事的=武力的要因と関連させてそれらの要因を考察していたと思われる。

マルクスは, モーガンが引用していないゲルマン社会の交易関係についてタキトゥスから詳細に引用し, 国境沿いの住民は通商上の理由から通貨としての金銀を尊重するが, 奥地では物々交換が行われ, 貴金属の所有と使用にはあまり関心を示さないということを指摘している(マルクス『全集』補巻④, 472; タキトゥス 1979, 43-44)。このことは, 交易や交換がゲルマン諸部族全体における「農耕共同体」と家父長制的一夫一婦婚家族への転換要因としては副次的要因にすぎないことを示しており, この事実は転換要因としてマルクスに新たな歴史認識をもたらしたと思われる。

「ザスーリッチへの手紙」のなかでは, 氏族制社会を含む原始的共同社会の生命力の大きさが強調されるとともに,「この共同体は, なんらかの仕方で, たえまない外戦と内乱とのなかで死滅したのである。それはおそらく非業の死をとげたのであろう。ゲルマン諸部族がイタリア, スペイン, ガリアなどを征服しにやってきたときには, これら諸部族の原古的な型の共同体はもはや存在していなかった」と指摘されている(マルクス『全集』⑲, 389)。この指摘は, 直接には「農耕共同体」の階級社会への転換についての指摘であるが, それ以前の氏族制社会を含む原始的共同社会の死滅から階級社会への転換過程の認識をも含む総括的な指摘ともなっている。これはマルクスの『古代社会』研究の結論的指摘でもあると言ってよい。

このような認識にかかわる「モーガン・ノート」の内容としては次のような摘要がある。「諸部族が一定の地域や城塞都市に定着した結果，人口の増加につれて，最も望ましい地域の占有をめぐる闘争が激化した。それは兵術を前進させ，武勇の報酬を増大させた。これらの変化は文明の接近を示すものである」(マルクス『全集』補巻④，312；モルガン 1961（下），377)。

モーガンは，アメリカ原住民の氏族制にかんし，財産観念の発展度以上に母系氏族から父系氏族への転換が進行している事態を指摘して，アメリカ人や宣教師の影響を指摘しているが(マルクス『全集』補巻④，372；モルガン 1961（上），219, 229, 236)，そのことは氏族制における「相続規則」の転換の内的要因の否定ではなく，その加速化要因として捉えられていたと言える。なぜなら，この認識はスペイン人侵入以前の時代の中米やアンデス高原における「村落インディアン」の父系氏族制の高度な発展とそこにおける兵術の発展[24)]という認識にもとづいていたからである。マルクスは発展の加速化要因として文化的要因のみではなく，物的要因として，アメリカ人やスペイン人から交易で入手した武器や馬の父から息子への世帯内的相続要求の高まりなどの要因も考慮していたと思われる。

ゲルマン諸部族はカエサルの時代からタキトゥスの時代のわずか1世紀半ほどの間に対偶婚による氏族制社会から家父長制的一夫一婦婚による小経営社会へと劇的に転換したが，農耕や畜産の発展水準は低く，それほど急速に発展してはいなかった(マルクス『全集』補巻④，471-472, 474)。ゲルマン社会の劇的変化は，アメリカ原住民社会のヨーロッパ人との接触以後の急速な変化と同様に，主としてローマ人との接触による加速度的変化であり，とくにローマとの軍事的対立と戦争による武器や兵術の発展およびそれによる社会編成の劇的転換と

---

24)「村落インディアン」の兵術や武具には，通常の弓矢，投槍，戦闘用棍棒，燧石製の小刀や手斧，石器の武器などのほかに，大家屋建設による防術，矢を防ぐ綿入り刺し子の外套，角ばった燧石の切尖を木製の刀身に列状に埋めこんだ両刃の剣の発明などがあった(マルクス『全集』補巻④，308)。

して，マルクスは捉えていたと思われる。マルクスが引用したタキトゥスの第7章には，女性の戦闘支援を含む「家族」単位の戦闘参加による勇猛な戦いぶりが叙述されており，社会が「家族」単位の軍事的編成を中軸として組織されていることが示されているからである（タキトゥス 1979, 52-53）。妻の出自氏族の裁判権の剝奪と家父長的「懲戒権」掌握による対偶婚的性慣行の暴力的解体は，軍役と結合した家父長権による社会の軍事的編成の一環であったと考えられる。

第4に，転換の形態にかんして，ゲルマン社会の「農耕共同体」の「死滅」後に，どのような形態の階級社会に転換したのかということについてのマルクスの直接の言及はないが，タキトゥスのゲルマンの奴隷制にかんする報告にもとづいて，その後の階級社会の編成方向の展望を得たとすれば，土地占有奴隷制の方向として捉えていたと考えられる。この時代のゲルマンの奴隷は居所と独立世帯を持ち，奴隷主は借地関係的な貢納を要求する関係である（タキトゥス 1979, 114）。この時代には土地占有奴隷が基礎的階級となるほど多数ではないとしても，階級社会への転換は土地占有奴隷制を中心として進展することが予測される。事実，民族移動期から封建制確立期までの時代を，土地占有奴隷を中心とした過渡的社会とみる研究成果も出されている[25)]。

第5に，転換の形態にかんして，ギリシア・ローマ以外の世界，とくにアジアの階級社会の形成形態にかんしては，上級土地所有権の集中による国家的土地所有にもとづく国家的奴隷制として，土地占有奴隷制の国家的形態と捉えていたと考えられる。

「モーガン・ノート」では引用されていないが，モーガンは，第2篇第15章で，全世界の諸部族における氏族制を検討して，インドや中国の社会を，氏族

25）トンプソンやマルク・ブロックの研究は，封建制確立期以前の初期ゲルマン社会を土地占有奴隷の存在を中心に捉えている（トンプソン 1970, 272-273；ブロック 1970, 283-294；青柳 2007/2008, 51-57）。土地占有奴隷制の問題は奴隷制認識の方法論ともかかわっており，エンゲルスは土地占有奴隷制の概念を，若干の例外的指摘を除き，基本的に認めず，土地を占有する奴隷的身分にかんしては，スパルタのヘイロタイや初期ゲルマン社会の奴隷身分の土地占有者を含め，すべて「農奴」と規定している（青柳 2009/2010, 22, 24, 25）。なお，土地占有奴隷制から土地所有にもとづく農奴制への発展様式の検討は本書の主題ではないが，土地資本蓄積による農業の集約的発展と人口密度の発展および交通の発展がその基礎的要因として捉えられる（青柳 2007/2008, 43, 45 参照）。

制的遺制を遺す「文明」社会（モルガン 1961（下），125-126，128，129-130）と捉えている。これらの検討を前提として，『古代社会』の総括的最終章である第4篇第2章「相続の三規則——つづき」では，「文明社会」，すなわち階級社会への移行形態にかんして，次のような総括的な指摘が行われている。

> 「未開の後期の終わりに，土地保有〔the tenure of lands〕に大きな変化が生じた。しかしこの結果は，文明時代に到達するまでは，完全には所有権として確定されなかった。それは二つ所有形態，すなわち国家による所有形態と個人による所有形態とに漸次向かっていた。ギリシア人のあいだでは，われわれがすでに見たように，依然として土地の若干は部族によって共有され，また宗教上の用途のために若干は胞族によって共有され，そして若干は氏族によって共有されていた。しかし土地の大半はすでに単独の個人的所有権に属していたのである。」（モルガン 1961（下），378；Morgan 1985, 541：訳文一部変更，〔 〕内は引用者）

ここでは「文明時代」，すなわち階級社会への移行による所有権の確定には，国家的所有形態と個人的所有形態があること，ギリシアのように，後者の形態による所有権は氏族社会の土地共有の大部分の解体後における土地保有の階級的分解によって確定されることが指摘されている。これは上級土地所有権としての私的土地領有の形成の道である。この指摘は，同時に，別の形態の上級土地所有権の具体的形成過程をも示唆している。それは，氏族的土地共有が大部分存続している状況のなかで，家父長制的一夫一婦婚家族による小経営の急速な形成にもとづいた土地や財産保有をめぐる対立の発生を前提として，首長層による軍役や貢納の権力的強化による国家形成を通じて，上級所有権としての国家的土地所有形態が形成されるという道である。モーガンはこの指摘で，インドや中国における階級社会の形成形態として，中央集権的専制君主とその官僚層の形成というギリシア・ローマとは異なる階級形態の形成を念頭に置いていたと思われる。

マルクスはモーガンの指摘を忠実に摘記しているが（マルクス『全集』補巻④，312），この指摘はマルクスの階級形成認識に世界史的視野を与えるとともに，すでに『資本論』の地代論で検討していた国家的土地所有による国家的地代論としての階級社会形成の認識にとって貴重な示唆を与えたにちがいない。マルクスは国家的地代という搾取関係について次のように指摘している。

「アジアでのようにまさに国家が，土地所有者であると同時に主権者として，彼ら〔直接的生産者たち〕に直接に相対するとすれば，地代と租税とは一致する。……国家は，ここでは最高の領主である。主権は，ここでは国家的規模で集中された土地所有である。しかしその代わり，この場合には，私的土地所有もなんら実存しない――といっても，土地の私的ならびに共同体的占有と用益とは実存するのであるが。」(マルクス K. III, 799)

文明時代におけるモーガンの国家的土地所有論の歴史認識とマルクスの国家的地代論の歴史認識とはぴったりと一致する。モーガンの国家的土地所有による「文明」社会の内的再生産要因は家父長制的一夫一婦婚家族であるが，マルクスの国家的土地領有と私的土地占有との重層的土地所有関係の基礎は奴隷制・農奴制の内的再生産要因としての小経営生産様式だからである。マルクスは，モーガンのこの文章を読んで，自己の国家的地代認識の世界史的正当性を確信すると同時に，モーガンの階級社会形成の二つの道の認識とその共通の基礎としての氏族制解体による家父長制的一夫一婦婚家族の形成という認識の世界史的正当性を確信したにちがいない。

この二つの道の方向を決定する基本的契機についてのマルクスの直接の言及はないが，「ザスーリッチへの手紙」におけるロシアの国家形態の形成要因についてのマルクスの考察はこの問題にかんするヒントを与えている。

前章で引用したマルクスのロシア経済研究資料のなかにも反映されているが，農奴制時代のロシアには地主領に所属する地主領農民と呼ばれる通常の農奴と，国有地に所属する国有地農民という二種の農民身分があったが，後者の義務や生活形態は農奴に近く，国家的農奴と規定することができる (青柳 1994；日南田 1966)。ロシアには広大な国有地が存在しており，これが「ザスーリッチの手紙」で言うところの「中央〔集権〕的な専制政治」(マルクス『全集』⑲，392, 402) の基礎としての皇帝の専制権力の基礎となっていた。ロシアは中世西欧と共通した農奴主と農奴との関係が存在すると同時に，インドや中国と共通した専制君主と官僚層の支配の基礎としての国家的土地領有と隷属農民との関係が存在している。マルクスは広大な地域に分散居住していた諸共同体の「局地的小宇宙性」が「中央〔集権〕的な専制政治」の基礎であり，それは「ロシアがモンゴル族の侵入以来こうむった政治的運命」の結果であるとしている（マルクス『全集』⑲, 392）。この「政治的運命」が何を意味するのかは不明であるが，マルクスがロシアの専制国家の形成要因を遊牧民族との領域的接触による軍事的対立や紛争という契機に求めていたことはまちがいないであろう。インドや中国を含むアジアの専制国家は，遊牧民族との対立，紛争的緊張をはらむ交易関係，遊牧民族の侵入等の影響を受ける地域に成立した。その点でギリシア・ローマやヨーロッパは，ロシアとビザンチン帝国を除き，遊牧民族との接触が相対的に弱い地域という地政学的特殊性をもった地域に成立した。「ザスーリッチへの手紙」におけるロシア国家論は，おそらくユーラシアの生態学的構造を背景にしたユーラシア諸地域の地政学的特質にかんする認識にもとづいていたと思われる26)。

「ザスーリッチへの手紙」では，階級社会以前のゲルマン社会だけでなく，「文明」社会として階級社会になっているはずの「東インド」も「農耕共同体」の典型とされている（マルクス『全集』⑲, 389）。この広概念化した「農耕共同体」概念の場合，ギリシア・ローマ社会と区別した共通の特質としては，上級土地所有権としての私的土地領有の欠如ないし未発展という特質を内在している。マルクスは，土地の上級所有権形態が未確定のゲルマン社会のような過渡的社会段階において，上級土地所有権として私的所有が未成立のまま国家が急速に形成され，国家的土地領有権が確定された典型的形態として東インド社会を捉え，それを共通の「農耕共同体」概念に包摂したと思われる。この視点からみると，農奴制が発展したロシア社会を「農耕共同体」に含めた理由は，ロシアの上級土地所有権における私的土地領有の未発展性という共通の特質にもとづいた規定であったとも考えられる。この場合のような，広義の「農耕共同体」用語は歴史の発展段階の特質というよりは，ロシアのような農奴制社会にも適用可能な広概念として捉えられている27)。マルクスはこのような社会では国家的土地領有にたいする土地変革運動は，近世西欧の変革運動よりも比較的容易

26）日本も遊牧民族との直接的接触が弱い地域としてヨーロッパと共通した地政学的特色がある。梅棹（1967）は，ユーラシア中央部の停滞論という点で問題をはらむが，このような歴史認識にかんする先駆的な認識を提起している。なお，日本の島国としての地政学的特質と武力形態および非専制国家的支配形態との関連性に関して松木（2017）参照。

27）このような視点から，国家的奴隷制から国家的農奴制への発展という歴史理論も成立する。中村（1977）ではこの視点からマルクスの歴史理論の再構成が行われている。

であり，所有変革も，より根源的な形態として展開する可能性があると捉えていたと考えられる。このような視点から，ロシアや中国などの国家的土地領有の変革を中心とした土地変革と所有変革の歴史的特質の検討は後の章で行おう。

最後に，第 III 章全体の総括として，マルクスが『古代社会』の研究を高く評価し，それを原始的共同社会から階級社会への移行過程の普遍的な「自然成長的な発展」(マルクス『全集』⑲，389) として捉えた理由について考察しつつ，自然成長的発展認識が資本主義やポスト資本主義社会の従来の認識にとって，どのような新しい再検討視点を提起しているかについて考察しよう。

モーガンのアメリカ原住民研究は，歴史の「自然成長的な発展」の法則性の発見にとってきわめて好都合な地理的・時期的条件を備えた社会を対象とする研究であった。地理的好条件というのは，広大な農耕可能な地域としての北米大陸のなかで，自由な生活形態の選択が可能であるという「自然成長」的条件を具備した地域の諸部族の生活が研究対象であり，現代の未開社会研究にとっての制約条件としての農耕困難な自然条件や住民生活の孤立性という自然条件をまぬがれ，原始的農耕を営む諸部族の自由な相互作用を含む「自然成長」的過程を観察することの可能な研究対象であったことである。時期的好条件というのは，母系氏族制から父系氏族制への転換過程という好機に際会した貴重な研究であり，その意味で『古代社会』は氏族の歴史的発展過程を証言する貴重な歴史書ともなっていることである。モーガンは「もう数年もたつならば，現在容易に集められる事実も，発見が不可能になるであろう」と指摘している (モルガン 1961 (上), 22)。モーガンは北米の氏族制社会の内的変化の過程を観察し，その過程をギリシア・ローマにおける階級と国家の形成史と比較しながら，人類史の法則的発展傾向を析出している。

マルクスは，このような『古代社会』研究を通じて，『資本論』段階までの歴史研究には欠落していた歴史の法則的認識として，どのような認識を受け取ったのであろうか。それは家族形態と財産相続様式を基礎とする人口再生産様式の転換が「生産様式」の転換の不可欠の構成要素であること，家族形態や相続様式は「生産様式」の転換のたんなる受動的な要因ではなく，北米の母系氏族制から父系氏族制への急激な転換やゲルマン社会の氏族制社会から家父長制的一夫一婦婚による小経営社会への劇的転換の例に示されているように，「生産様式」の転換の能動的要因となりうることが，自覚的に認識されたであろう。マルクスは家族的要因の能動的性格について次のように摘記し，その評注を行っている。

「家族は能動的な原理であって，けっして停滞せず，低い形態から高い形態へと移行してゆく。これに反して，血族体系は受動的であって，家族がなしとげた進歩を長い期間をへだてて記録し，そして家族が根本的に変化したときにはじめて，根本的に変化するのである。[政治的，宗教的，法律的，哲学的な諸体系一般についてもまったく同様である。]」(マルクス『全集』補巻④，280：[ ]内はマルクスの評注)

マルクスは「モーガン・ノート」の論理的構成を，『古代社会』の編別構成の第1篇「発明および発見を通じての知力の発達」はそのまま第1項に置いたが，第3篇「家族観念の発達」を第2項に，第4篇「財産観念の発達」を第3項に，第2篇「政治形態観念の発達」を最終項の第4項に置いて検討した。それは，家族を「能動的な原理」とするモーガンの思想を基本的に継承し，発展させた結果であり，対偶婚を含む家族の次世代再生産様式とそれと関連した相続形態を含む財産所有様式を，史的唯物論的「土台」としての「生産様式」における能動的契機として捉え，氏族制的統治形態と国家形成にかかわる第2篇を「上部構造」の問題として捉えるという歴史認識にもとづいた検討順序であり，それはおそらく自己の著作の構想としての論理展開を考慮していたためであろう。

この歴史認識は階級社会の再生産構造としての「生産様式」認識にかんする次のような総合的な認識をもたらしたであろう。すなわち，前資本主義的階級関係としての奴隷制・農奴制の再生産には，支配者の土地領有と直接的生産者の土地占有との重層的土地所有関係を維持するための「経済外強制」が不可欠の条件であることはすでに認識されていたが(マルクス K. III, S. 798-799)，同時に，女性の土地保有権と氏族的庇護の剥奪および妻にたいする家父長の「懲戒権」の排他的掌握による一夫一婦婚的生殖強制の実現のためのジェンダー（両性関係）的「経済外強制」が不可欠の条件であり[28]，いわば階級的「経済外強制」と

28)「経済外的強制」とは近代的な法のもとでの平等を経済原理とする資本主義経済にとっての「経済外」的要因という抽象的な規定であり，奴隷制・農奴制にとっては生産関係の再生産に不可欠な経済的強制のことである。資本主義にも出自や性別による法的差別を内包

ジェンダー的「経済外強制」との結合構造が階級的人口再生産に不可欠な生産関係的契機であるという総合的な認識である。この認識は，『古代社会』研究を通じて，新たな歴史法則として捉えられたであろう。なぜなら，剰余労働の持続的搾取のためには，剰余労働の強制のみならず，次世代再生産的必要労働との両立的強制による直接的生産者人口の再生産が不可欠であるが，それは，直接的生産者の男性家長の排他的な財産相続を実現するために，妻への家父長制的生殖強制を通じて次世代再生産を強制する男性家長の利害，すなわち小経営生産様式の存続利害と結合することによって，はじめて実現されたからである。すでに引用した，一夫一婦婚家族にかんするフーリエの文明史観を高く評価した評注は，このような階級関係とジェンダー的両性関係との結合構造が，階級関係における人口再生産に不可欠であるということの自覚的表明であったと言える。

この総合的認識によれば，階級社会の成立要件を次のように総括することができる。すなわち，人口増加による土地の希少化によって，「望ましい地域の占有をめぐる闘争が激化し」，「武勇の報酬を増大させ」，その結果「土地が財産の主体となり」，男性家長への「割当地が個人的所有権をもたらし」，土地所有をめぐる社会的対立を通じて，支配者の土地領有と直接的生産者の土地占有との階級的土地所有関係が，家父長制的一夫一婦婚家族を相続単位として成立し，それによって，直接的生産者人口の持続的再生産を前提として，剰余労働と次世代再生産的必要労働を担う小経営が継続的に再生産されることである，と（マルクス『全集』補巻④，312, 315）。

モーガンは，『古代社会』の最終章である「相続の三規則――つづき」の章のなかで，未来社会を次のように展望している。

> 「社会の解体は，財産がその窮極目的である道程を終結せしむべきことを命ずる見込みが十分にある。というのはかかる道程は自滅の諸要素を包含しているからである。〔それは〕……経験，知性および知識が着々とその方

する相続法や生殖管理法（妊娠中絶の禁止または制限法等）という資本主義独自の「経済外」的強制が存在するが，通常この要因は忘れられている。また，サーリンズは，未開社会の財の非市場的移転形態を「経済外的」とする見解を批判しつつ，その経済的性格を検討している（サーリンズ 1984, 223）。

向をとっている次代のより高度の社会を予示〔foreshadow〕している。それは古代氏族の自由，平等および友愛のより高度の形態における復活であろう。」(モルガン 1961 (下), 390；Morgan 1985, 552：〔 〕内は引用者；マルクス『全集』補巻④，320)

マルクスが「ザスーリッチへの手紙」で，このモーガンの未来社会論を肯定的に引用したとき (マルクス『全集』⑲，388)，モーガンの研究がマルクスにどのような新たな未来社会展望をもたらしていたのであろうか。家族形態と相続様式を基礎とする人口再生産様式の転換による階級社会の形成という新たな歴史認識は，脱階級社会としての未来展望の考察にも豊かなヒントを与えたであろう。その展望は家族形態や人口再生産様式の問題を考察対象外にした『資本論』(青柳 2010, 161-169；同 2011b, 102) における抽象的な未来社会論とは異なった豊かな内容が含まれていたであろう。それはどのようなものであったのだろうか。この新たな未来展望を，より明確な内容にするためには，家族形態と人口再生産様式かんする資本主義を含む人類史的研究にもとづいた『資本論』の再検討が不可欠の課題となる。この課題は晩年のマルクスにとって焦眉の研究課題として自覚されたであろう。しかし，マルクスは「モーガン・ノート」完成後1年余りで死去した。この課題は巨大な研究課題としてマルクス以後の人々に遺されている。次章ではこの課題を念頭に置きつつ，『資本論』における「私的所有」論とその基礎としての歴史認識の再検討を行おう。

第Ⅳ章　『資本論』における「私的所有」論と歴史認識の再検討

1　『資本論』の「私的所有」論と歴史認識の問題点

マルクスの『資本論』段階の歴史認識として前階級社会における超歴史的家父長家族観の問題点についてはすでに検討した。第Ⅳ章として新たに検討しなければならない課題は，『資本論』において，商品生産の基礎とされている「私的労働」と「私的所有」の発生論は，いかなる歴史認識を前提として提起されているか，その歴史認識は「私的労働」・「私的所有」論にどのような問題点をもたらしているのかを，マルクス晩年の歴史認識および未開社会や先史社会の現代的研究との比較検討によって明らかにすることである。まず『資本論』の論理をマルクス晩年の歴史認識と比較してみよう。

「私的労働」論と「私的所有」論は『資本論』の全編の論理に前提されている基礎概念であるが，前階級社会から階級社会への移行論と結びついた理解は，主として両者の概念が最初に提示されている第1巻第1篇第1章，とくにその第4節「商品の物神的性格とその秘密」および第2章「交換過程」に示されており，その叙述を中心に検討しよう。

「私的労働」論は，第1章第2節に，商品生産的労働として「自立的な，互いに独立の，私的労働」として，「古インド的共同体」の社会的分業における非私的労働的性格と対比して，最初に提示されているが（マルクスK. I, S. 56-57），「私的（諸）労働」論が非私的労働論と対比した歴史認識としてより具体的に論じられているのは，第4節である。

この節における非私的労働としての実例は，「自家用のために……生産する農民家族の素朴な家父長的な勤労」の内部の性別，年齢別等の家族員間の労働配分による個人的労働力が「家族の共同的労働力の器官としてのみ作用する」ような労働であるとして提示されている（マルクスK. I, S. 92）。しかし，この実例は，土地を占有する「農耕民が……自分の生活維持手段を自分自身で，独立して，個々の孤立的労働者として，自分の家族と一緒に生産しなければならない，そのような一生産様式」(マルクス K. III, S, 815)，すなわち小経営生産様式であり，家族の全体労働の外部的関係としては，自立的で相互独立的な「私的労働」であり，「諸個人の自己労働にもとづく分散的な私的所有」(マルクス K. I, S. 791) の基礎をなす労働である。ここでは，家父長制的一夫一婦婚家族を単位とする諸家族労働の独立した相互関係としての「私的労働」の側面を捨象し，家族労働の内的性格のみが提示されている。

この節における非私的労働として「直接的に社会化された労働」の別の実例は，「すべての文化民族の歴史の入口で出会う労働の自然発生的形態」として指摘されているが，そこまで「さかのぼる必要はない」(マルクス K. I, S. 92) として初版では取り上げず，第２版の注として『経済学批判』の指摘の再録として提示されている諸事例である。この再録では，「自然発生的な共同所有の形態」から連続的に継承された共同体として一般に認められているスラヴ的（ロシア的）形態のみならず，「アジア的な，ことにインド的な共同所有諸形態のいっそう厳密な研究は，自然発生的な共同所有のさまざまな形態からどのようにしてその崩壊のさまざまな形態が出てくるかを示すであろう。こうして，たとえば，ローマ的およびゲルマン的私的所有のさまざまな原型が，インド的共有のさまざまな形態から導出されるのである」と指摘されている (マルクス K. I, S. 92；同 1964, 19)。この指摘は『経済学批判』の序言における生産様式論として，「アジア的，古代的，封建的および近代ブルジョア的生産様式」(マルクス『全集』⑬, 7) という歴史認識と結びついたものであり，この節でもその歴史認識を踏襲して，諸生産様式における非商品生産（非私的労働）と商品生産（私的労働）との関係が次のように指摘されている。

> 「古アジア的，古代的等々の生産様式においては，生産物の商品への転化，それゆえまた商品生産者としての人間の定在は，一つの副次的な役割を……演じている。本来の商業民族は……古代世界の空隙にのみ存在する。あの古い社会的生産有機体は，ブルジョア的生産有機体よりもはるかに簡単明瞭ではあるが，それらは，他の個々人との自然的な類的連関の臍帯からまだ切り離されていない個々人の未成熟にもとづいているか，さもなければ，直接的な支配・隷属関係にもとづいている。」(マルクス K. I, S. 93)

「私的所有」論の『資本論』における初出は第2章であるが，そこでは諸共同体における商品生産と「私的労働」・「私的所有」の成立要因が，より具体的に，次のように指摘されている。

「直接的な生産物交換の形態は，x量の使用対象A＝y量の使用対象Bである。AとBという物は，ここでは，交換のまえには商品ではなく，交換を通じてはじめて商品となる。」（マルクス K. I, S. 102）

「〔生産物交換としての〕この譲渡が相互的であるためには，人々は，ただ，黙って，その譲渡されうる物の私的所有者として，またまさにそうすることによって相互に独立の人格として，相対しさえすればよい。しかし，互いに他人であるこのような関係は，自然発生的な共同体の成員にとっては――その共同体が，家父長制的家族の形態をとっていようと，古インド的共同体の形態をとっていようと，インカ国家などの形態をとっていようと――実存しない。商品交換は，共同体の終わるところで，諸共同体が他の諸共同体または他の諸共同体の諸成員と接触する点で，始まる。しかし，諸物がひとたび対外的共同生活で商品になれば，それらのものは反作用的に，内部的共同生活においても商品になる。諸物の量的交換比率は，さしあたりはまったく偶然的である。……交換の不断の反復は，交換を一つの規則的な社会的過程にする。それゆえ，時の経過とともに，労働生産物の少なくとも一部分は，意図的に交換めあてに生産されざるをえなくなる。この瞬間から，一面では，直接的必要のための諸物の有用性と交換のための諸物の有用性とのあいだの分離が確定する。諸物の使用価値は，諸物の交換価値から分離する。」（マルクス K. I, S. 102-103）

ここでの指摘は，第1章第4節における「古アジア的，古代的等々の生産様式」における「商品生産者」，すなわち「私的労働」・「私的所有」者としての人間の定在の「副次的な役割」の具体的内容が示されている。それは「古代世界の空隙」として存在する共同体間の商品交換の発生とそれに続く共同体内の商品交換の発生によって「労働生産物の少なくとも一部分」が交換目的で生産されるが，共同体的労働としての「直接的に社会化された労働」は解体されず，支配的労働として存続しているような生産様式のあり方のことである。

『資本論』の「私的労働」・「私的所有」論の問題点を歴史的に検討しよう。

第1章第4節と第2章の論理における第1の問題点は，共同体における商品生産，すなわち私的労働・私的所有の発生がきわめて連続的な変化として，「偶然的」交換から「規則的」交換への連続的変化として捉えられ，したがって私的労働・私的所有の発生が共同体内部の質的転換をともなわない変化として捉えられていることである。換言すればマルクス晩年の歴史認識としての，対偶婚家族による氏族制的所有（非私的所有）から一夫一婦婚家族による排他的生殖にもとづく「私的所有」，すなわち私的排他的相続所有による小経営生産様式への制度的転換とそれによる「農耕共同体」という新しい共同体の成立という論理が欠落していることである。第4節の注で再録されている『経済学批判』における「自然発生的な共同所有の形態」からの諸共同体への連続的変化という論理は，共同体間交換から共同体内の商品生産の副次的形態としての連続的発展という歴史認識と結びついたものである。なぜなら『経済学批判』でも共同体間交換から共同体内交換への連続的発展という『資本論』第2章とまったく同様の理論が主張されており，これが共同体の連続的変化という歴史認識の理論的基礎となっているからである（マルクス『全集』⑬，34, 127）。

第2の問題点は，生産物の移動や持ち手変更や成員間分配の多様な歴史的形態の可能性を考慮することなく，生産物の移転形態をすべて「交換」という抽象的概念によって分析していることである。この概念に内包される決定的な問題点は，「交換」行為自体が「互いに他人である」関係を前提とする行為であって，したがって「交換のまえには商品ではなく，交換を通じてはじめて商品となる」という表現は歴史的表現ではなく，「交換」という「互いに他人である」関係の同義反復論にすぎないことである。また，第4節の事例のように，「家族員間の労働配分」には「互いに他人である」関係としての「交換」が欠如しているという表現も同義反復論にすぎない。この点を考慮すれば，第2章の「交換過程」論における「生産物交換」の発展による商品生産の発展とそれによる「私的労働」・「私的所有」の発展という論理も事実上同義反復論にすぎないことがわかる。共同体間「交換」から共同体内「交換」への発展という論理は，直接的な同義反復性を回避しようとする論理操作であるが，この論理も，共同体内に「互いに他人である」関係がいかにして成立するかという論理が欠落しており，その成立根拠を，「互いに他人である」関係を前提とする「交換」行為の発展自体が，共同体内部にも「互いに他人である」関係を自動的に形成し，拡大するという論理に依拠しているかぎり，結局は同義反復論にすぎないことになる。

第3の問題点は，第4節の生産様式論でも示されているように，「アジア的生産様式」概念が「自然発生的な共同所有の形態」からインド的共同所有形態を含む広概念であり，それは個々人の「自然的な類的連関の臍帯」から非分離な「個々人の未成熟」性または「直接的な支配・隷属関係」にもとづく生産有機体と指摘されているように，前階級社会を含むと同時に，原初的な階級社会を含む広概念となっていることである。『経済学批判』におけるアジア的生産様式論は，前階級社会から専制君主制などの原初的階級社会までを包括する広概念としての，『経済学批判要綱』における土地所有のアジア的形態論を踏襲したものである[1)]。しかし，モーガンの『古代社会』を検討した晩年のマルクスにとって，直接的生産者の私的土地占有と小経営生産様式による農耕共同体の成立認識を欠いた，前階級社会から階級社会への連続的発展観を前提とした「アジア的生産様式」論は事実上放棄されたと言える。しかし，『資本論』の論理は，一方では，直接的生産者の「私的土地占有」にもとづく小経営生産様式における「私的所有」という歴史認識に立ちながら，他方では，第1章第4節の事例のように，その認識を欠いた『経済学批判要綱』と『経済学批判』の史的仮説（青柳 2009/2010, 58-61）にもとづく「アジア的生産様式」論が踏襲され，それを前提とした「交換」論的「私的所有」論という認識が混在しているため，歴史認識の首尾一貫性が欠如し，それが第1篇の論理だけでなく，他の部分の論理にも根本的な問題点をもたらしている。第4篇第12章には問題点を含んだ次

1）「アジア的生産様式」論には，原始共同体説，最初の階級社会説，総体的奴隷制説等，多様な解釈にもとづく論争があるが（青柳 2009/2010），これはエンゲルスの『起原』の歴史認識を介在させて解釈しようとした結果であり，それらを注意深く除去して『経済学批判要綱』の記述自体を読み取れば，前階級社会と階級社会とを包括する概念であることがわかる。それは，「自然生的な共同体組織」から「小さな共同体組織の上に立つ総括的統一体」，すなわち共同体組織の父としての専制君主として具現される「包括的統一体」に剰余生産物が帰属するような形態までを含み（マルクス『草稿集』②，119-120），共同体組織の「上に立つ総括的統一体」としてのロシアの専制君主制までも包括しうるような広概念である。

のような指摘がある。

「一家族の内部で，さらに発展すると一部族の内部で，自然発生的な分業が，性や年齢の相違にもとづいて，すなわち純粋に生理学的な基礎の上で発生するが，この分業は，共同体の拡大，人口の増加，および……一部族による他部族の征服とともに，その材料を拡大する。他方，前述したように，異なる諸家族・諸部族・諸共同体が接触する諸地点で，生産物交換が発生する。というのは，文化の初期には，私的個人ではなく，家族，部族などが自立的に相対するからである。……この場合，社会的分業は，〔共同体間で〕本来異なっていて互いに独立している諸生産部面間の交換によって成立する。生理的分業が出発点となっているところでは，直接の結びつきでつくられている一全体の特殊な諸器官が，相互に分解し，分裂し――この分裂過程にたいして，他の共同体との商品交換が主要な衝撃を与える――，自立化して，異なる労働の連関が商品としての諸生産物の交換によって媒介されるまでになる。」(マルクス K. I, S. 372-373：〔 〕内は引用者)

これは社会的分業の発展の二つの出発点にかんする指摘であるが，ここでは歴史的出発点に「家族」の存在が前提された結果，家族形態の質的転換の論理が欠落したうえで，社会的分業の連続的発展過程による共同体の連続的変化が想定されている。社会的分業の二つの発展経路のいずれも，その第一次要因は共同体間の生産物「交換」の発展であり，その連続的発展の結果としての「商品生産」と私的所有の発展が想定されている。ここでは，第2章の共同体間「交換」の共同体内「交換」への連続的発展という論理が歴史発展の具体的過程としてさらに敷衍されている。

エンゲルスはこの叙述にたいし，第3版の補注として，家族から部族が発展したのではなく，部族の解体から「いろいろと異なる家族諸形態が発展したのである」と指摘しているが (マルクス K. I, S. 373)，これは，原始的共同社会としての氏族制的共同体から，家父長制的一夫一婦婚による小経営生産様式を内在する農耕共同体への転換という「生産様式」の転換を第一次要因とするマルクス晩年の歴史認識の不正確な補足である。なぜなら，共同体間の生産物「交換」を共同体の変化の第一次要因とする論理はそのままにされているからである。それだけでなく，1894年刊行の『資本論』第3巻のなかで，共同体間「交換」を共同体の変化の第一次要因とするマルクスの論理にたいし，マウラーやモーガンの原始共同体研究によって実証されたものとする補注を入れて，その論理を補強しているからである（マルクス K. III, S. 187）。

晩年のマルクスにとって，『資本論』の論理の修正の最優先課題と考えられた問題は，第２章の共同体間「交換」を第一次要因とする共同体内「交換」の連続的発展による内部関係の変化という仮説であったであろう。また，第１章第４節に踏襲された『経済学批判』の歴史認識として，アジア的（インド的）共同所有形態の「厳密な研究」によって，「自然発生的な共同所有」形態から，「ローマ的およびゲルマン的私的所有のさまざまな原型」が「導出される」という仮説も，共同体間「交換」を第一次要因とする共同体内「交換」の連続的発展による「私的所有」の発生という仮説を前提とするものであるかぎり，モーガンの『古代社会』の研究にもとづいて修正することが不可欠であるということが最優先課題として自覚されていたであろう。なぜなら，『古代社会』によれば部族「同盟」を含む多様な恒常的な部族間関係が存在するとともに，部族内には姻戚関係を含む氏族制的共同体の密接な恒常的関係が存在し，その恒常的関係にもとづく部族間や共同体間の生産物移転形態を，「互いに他人である」関係を前提とする「交換」という抽象概念によって分析することは不可能であること，また「互いに他人である」ような「共同体」関係の単位を歴史実態としての「部族」や部族「同盟」や「胞族」や「氏族」（マルクス『全集』補巻④，326-369）のどのレベルに設定するかという問題も不明確であること，したがって共同体間「交換」を第一次要因として，共同体内「交換」の発展をその結果とする論理的仮説は，歴史的変化や発展過程の分析には適用不可能な仮説であることが明確になったからである。

『資本論』執筆期のマルクスが共同体における「私的所有」の発生要因を，もっぱら「互いに他人である」関係としての抽象的な「交換」概念に求め，その具体的要因を共同体間「交換」という共同体の外部要因に求めたのは，自然発生的共同所有の歴史的変化の「厳密な研究」を欠いているという制約条件のなかで，抽象的な論理的推論を行った結果であったと言ってよい。なぜなら，超歴史的な家父長制家族観に立った場合，「私的所有」の歴史的発生要因を共同体の内部要因の変化に求めることは，論理的に不可能であったからである。この認識を前提とした場合，「家族」自体の私的利害は共同所有関係の支配によって潜在化しているにせよ存在しているため，商品交換関係の発展によって共同所有関係の支配領域が縮小しさえすれば，商品生産者「家族」の私的利害が顕在化し，「私的所有」関係が副次的関係としてただちに出現するという論理的推論が演繹され，それによって共同体間「交換」から共同体内「交換」への連続発展という仮説が導出されたのではないかと推定される。

この問題は，マルクスのブルジョア「経済学批判」の課題にとってきわめて重大な問題をはらんでいる。なぜなら，ブルジョア経済学は，共通して「家族」の超歴史的存在を仮定すると同時に，「互いに他人である」関係としての「交換」という抽象的な非歴史的概念を超歴史的な経済的要因として仮定する流通主義的歴史観を前提としているが，『資本論』の論理も，事実上，それと共通する「家族」と「交換」という非歴史的仮説を前提とした流通主義的歴史観を含んでいたことが明らかになったからである。これはマルクスの「経済学批判」構想にとっての決定的な瑕疵というほかはない。この重大な問題をはらむ認識が，長い研究過程の末に，死の直前のマルクスが到達した新たな歴史認識であった。

晩年にマルクスが到達した『資本論』の歴史認識の再検討という課題は，自然発生的共同所有からの歴史的変化の「厳密な研究」という『経済学批判』で提起された未検討課題を，マルクス以後の未開社会や先史社会の研究を含めて再検討することが不可欠となるような課題であり，それ自体きわめて膨大な研究課題である。しかし，当面する『資本論』の論理の再検討にとって最小限必要となる課題は，『資本論』の論理と直接関連するマルクス晩年の歴史認識にかんして，それと関連する限りでの未開社会および先史社会の研究との比較検討であり，その検討が『資本論』の再検討にどのような具体的課題を提起しているかという問題の考察である。次節ではこの問題に限定して考察を行おう。

2　マルクス晩年の歴史認識と未開社会にかんする現代の諸研究

『資本論』の論理の再検討に不可欠なマルクス晩年の歴史認識にかかわって考察を要する未開社会[2)]研究の問題は，当面，二つある。第１の問題は，『資本論』第1巻第1篇の商品交換の論理と関連して，前階級社会としての未開社会における生産物や労働の移転，分配，贈与や相続等のあり方を，「互いに他人である」関係を前提とした行為とされている「交換」という概念を離れて考察することである。第2の問題は，第1篇の論理にも含まれているが，主として第2篇以降の論理とも関連する問題として，未開社会の発展過程の問題であり，具体的には階級社会の形成へといたる過程としての母系氏族制社会，父系氏族制社会，家父長制的一夫一婦婚家族による農耕共同体社会および階級社会という発展過程の問題である。いずれの問題も未開社会研究の分野で新しい成果が出されている問題である。

第1の問題にかかわって使用される用語について若干の補足説明をしておこう。ブルジョア経済学においては，「交換」概念は，家族的行為としての分配（労働能力のない家族員の扶養を含む）や贈与・相続という社会的経済体制の再生産に不可欠な経済行為とは，概念的に切断されているが，「互いに他人である」関係という特殊な観念を離れて観察すれば，使用価値としての生産物（これを簡単に「財」と呼ぶ）の移転としての持ち手変更，すなわち占有関係の変更として，これらの行為を統一的に捉えることができる。また，この問題に含まれている「労働」の移転とは，マルクスも検討している使用価値生産的労働としての「用役給付」の提供のことであり，これは使用価値としての財の提供と社会的に同等のものとされている労働の提供のことである（マルクス『草稿集』②，107-115；青柳 2010, 193）。

第1の問題にとって最適な検討資料は，『資本論』の使用価値と交換価値の概念を継承しつつ，多くの事例研究にもとづいて未開社会の財の移転や交易のあり方を比較検討しているサーリンズ『石器時代の経済学』（サーリンズ 1984）である。しかし，この著作では，財の相互移転を検討する場合に「交換」という用語が用いられているが，これは「互いに他人である」関係を前提とする「交換」概念とは意味が異なっていることに留意する必要がある。また，この著作における「家族」および「親族」の用語は，「モーガン・ノート」の用語で言え

2）ここでは前階級社会を総称する用語として，歴史学で使われる「先史社会」を含め，「未開社会」という用語を使う。

ば，「家族」は一夫多妻婚を含む「対偶婚家族」のことであり，「親族制 kinship」は「氏族 gens」の意味を含んでいる（Sahlins 1972, 123-148；青柳 2010, 196）。この点に留意しつつ，サーリンズの著作を中心として，未開社会の財と労働の移転形態の特質を考察しよう。

サーリンズは，未開社会の財の多様な移転形態を諸事例にもとづいて検討した第５章「未開交換の社会学」のなかで，移転形態の構造を次のように総括的に捉えている。

未開社会における財の移転様式は親族制の距離に比例して，同心円構造となっており，親族的な中心部における「一般化された相互性」[3)]，すなわち財の親族的贈与行為，中間点としての「均衡のとれた相互性」，すなわち「交易パートナー制」，親族外の関係としての「否定的相互性」，すなわち「非親族――つまり《他の人たち》……――にたいしては，いかなる情け容赦も与えるべきではではない」という行動様式にもとづく，さまざまな横領の形態や純粋に功利主義的利益活動という同心円の三層構造として捉えられている（サーリンズ 1984, 232-248, 289）。この構造は，現代にも共通しているようにみえるが，「親族制が，未開社会では，ずっと重要な意義」をおびており，「ほとんどの集団や社会関係の組織原理」になっている点で本質的に異なった構造であるとされている（サーリンズ 1984, 237）。したがって，この構造は，『資本論』における共同体間「交換」と共同体内「交換」の仮説とは本質的な相違がある。なぜなら，その構造は，第１に，親族制の外部的行為としての「否定的相互性」が親族制の内部的行為としての「一般化された相互性」へと連続的に拡大しえないような構造となっているからであり，第２に，長期的経済関係を保障するものとしての「均衡のとれた相互性」は「交易パートナー制」という独自の固定的な個人的関係によってきわめて遠隔地の部族間関係をも含むような交易関係を保障しており，市場的交換のような「互いに他人である」関係とはまったく異なった関係によって編成されているからである。サーリンズは交易パートナー制を，『資

3）「相互性」とは reciprocity の訳語であり，人類学では一般に「互酬性」と訳されている（サーリンズ 1984,「訳記」, 419-420）。ポランニーは互酬性を「贈物（ギフト）と返礼（カウンター）の贈物（ギフト）は時を異にして起こる。それは等価性の概念をすべて禁じる方法として儀礼化されているのである」と説明しており（ポランニー 1998, 94），独自の贈与行為の様式である。

本論』の交換価値論と比較するため，第6章「交換価値と未開交易の外交術」のなかで次のような具体例にもとづき詳細に検討している。

オーストラリアのクイーンズランドの交易事例は，狩猟採取社会のバンド間交易事例であり，各集団の接触は隣接集団のみであるが，400マイルにおよぶ交易連鎖がアカエイの槍の原産地と石斧の採石地とを交易網で結んでいる。「交易自体は，類別制〔classificatory 親族分類上の〕兄弟にもとづく，年長者間の贈与交換の形式でおこなわれている」(サーリンズ 1984, 291；Sahlins 1972 281：〔 〕内は引用者)。槍と斧の交換比率は，槍の原産地に近い地点では槍の交換比率が低く，斧の原産地に近い地点では斧の交換比率が低下する。この各地点の交換比率は，均衡的交換によってではなく，隣接親族訪問という社交関係による不均衡な贈与関係を通じて，不均衡性の相互化によって実現されており，この交易関係をサーリンズは交易親族制と規定している(サーリンズ 1984, 290-292, 295, 318-319)。サーリンズは，このような交易関係の事実関係自体は的確に把握しているが，交換比率の地域的相違の理論的根拠にかんしては，財の運送が使用価値生産的行為であり(青柳 2010, 344-351)，運送をともなう贈与行為が使用価値生産的「用役給付」行為となっているという視点が欠落しており，「需要」・「供給」という市場概念や「外交術」という準市場的観念を援用して考察しているため，首尾一貫した理論的考察には成功していない(サーリンズ 1984, 291, 312-322)[4]。

ニューギニアのヒューアン湾交易は農耕の成立を前提とする交易であり，タロ芋，壺，椀，マット，袋物等を含む交易関係や交換比率は，より複雑である。しかし，民族的に異種の共同体が交易網に結びつけられているが，隣接村落の姻族の交易パートナーへの社交的な訪問と訪問者へのおまけを含む不均衡贈与関係によって交易関係が編成されている点はクイーンズランド交易と基本的に共通している(サーリンズ 1984, 296-307, 317-322)。

ニューギニアのヴィシアス海峡の交易仲間制では，交易中心地に位置するこ

4)「需給」関係論や未開交易の「外交術」論を援用した「未開の交換価値論」の構築の試みは，市場関係とは異なる，社会的労働配分の法則性の考察を目的としたものであるかぎり(サーリンズ 1984, 321)，「交換価値」概念によって考察するのは不適当であり，理論的に成功してはいない。なお，「用役給付」にかんしては十分に検討されてはいないが，部分的に「手助け労働」として触れられている(サーリンズ 1984, 268)。

とによって周辺地域の物産の海上交易を独占するシアシ島民が交易を通じた交易利益を独占し，隣接親族集落間の贈与交換による交易パートナー制とは異なった部族外部の「否定的相互性」による「重商主義」的交易に接近した構造であった（サーリンズ 1984, 292-296）。

サーリンズは，第6章の最後の「交換レートの安定と変動」という節で，交換比率の固定的安定性と，固定的交易パートナー相手の変更を含む長期的な交換比率の変化という，市場における価格変動とはまったく異なる未開交易の歴史的特質を明らかにしつつ，未開交易にかんする第6章の結論として，次のようなきわめて重要な指摘を行っている。

> 「〔未開交易について〕ブルジョア的形態で判断して，紋切型の経済学の分析の私有財産〔private property 私的所有〕とすべきだろうか，むろん，そう考えてはならない。というのも，この経済過程は，そのブルジョア的形態では一般的ではなく，逆にその一般的形態は，ブルジョア的でないからである。」（サーリンズ 1984, 330,〔 〕内引用者；Sahlims 1972, 314）

これは，ヴィシアス海峡の交易を含む交易事例研究の結論であるが，サーリンズはヴィシアス海峡交易を例外的な「ブルジョア的形態」として捉えていたと思われる。

マルクス晩年の歴史認識として，氏族制社会にかんする認識は，その本質的な特質の点で，サーリンズの未開親族制社会とその交易関係にかんする認識と基本的に共通するものであったと言ってよい。『資本論』第1篇第2章の論理，すなわち家父長制家族の超歴史的存在を前提として，「互いに他人である……関係」としての共同体間の生産物「交換」の共同体内への浸透による商品「交換」の発展にもとづく「私的所有」の発生という論理は，未開社会における共同体間の生産物移転形態の現代の諸研究にもとづいて，修正することが不可欠である。

第2の問題としての未開社会の発展過程の問題について検討しよう。未開社会の総合的な比較研究を通じて，社会形態の複雑性と発展性という視点から未開社会の歴史的発展段階を仮説的に整理したサーヴィス『未開の社会組織』（サーヴィス 1979）は，この問題の考察にとって適切な資料となっている。それによれば，未開社会の発展段階は，狩猟採取社会としてのバンド社会，農耕社会としての部族社会および首長制社会の３段階に整理される。各発展段階における婚姻形態にかんしては次の通りである。

バンド社会では一定の婚姻規則をもっている場合，「父処婚」(男処婚)[5]による父処バンドであり，それ以外に明確な婚姻規則を欠いた混成バンドがある。部族社会では，明確な婚姻規則のある単系部族の場合，母系か父系かのいずれかであるが，バンド社会の父処婚を継承した部族を除き，母処婚による母系部族が広範に存在しており，それ以外に明確な婚姻規則を欠いた双系および混成部族がある。首長制社会では，首長職が世襲の公職として長子継承と結びついており，母系制や内婚制をともなう双系制を含みうるとはいえ，基本的に男系系譜にもとづくものであった(サーヴィス 1979, 43-46, 103, 115, 129-130, 135-145)。

ゴドリエは，狩猟採取経済の「双生親子結合」という認識を除けば，未開農耕社会の婚姻形態にかんしてサーヴィスとほぼ共通した認識を示しており，次のように指摘している。

> 「世界的に577社会の標本を抽出して因子分析を行うという，マードックが樹立した研究法から論証されるところでは，母系形態から父系形態へ，複雑な経済的，統治的形態をともなって，世界全体としてすべりおりてきたらしい，というのがどうやら真相のようである。……だから，モルガンの仮説も，部分的にはなお有効だといわねばならないが，彼が主張したのとはまるでちがった理由からなのである[6]。しかしながら，……複雑な政治構造と親族システムの間の相関性は，機械的なものではありえない。」
> (ゴドリエ 1976, 183-184)

エーレンバーグは，人類学的研究と中近東やヨーロッパ地域の最新の考古学的研究とを結合して，農耕社会の婚姻形態が，園耕農業から有畜農業への発展と関連して，妻方居住婚から男性支配の父系制に転換したと捉えており，転換原因の認識は別として[7]，サーヴィスやゴドリエの認識と共通した歴史認識を

5）父処婚または男処婚の両用語が使われているが，父方居住婚のことであり，逆は母処婚または女処婚(母方居住婚)である。

6）これは婚姻様式の変化を生物学的「自然淘汰」論によって考察するモーガンとエンゲルスに共通する方法への批判である(青柳 2009/2010, 39；モーガン 1961 (下), 212)。

7）エーレンバーグは，母系から父系への転換要因を，園耕から畜産・犂耕への転換という要因に求めているが，これはすでに指摘したように，畜産と犂耕が欠如した園耕地域(南北

示している（エーレンバーグ 1997, 154-167）。

これらの研究は，土地の相続形態に直接関係するものではなく，とくにバンド社会の父処婚は，狩猟採取の労働対象としての土地利用にすぎず，土地の労働手段としての「相続」概念で捉えることはできないため，相続様式の考察から除外しよう（サーリンズ 1984,「訳記」417；メイヤスー 1977, 30；青柳 2009/2010, 67）。農耕社会における耕地や家屋という，労働が投入された不動産の占有，とくにその労働手段としての占有の世代的継承は，事実上，居住様式と結びつかざるをえないものであるかぎり，母処婚を土地占有の母系制的相続，父処婚をその父系制的相続と結びつけることができる。したがって，現代の未開社会の研究は，母系氏族制社会から父系氏族社会への土地相続様式の転換が生じたとみるマルクス晩年の歴史認識を基本的に肯定し，その変化を部族社会から首長制社会への転換と関連させて捉えていると言える。

サーヴィスは部族社会に母処婚が広範に普及した理由を，女性による農耕労働と女性集団労働の役割が発展した結果と捉えている。また，部族社会から首長制社会への転換要因については，戦争や近隣部族との争いが決定的要因となったと捉えており，次のように指摘している。

> 「戦争では計画と調整が明確な利点をもっている以上，まず第一に部族間の熾烈な競争とひんぱんな闘争こそが，首長制社会が発生するための重要な条件であった可能性がある。その可能性がどれほどのものであるにせよ，他の条件が一定なら，首長制社会（たいした発展はしていなくても）がたんなる部族と戦えば，前者が勝つだろう。そして『勝つこと』は，いくつかの結果をもたらすだろう。被征服者は駆逐されるか，せん滅されるか，捕虜や供犠用の犠牲者として留めおかれるか，あるいは首長制社会の境界内の一民族としてとりこまれる。」（サーヴィス 1979, 131）

部族社会から首長制社会への発展という歴史認識についてサーヴィスと共通する理解をしているサーリンズも同様な認識をもっており，ポリネシアの首長制の経済発展の「決定的な原動力ともなったのは，近隣首長国のあいだの，慢

アメリカ，オセアニア，アフリカ）の首長制社会の成立を説明できない（サーヴィス 1979, 133-134）。

性的な争いだった」(サーリンズ 1984, 165) と指摘している。

この点でマオリ族はまさに逆の実例を示している。サーヴィスは，「部族経済は生産性向上のためのかなりの潜在力をもっていても，競争や戦争という外的力が要求しないかぎり，その実現に着手しない例がはなはだ多い」と指摘して，マオリ族の例をあげている。マオリ族は，首長制社会が高度に発展したポリネシア中央部から，ニュージーランドの無人の環境に入植したとき，小グループにわかれて散開し，「その過程でかれらは中央集権的でない，より未組織な社会にもどってしまい，ついには本来の首長制社会よりも部族社会に似るようになった」(サーヴィス 1979, 128)。近隣部族との競争や戦争の要因が弱い場合，生産性がより未発展な部族社会にとどまり，それらの要因が強く働く場合，首長制社会に転化すると言える。

前章第3節で検討した母系氏族制から父系氏族制および階級社会への転換を，「たえまない外戦と内乱」の結果とみる晩年のマルクスの認識は，部族社会から首長制社会への転換要因にかんするサーヴィスやサーリンズなどの現代の諸研究と基本的に共通するものであったと言える。エーレンバーグも，畜産を欠いた地域の首長制社会の形成要因と共通した要因として，近隣の部族からの一種の狩猟行為としての家畜の襲撃という要因を「戦争の起原」という視点から考察している (エーレンバーグ 1997, 164)。この捉え方は，紛争や戦争の問題を農耕社会や狩猟採取社会や遊牧社会という生産様式の相違による土地利用様式の異なる諸部族・諸集団間の対立という視点からの考察を含んでいる。気候変動による生態的環境変化はこれらの諸部族・諸集団間の対立 (フェイガン 2008, 194, 312 参照) を激化させ，これは人口増加とは別の外的対立要因となったであろう。

階級社会との相違を明確にするため，部族社会と首長制社会における階層間の垂直的な財や労働の移転関係について，剰余労働の搾取関係との比較を念頭に置きつつ検討しよう。

サーリンズは，部族社会における垂直的な財の移転形態について，メラネシアのビッグマンの気前のよさによる財の費消的分配や北西岸アメリカ原住民の部族長による気前のよいポトラッチ，すなわち大量の富の費消によるもてなしをその典型的なものとして考察している (サーリンズ 1984, 157-162)。ビッグマンとしての声望を得ようとする人々は，多妻婚による労働や若い親族等の労働を含む世帯的労働の「自己搾取」的強化によって，富を蓄積し，公的な大祭や分配のスポンサーとなり，気前よく富をふるまうことで名声を獲得する。このような行為はアメリカ原住民のポトラッチにも同様な性格がある。サーリンズはこの財の移転関係を次のように分析している。

親族制とは相互扶助の社会関係にほかならないので，「気前のよさは逆にあきらかに債務のおしつけとなる。というのも，贈与が返済されないかぎり，貰い手は贈り手にたいして，たえず気配りし応答する関係を解消できないからである」(サーリンズ 1984, 155；Sahlims 1972, 133：訳文一部変更)。「〔ビッグマンは〕富を利用して他の人々を自分の債務者にしたてあげようようとする。自分の世帯〔の必要〕を超えて働きながら，彼は配下をつくり，この配下の生産を自分の野心に役立てようとする」(サーリンズ 1984, 158：〔 〕内は引用者)。ここでは明示的には指摘されていないが，財の返礼贈与が行われない場合の債務の返済は「用役給付」の提供であり，その関係が「たえず気配りし応答する関係」として表現されているとみてよい。

サーリンズは，首長制社会がポリネシアの高地諸島，内陸アジアの遊牧民，中央アフリカおよび南部アフリカの住民の間で発達したとして，そこにおける財の垂直的移転関係の特質を考察し，次のように指摘している(サーリンズ 1984, 162-174)。

> 「〔首長制の〕権力はいまや，それを下でささえる民衆の財とサービスにたいする，特定の統制権を必然的にともなっている。人々ははじめから，その労働と生産物を首長にさしださねばならない。そして，この権力のファンドでもって，首長は，個人的な援助から，共同祭儀や経済的事業の広範な支援にいたるまで，……気前のよさを思いのままに楽しむのである。首長たちと人々のあいだの財の流れが，こうして，連続的に循環しはじめるのである。」(サーリンズ 1984, 163,〔 〕内は引用者)

サーリンズはこの財の循環を「再分配」[8)]と捉え，その機能を，地域的生産

8）「再分配」とは，ポランニーによれば，「一集団内で……財の配分にあたって，それらが一手に集められ，そして慣習，法，あるいは中央における臨機の決定によって分配される」ことであり，「この方法により，分割された労働の再統合が達成される」ことである(ポランニー 1998, 95)。

がその統合を通じて分化発展することによって，地域的生産を強化し，生産性を向上させるものとして捉えている。首長は労働の成果を「ある程度まで」取得していることは認められているが（サーリンズ 1984, 164），首長制による「再分配」関係を，階級的関係としての剰余労働の搾取関係とは区別している。ヴィシアス海峡交易のような市場的交換関係も，それが階級関係の形成要因とはならず，未開社会の構造を再生産するものであるかぎり，「再分配」関係として捉えられる。なぜなら，サーリンズは海上交易の独占による利益を，フェニキアの交易活動になぞらえているが（サーリンズ 1984, 292），海上交通の軍事的支配や植民都市的支配の権力的維持とは結合してはおらず，主として交易を通じた運送による使用価値生産としての「用役給付」と結びついたものであるかぎり，フェニキアやギリシア・ローマの交易活動とは本質的に異なっているからである。首長制社会の構造を検討したサーヴィスも首長制社会における財の移転様式を「再分配」と捉えているが，それを階級的な搾取関係とは区別している（サーヴィス 1979, 154）。サーリンズやサーヴィスの首長制社会の交易研究は，第1節で取り上げた，『資本論』における共同体間の異なった生産部面の生産物「交換」的結合による社会的分業の発展という論理が，首長制社会の実態研究にもとづいて，財の首長制的移転形態としての「再分配」という概念で捉え直されていると言える。

サーリンズは首長制が最高度に発展したハワイ社会を検討して，それが階級社会に到達しえなかった理由を次のように指摘している。

> 「ハワイの首長制は，人民からはすでにかけ離れた存在だったとはいえ，まだ親族制関係から決定的にきりはなされていなかった。支配者＝被支配者の原初的なきずなはまだ効力をのこしていたし，……相互性と首長制の気前のよさという倫理的習慣も有効だった。」（サーリンズ 1984, 172-173）

この親族制論は晩年のマルクスの氏族制論と共通しているとはいえ，事実上，同義反復的な説明にすぎない。マルクス晩年の歴史認識によれば，男性家長の私的排他的土地占有による一夫一婦婚家族にもとづく小経営生産様式の未成立および土地占有と結合した剰余労働義務の関係の未成立として，ハワイ社会の前階級社会としての特質を明確に規定することができる[9)]。なぜなら，部族社会や首長制社会における。贈与関係による個人的な負債や労働義務の関係を，次世代の義務として継承させることは，家父長制的一夫一婦婚家族による小経営の世代的継承関係が未成立な以上，不可能であって，その関係は当人の死亡によって消滅せざるをえない。また，債務関係によって恒常的な債務弁済労働を負担する貧困世帯が発生したとしても，女性に婚姻と次世代再生産を強制する家父長制的一夫一婦婚家族が未成立な以上，貧困世帯の次世代再生産は縮小し，貧困世帯は消滅する。したがって，未開社会の個人的債務や労働義務の関係を，世代継承的な剰余労働の恒常的搾取関係へと発展させることは不可能であるからである。

現代の優れた未開社会研究は，マルクス晩年の歴史認識の妥当性を示していると同時に，マルクス晩年の歴史認識は未開社会から階級社会への転換要因の解明にかんする現代の諸研究にとってもきわめて有効な視点を提起していると言える。

マルクス晩年の歴史認識を現代の未開社会研究に適用すれば，未開社会の生産様式と財の移転様式との関係にかんして，次のような重要な結論が導かれる。未開社会の財の移転様式が，氏族制（親族制）的な財の移転形態としての非市場的形態だけでなく，ヴィシアス海峡交易や前述した北米クロー族酋長の交易活動のような動産の市場的交換形態を部分的に含んでいたとしても，それ自体は，部族内の生産物交換の発生要因とはならないだけでなく，対偶婚による氏族制的生産様式全体の転換要因とはならないということである。換言すれば，それ自体は，土地と不動産の男性家長の排他的相続による家父長制的一夫一婦婚家族の「私的労働」関係，すなわち小経営生産様式を成立させる直接要因とはならず，「私的所有」関係をもたらす直接要因とはならないということであり，したがって部分的な「交換」関係の発生と全体的な生産様式としての小経営による「私的所有」関係とそれにもとづく搾取関係の成立とは厳密に区別されなければならないということである。マルクスが，小経営生産様式による「私的所有」関係が成立した農耕共同体を階級社会への過渡的社会と規定したのは，歴史転換要因として，全体的な生産様式の転換という要因を決定的に重

9）ここでは階級社会形成の理論的考察が目的であり，サーリンズが捉えたかぎりでのハワイ社会の特質（サーリンズ 1984, 141-142, 169-174）のみを前提として考察する。

視した結果であった言える。

マルクス晩年の歴史認識がどこまで進展していたかは別として，少なくとも，『資本論』第1章第4節の生産物「交換」の全面否定としての未来社会構想（マルクスK. I, S. 92-93）にかんしては，根本的な再検討が不可欠であると考えていたであろう。なぜなら，その構想は前階級社会の歴史的研究にもとづいて構想されたものではなく，前階級社会の「厳密な研究」が欠けている状況のなかで，生産物「交換」による「私的所有」の発生というブルジョア経済学と共通する流通主義的仮説の単純な裏返しによる論理的推論によって構想されたものであったからである。また，第24章末尾の未来社会論における「個人的所有」論も，一方では，一夫一婦婚家族的「私的所有」の廃棄という歴史認識を根拠とすると同時に，他方では，市場的「交換」の全面否定による「私的所有」の廃棄という流通主義的推論が継承されているかぎり，その根本的修正による未来社会像の明確化，とくに「私的所有」の否定によって再建される未来の「個人的所有」論（マルクスK. I, S. 791）の概念的明確化が不可欠であると考えていたであろう。

『資本論』第1章第4節で提示されている農民家族内における非交換関係，すなわち「一般的相互性（互酬性）」による家族内的分配と財産の家族的贈与としての相続が不可欠となる理由は，相互に自立した労働能力を前提とする「交換」行為のみによっては次世代再生産が実現不可能になるからであり，「一般的相互性（互酬性）」は次世代再生産に必然的に内在する行為であるからである。すなわち，労働能力の未発達な次世代の労働能力養成，高齢者の蓄積された生活知識の継承をともなう高齢者扶養，女性の妊娠出産にともなう負担にたいする援助等の次世代再生産過程に不可欠な諸行為にたいする財の移転様式は，「一般的相互性（互酬性）」による財の分配関係によってのみ実現されるということである。家父長制的一夫一婦婚が未成立な対偶婚にもとづく氏族制または親族制社会の「一般的相互性（互酬性）」とは，これらの諸行為にかかわる財の分配関係が氏族または親族のレベルにまで広がった形態であると言える。また，私的排他的一夫一婦婚家族を解消した未来社会では，次世代再生産にかかわる諸行為にたいする財の分配関係は家族的分配から社会的分配に転換されることによって，私的家族的労働としての「私的労働」と「私的所有」の基礎は消滅する。したがって，次世代再生産的必要労働と剰余労働とを両立的に強制し，剰余労働の持続的搾取を実現する人口再生産単位としての家族的経済単位も消滅する。その場合，社会的分業の発展が生産物の市場的交換の発展をもたらしたとしても，それ自体は財の「個人的所有」関係の発展をもたらすだけで，「私的労働」と「私的所有」関係や搾取関係を成立させる要因とはならない。晩年のマルクスは，おそらく，このような「個人的所有」と「私的所有」との歴史的峻別認識にもとづいて，『資本論』第1章第4節の非「私的労働」論の具体例として，『経済学批判』の史的仮説や生産物交換の全面否定としての未来社会論という流通主義的仮説にかえて，対偶婚的氏族制社会の歴史的実例と脱家族的未来社会における「私的労働」の消滅例という生産様式的認識を提示する必要性を痛感していたであろう。また第2章の生産物の「交換」関係による「私的所有」関係の発生・発展という流通主義的仮説を，家父長制的一夫一婦婚家族による小経営生産様式の成立にもとづく「私的所有」関係の成立という生産様式的認識によって根本的に修正する必要性も痛感していたであろう。

次章以降では，以上のようなマルクス晩年の歴史認識を前提としつつ，資本主義とそれと併存したソビエト型経済の成立と崩壊を含む20世紀の史的総括を行おう。

第 2 部　20 世紀史の再検討と 21 世紀社会主義

第Ⅴ章　資本主義生産様式の長期存続力と労働者家族

1 『資本論』における労働者家族論の問題点

第Ⅴ章および第Ⅵ章の課題は晩年のマルクスの歴史認識，とくに原始的共同社会からの階級形成認識とそれに関連する現代の未開社会研究の成果を前提として，その歴史的視点を発展させつつ20世紀の歴史を検討することである。晩年のマルクスは，対偶婚による土地や動産の氏族制的所有から土地や動産の「私的所有」にもとづく家父長制的一夫一婦婚家族の形成による，「西洋の小農民と同じよう」な小経営生産様式による私的家族的労働が，原始的共同社会としての「第一次構成」から階級社会としての「第二次構成」への転換としての階級分化をもたらす「諸敵対」の「縮図」であり，前資本主義的階級関係の基礎的単位であることを明らかにした（マルクス『全集』補巻④，291-292；同『全集』⑲，390-391, 402）。この視点を継承発展させつつ，先進資本主義の長期存続力とソビエト型経済の短命性という20世紀の歴史を，階級再生産的視点から再検討することが第Ⅴ・第Ⅵ章の具体的検討課題となる。しかし，晩年のマルクスは，前資本主義的階級関係の再生産的単位，すなわち剰余労働と次世代再生産的必要労働との両立的実現の前近代的単位としての家父長制的一夫一婦婚家族の歴史的成立についての検討は行ったが，資本主義の階級再生産的単位，すなわち剰余労働と次世代再生産的必要労働との両立的実現の単位としての資本主義的労働者家族の歴史的特質についての新たな検討はまったく行っていない。

「ザスーリッチへの手紙」において，ロシア農村共同体の未来の集団的所有への直接的発展可能性にかんする認識は，欧米先進資本主義の「消滅」予測という資本主義的生産様式の歴史認識を前提としていたが，このマルクスの歴史認識を端的に示す部分を引用しよう。

> 「『農村共同体』のこういう発展……の最良の証拠は，資本主義的生産が最大の飛躍をとげているヨーロッパとアメリカ合衆国においてこの生産がおちいっている宿命的な危機である。この危機は，資本主義的生産が消滅

することによって，……集団的な生産と領有へと復帰することによって，終結するであろう。」（マルクス『全集』⑲，395）。

この予測は，ロシア革命の実践方針にかかわる短期的予測であるが，資本主義の長期的存続力についての認識が欠落しており，現代にいたるまで130年以上も的中していない。それは資本主義的賃労働の基礎として，剰余労働と次世代再生産的必要労働とを両立的に担い資本主義の持続的再生産の基礎となる労働者家族の歴史的特質とその存続力についての十分な考察が欠落していた結果であったと考えられる。

資本主義の「消滅」認識は，一方では，『経済学批判』序言の歴史認識として，「一つの社会構成は，……生産諸力がすべて発展しきるまでは，けっして没落するものではなく，新しい，さらに高度の生産諸関係は，その物質的存在条件が古い社会自体の胎内で孵化されてしまうまでは，けっして古いものにとって代わることはない」という認識を根拠にしている。しかし，他方で，消滅論は『資本論』第1巻の論理，とくにその結論的認識としての「資本主義的蓄積の歴史的傾向」論と小経営（家族経営）的「私的所有」の「否定の否定」という論理にもとづいた歴史認識であり，私的所有の「否定の否定」の「物質的存在条件」が孵化されていると判断した結果であると考えられる（マルクス『全集』⑬，7；同 K. I, S. 791）。この場合，資本家家族の「私的所有」の否定と同時に，労働者家族における労働力商品の「私的所有」の条件も解消されるための物質的存在条件も形成されつつあるという認識が根拠になっていると判断される。この認識は，『資本論』の家族認識が前提になっていると考えられる。ここで労働者階級の人口再生産単位としての労働者家族論にかんする『資本論』第1巻の論理を中心的に検討し，その歴史認識の問題点を検討しよう。

『資本論』第1巻第4章では労働力の価値規定として，労働者は生殖によって自己の「“種族”」を「永久化」するために，「補充人員すなわち労働者の子供たち」の生活手段を「労働力の生産に必要な生活手段の総額」に含めている（マルクス K. I, S. 186）。ここでは賃労働によって次世代人口を私的に再生産する労働者家族，すなわち剰余労働と次世代再生産的必要労働を私的家族単位として両立的に担う家族が想定されている。この章の末尾では，全体の総括として，労働力の売買が行われる商品交換の部面について，「ここで支配しているのは，自由，平等，所有，およびベンサムだけである」として，その内容を規定している。「自由」とは，売買契約が自由で法的に対等な人格として契約するという意味であり，「平等」とは商品所有者として等価交換を行うことであり，「所有」とは「自分のものを自由に処分する」こととしている。そのうえで，「ベンサム！ というのは，両当事者のどちらにとっても，問題なのは自分のことだけだからである。彼らを結びつけて一つの関係のなかに置く唯一の力は，彼らの自己利益，彼らの特別利得，彼らの私益という力だけである」と指摘されている。ここでは，労働力の売買契約の当事者としての資本家家族だけでなく，労働力商品を販売する労働者家族も，「自己利益」的利害を内在し，相互に利己的に競争する資本主義的家族であるという重要な特徴づけが行われている(マルクス K. I, S. 189-190)。

第13章第3節では，「消費に必要な諸労働」としての家事労働，とくに女性の育児労働，料理，裁縫という家事労働が労働者の私的家族単位として行われていること，賃労働は家事労働と一体的な私的家族的労働単位を構成し，女性の賃労働参加による「家事労働の支出の減少には，貨幣支出の増大が対応する」ことによって賃労働「収入の増大を帳消しにする」とされている。ここでは家事労働量と賃労働収入による生計費支出量との反比例的相関関係があることが指摘されている(マルクス K. I, S. 417)。この指摘は賃労働収入の減少には家事労働支出の増大が対応するという逆の相関関係があることも含意している。この意味で賃労働と家事労働とは一定の範囲内で反比例的相関関係を内在する一体的な家族的労働単位を構成しているという現実認識が示されている。このことは，労働力の「価値」規定としての「労働力の生産に必要な生活手段の総量」とは，それに対応する家事労働支出を前提として規定されるという意味で，「歴史的かつ社会慣行的な一要素」(マルクス K. I, S. 185) を含んでいることを意味している。ここでは労働力の再生産のための総「必要労働」時間には，生活手段の「価値」としての商品生産的労働時間のみではなく，サービス生産を含む自給的使用価値生産としての家事労働時間も含まれるという現実的関係が反映されている(青柳 2010, 344-378)。この全体的な必要労働としては，賃労働も，家事労働と性別分業によって結合されているかぎり，家事労働と同じく私的家族的労働の一環であり，「自分のことだけ」にかかわる「自己利益」的利害を体現していることが，労働者家族の構造的特質であることを意味している。したがって，マルクスが労働力商品の交換の特質として特徴づけた性格は労働力再生産における私的家族構造に根ざした特質であったと言える。

労働者家族の人口再生産の問題にかんしては，第9章で「労働日……の長さが与えられている場合には，剰余価値の総量は，ただ労働者総数すなわち労働者人口の増加によってのみ，増加されうる」として労働者人口問題の決定的重要性を指摘している（マルクス K. I, S. 325）。マルクスも断っているように，これは相対的剰余価値生産を所与とした論理ではあるが，この問題が重要であるのは資本の再生産論と蓄積論における人口再生産の法則的重要性を純化したかたちで提起しているからである。

第21章では，資本の「単純再生産」にとっての次世代人口再生産の必要性について，「労働者のこの不断の再生産あるいは永久化が，資本主義的生産の“不可欠の条件”である」が，「資本家はこの条件の実現を，安心して労働者の自己維持本能と生殖本能にゆだねることができる」と指摘し（マルクス K. I, S. 596, 598），第4章の自己「“種族”」の「永久化」論を補足している。第23章では，資本の「拡大再生産」としての資本主義的蓄積にとっての次世代人口増加の必要性について，「労働力……の再生産は，実際に資本そのものの再生産の一契機をなす。したがって，資本の蓄積はプロレタリアートの増加である」としたうえで，「蓄積の進行は，可変資本部分の相対的大きさを減少させるとしても，だからといって，可変資本部分の絶対的大きさの増加を排除するわけでは決してない」と指摘し，可変資本増加を含む資本蓄積には労働者人口の増加が不可欠であることを強調している（マルクス K. I, S. 642, 652）。

第13章第3節では，「資本による補助的労働力の取得。婦人労働および児童労働」という表題の項の内容として，「機械は，労働者家族の全成員を労働市場に投げ込むことによって，夫の労働力の価値を彼の全家族が分担するようにする」と指摘されている。第18章「時間賃金」では，「労働者家族の収入についても，家長によって提供される労働分量に家族員の労働がつけ加わるやいなや，〔名目賃金の騰貴と労働の価格の不変あるいは低落という賃金変動と〕同じことが言える」という同趣旨の内容が指摘されている（マルクス K. I, S. 416, 417, 566-567：〔 〕内は引用者）。ここでは，労働者的一夫一婦婚家族における家長（夫）の基幹的賃労働に，妻や子どもによる補助的賃労働が加わるという家族構造が想定されており，家族における性別分業と労働市場の性別分化が前提されている。

第13章第9節では，児童労働搾取の弊害を，親権の濫用として告発する見解を批判しつつ，次のようなきわめて重要な指摘を行っている。

「資本による未成熟な労働力の直接的あるいは間接的な搾取をつくり出したものは，親権の濫用ではなく，むしろ逆に，資本主義的搾取様式が親権に照応する経済的基礎を廃棄することによって親権の濫用を生み出したのである。資本主義制度の内部における古い家族制度の解体が，どれほど恐ろしくかつ厭わしいものに見えようとも，大工業は，家事の領域のかなたにある社会的に組織された生産過程において，婦人，年少者，および児童に決定的な役割を割り当てることによって家族と男女両性関係とのより高度な形態のための新しい経済的基礎をつくり出す。家族のキリスト教的ゲルマン的形態を絶対的なものと考えることは，ともかく相互に一歴史的発展系列をなしている古ローマ的形態，あるいは古ギリシア的形態，あるいはオリエント的形態を絶対的なものと考えることと同様に，もちろんばかげている。……きわめてさまざまな年齢層にある男女両性の諸個人が結合された労働人員を構成していることは……適当な諸関係のもとでは……人間的発達の源泉に急変するに違いない。」(マルクス K. I, S. 514)

ここでは，「親権 parental authority」を「“父権” partial potestas〔家父長権〕」の近代的形態と捉えており，また，第18章の労働者家族の「家長 the head of the family」は前近代的な農民家族の「家父長制的家族 patriarchal family」の「家父長」とは区別されている(マルクス K. I, S. 102, 513, 566-567：〔 〕内は引用者)。したがって，家族制度としては，土地を占有する前近代的家父長制家族，土地から分離した近代的労働者における親権を前提とする「古い家族制度」，および親権の経済的基礎を廃棄する未来の新しい労働者家族という3形態が家族の発展段階として想定されている。第18章の「家長」が存在する労働者家族とは，妻や子どもの賃労働が補助的賃労働として参加しつつある家族であり，第13章の夫の労働力の価値分割が行われるさいに前提とされている家族と同様の現存している家族であるが，この家族は「古い家族制度」と捉えられている。

土地占有権を廃棄した資本主義的労働者家族でありながら，資本主義の内部に存続し，大工業の発展によって未来の家族形態へと急速に移行する過渡的家族形態と想定されている「古い家族制度」とはどのような家族であろうか。この現存家族の成立根拠についての明示的な規定はなく，とくに家長による基幹的賃労働と女性と子どもによる補助的賃労働という性別・年齢別の家族的分業の成立根拠については十分な検討が行われてはいない。しかし，マルクスは機械制以前の「マニュファクチュア時代」の労働編成を，女性や児童の労働を排除した男性労働者を中心とする手工業的分業体制と捉えており，機械制時代の「大の労働力の価値」分割論は，マニュファクチュア時代の男性労働者の賃労働の家族成員による分割という過程を想定したものであると考えられる（マルクス K. I, S. 389, 417, 485）。その過程を前提とすれば，機械制時代の初期段階における機械制労働の未発達な状況における家族的分業の成立要因は，労働における身体的要因やそれにもとづく身体的熟練要因を重視して，「性や年齢の相違にもとづいて……純粋に生理学的な基礎の上で発生する」家族的分業（マルクス K. I, S. 372）と捉えていたと推定することができる[1)]。この生理的な家族的分業論は，ゲルマン的形態からオリエント的形態まで遡行させた発展系列観からもわかるように，家父長制的家族と生理的分業の超歴史的存在観を根拠としたものであったとみてよい。モーガン『古代社会』の研究後，超歴史的家父長制的家族観を払拭した晩年のマルクスも，資本主義的労働者家族の歴史的形態としての「古い家族制度」の捉え方としては，生理的分業にもとづく「家長」制による一夫一婦婚家族という認識を事実上踏襲していたと考えられる。機械制労働の発展は生理的分業の基礎を技術的に解体することによって，「家族と男女両性関係とのより高次な形態のための新しい経済的基礎をつくり出す」という歴史認識は，生理的分業の急速な変革可能性認識と，それにもとづく未来社会の「物質的存在条件」の孵化による資本主義社会の急速な変革可能性認識と結びついていたと考えられるからである。

以上の労働者家族認識の問題点について検討しよう。

第1の問題点は，労働力の私的家族的再生産による労働力商品の私的所有に

1）この生理的分業は『ドイツ・イデオロギー』の家族観を継承したものである（青柳 2010, 128；マルクス・エンゲルス 1998, 56-61）。

もとづく競争的販売についての十分な検討が行われていないことである。第3篇「絶対的剰余価値の生産」の総括としての第8章「労働日」では，労働力商品の私的購入者としての資本家とその私的販売者としての労働者との，労働力商品単位としての「労働日」をめぐる「商品交換法則」の解釈の対立が取り上げられ，「ここでは，どちらも等しく商品交換の法則によって確認された権利対権利という一つの二律背反が生じる。同等な権利とのあいだでは強力がことを決する」として絶対的剰余価値生産をめぐる決定的契機を析出し，「商品交換の部面」にのみ立脚するブルジョア的な俗流経済学の論理の限界を乗り越える決定的な論点を提起している。しかし，この労働日の標準化という資本主義的剰余労働搾取にかかわる決定的問題にたいしては，「資本主義的生産の歴史においては……総資本家すなわち資本家階級と，総労働者すなわち労働者階級との一闘争」が決定するという指摘だけで終わっている（マルクスK. I, S. 249）。この闘争にたいし，不断に資本家階級が勝利し，労働者の運動は部分的改良や資本家の譲歩の獲得にとどまることによって，剰余価値生産が法則的に貫徹して資本主義的生産が長期的に存続するための決定的に重要な問題についての考察は存在しない。しかし，労働者の階級闘争のための階級的連帯を妨げる要因として，労働力の私的所有による労働者相互の競争的販売という契機を考察対象に入れて検討すべきであろう。

労働者相互の労働力販売競争という問題にたいしては，第6篇「労賃」において全労働時間が支払労働として現れる「労働の価格」形態という労働力販売市場における現象形態としての「時間賃金」（第18章）と「出来高賃金」（第19章）の問題として検討している。ここでの論理は，標準「労働日」と労働力の価値水準がすでに確定していることを前提として，労働時間の細分単価や出来高仕事量の細分単価を設定し，それにもとづいて労働力商品の売買市場の柔軟化と変動に対応する現実的価格運動を構成することによって，労働者の労働力商品販売競争を組織するという現実的関係を反映したものである（マルクスK. I, S. 557-564；青柳 2010, 421-452）。この論理は，資本主義的生産様式の物象的観念としての，「資本―利子，大地―地代，労働―労賃」という三位一体的定式（第3巻第48章）の成立条件の一環を形成し，商品・貨幣の物神性の完成形態であり，生産当事者たちを市場の自然法則として支配する現実的関係を反映している

(マルクス K. III, S. 822, 824, 827, 834-836, 839)。しかし，マルクスは生産当事者にたいして「盲目的必然性として作用するその仕方・様式には立ち入らない。なぜなら，競争の現実の運動はわれわれのプランの範囲外にある」(マルクス K. III, S. 839) からであるとして，労働力商品販売者とその購入者との「競争の現実の運動」も『資本論』全3巻の考察対象外の問題とされ，標準「労働日」と労働力価値水準がいかにして決定されるかについての検討を行ってはいない。しかし，この問題については，第18章の論理において前提とされる家族形態としての「家長」を中心とした性別分業家族の私的家族的労働（私的賃労働と私的家事労働）の一体性を基礎として考察する必要があろう。

第2の問題点は，機械制労働の発展によって短期的に消滅するはずの家族的分業と労働市場の性別分化構造が，『資本論』第1巻執筆後1世紀半近く経過し，機械制労働が高度に発達した現代においても存続しており，次世代人口再生産を含む労働力再生産のための性別分業とそれによる私的家族的労働の一体性を通じた労働者家族の私的利害は長期的に存続していることである。したがって，身体的労働能力差による生理的分業を根拠にした労働者家族の性別分業論と労働市場の性別分化論は性別分業の長期持続性を説明できず，それを根拠にした労働者家族論は成立しがたいことである[2)]。

第3の問題点は，資本の再生産と蓄積にとって決定的に重要な労働者人口再生産にかんする認識であり，とくに新規労働力人口供給の問題としての次世代人口再生産についての認識である。第22章と第23章では人口再生産の問題を取り上げてはいるが，そこでは労働者の次世代人口の維持または増加が，剰余労働搾取のための長時間労働と低賃金という労働者家族の必要労働への不断の圧迫のなかでいかにして実現されるかという問題，すなわちすでに検討した階級社会の再生産のための剰余労働と次世代再生産的必要労働との両立的実現という根本問題の検討が欠落している。第8章では長時間の剰余労働搾取による

2）『資本論』では革命的運動に対する対抗スローガンとして，「財産，宗教，家族，社会を救え！ という共同の叫び」による反動的同盟が現れることを指摘している（マルクス K. I, S. 302)。しかし，『資本論』では，「財産」問題にたいしては徹底的な検討を行ったが，「家族」問題の検討は行われなかった。この弱点は，私見によれば，現代の多くのマルクス主義的文献にも克服されずに継承されている。

必要労働圧迫の結果としての将来の労働者人口の減少とそれによる資本主義的生産の“大洪水”的破局について次のように示唆している。

「資本は，その実際の運動において，人類の将来の退化や結局は食い止めることのできない人口の減少という予想によっては少しも左右されない……。“大洪水よ，わが亡きあとに来たれ！”これがすべての資本家および資本家国民のスローガンである。」(マルクス K. I, S. 285)

このマルクスの指摘には，次世代再生産の問題を「労働者の自己維持本能」という資本家的観点から捉えるのではなく，剰余労働と次世代再生産的必要労働との両立的実現とその対立化という問題が資本主義的生産様式にとって決定的な問題であるという認識が含まれている[3)]。しかし，なぜ当時は労働者人口が増加し，将来においては人口減少の可能性が発生するのかという根本的問題についての省察が欠落しており，第 23 章の資本蓄積論における人口増加論と第 8 章の絶対的剰余価値生産論における将来の人口減少論との理論的な統一化は果たされていない[4)]。この問題は先進資本主義社会の 20 世紀の 60 年代までの労働者の次世代人口再生産の増加傾向とその後の停滞化または減少という現代的動向とも関連しており，現代資本主義の歴史的性格の検討にとっても最重要の問題を含んでいる[5)]。

『資本論』の労働者家族論は，生理学的分業論という限界を内在させていると同時に，労働者家族の次世代人口再生産の歴史的要因についての考察が欠けており，それが資本主義の存続力についての予測的認識の限界をもたらしたと

3）マルクスは，アイルランドの人口減少の例を取り上げて，発達した資本主義的工業国で同様の人口減少が生じた場合，資本主義的生産の「失血死」や「破壊的結果」をもたらすとして，労働者人口減少の重大性を強調している（マルクス K. I, S. 730, 733)。

4）後述するように，マルクスは，貧困による多産化を資本主義的「法則」であるとする認識（マルクス K. I, S. 672）を示しているが，絶対的剰余価値生産論における貧困による人口減少という逆の認識との理論的統一化は果たされていない。

5）ハーヴェイ（2011）は，絶対的剰余価値生産論に内在する階級闘争論を基礎とした優れた『資本論』理解を示した著作であるが，剰余価値生産増加にとってのもう一つの基礎的要因である「労働者人口の増加」（マルクス K. I, S. 325）の資本主義的意義が捉えられず，現代の先進資本主義社会における労働者人口の停滞化または減少という重大な問題（青柳 2010, 279-283）の検討が欠落している。人口再生産という家族問題に直結する問題の研究は現代の優れたマルクス主義的文献でも，弱点の一つとなっている。

考えられる。前資本主義の家父長制的一夫一婦婚家族と次世代人口再生産様式を比較基準としつつ，資本主義的労働者家族の歴史的性格の検討を行おう。

2　労働者家族の歴史的性格

資本の再生産と蓄積の基礎となる労働者人口の再生産単位としての労働者家族の歴史的性格の検討を通じて，マルクスの資本主義「消滅」予測以後130年以上存続している資本主義の長期的存続力の歴史的条件を解明することがこの節の課題である。資本主義的労働者家族との歴史的比較のため，前資本主義的階級社会の再生産的単位としての家父長制的一夫一婦婚家族と小経営生産様式の成立要因について，「ザスーリッチへの手紙」や「モーガン・ノート」の記述にもとづいて概括しておこう。

一夫一婦婚家族形成の初期における土地や動産的富の私的所有による貧富の対立にもとづく階級社会成立過程にかんするマルクスの認識（マルクス『全集』補巻④，423）を前提とすれば，前一夫一婦婚社会の父系氏族制的部族社会における諸世帯や諸親族間の土地占有の分化や動産的富の分化による貧富の対立を通じた一夫一婦婚家族の形成過程にかんする認識も推定することができる。定住と農業発展による人口増加によって「最も望ましい地域の占有をめぐる闘争が激化した。それは兵術を前進させ，武勇の報酬を増大させた」という認識（マルクス『全集』補巻④，312）は，部族制社会から首長制社会への転換要因についての現代の未開社会研究と共通する認識であるが，人口増加による土地不足の拡大は，首長制社会内部の諸世帯や諸親族間の土地占有の分化や動産的富の分化による貧富の対立をも拡大したであろう。その場合，ギリシアのような土地所有分化と結合した軍役義務内容の相違が示しているように，「兵術」の一環としての軍事編成の結果としての「武勇の報酬」の実態は，軍事獲得物としての土地や動産的富の取得格差をもたらし，貧富の格差をいっそう拡大したであろう。その結果，土地占有や動産的富の分化した保有状態の世帯的相続ないし親族的相続傾向が強化され，土地の氏族制共同占有関係の弱体化をもたらしたであろう。この過程は，女性の「宗族親〔男系親〕の諸権利〔agnatic rights〕」（マルクス『全集』補巻④，293）としての出自氏族による保護を弱体化し，婚姻先の個別父系世帯への女性の依存状態を強化した。この全体的結果は，女性の出自氏族内での生活保障の弱体化による，女性にたいする婚姻・出産の社会的強制としての生殖強制と婚姻先の個別父系世帯内での次世代養育労働義務を強めると同時に，配偶者（夫）にも次世代養育労働義務を配偶カップル的義務として形成することによって，家父長制的一夫一婦婚家族の形成要因として作用した。この一夫一婦婚家族は，世帯内の次世代人口増加と次世代養育労働強化との結合による集約的農業労働の世帯的強化単位としての小経営を形成し，剰余労働と次世代再生産的必要労働とを両立的に実現しうる経営単位を成立させた。このような家父長制的一夫一婦婚家族では次世代養育労働義務のない婚外生殖を排除しようとする排他的生殖傾向が強化され[6)]，排他的生殖を前提とする家族的労働単位による世帯経済が成立した。

晩年のマルクスの認識を総合的に捉えた場合，家父長制的一夫一婦家族の形成要因についはおよそ以上のように概括される。この家父長制的一夫一婦家族の歴史的性格と比較しつつ労働者家族の歴史的性格について検討しよう。

労働者家族の形成要因として決定的な問題は，女性にたいする生殖と次世代再生産を強制すると同時に，小経営によって生殖を保護するための男性家長による私的土地占有を欠き，小経営的生活基盤を喪失した労働者家族において，剰余労働負担による長時間賃労働と低賃金という必要労働時間にたいする圧迫のなかで，次世代人口のための育児・家事労働負担と賃金収入の養育用支出とを含む次世代再生産的必要労働がいかに形成されたのかという問題である。この問題の歴史的検討のための最良の方法は，労働者人口の再生産動向，とくに次世代人口再生産動向である。労働者階級形成期としてのイギリス（以下イングランド）の人口再生産動向を，それ以外の国の動向との比較を考慮しつつ検討しよう。

6）モーガンは家父長制的一夫一婦婚の生殖的排他性を生物学的な父性の確保という視点から考察しているが，前近代の直接的生産者の場合，養子慣行も存在しており，生物学的排他性論は妥当しない。むしろ一夫一婦婚的次世代再生産的必要労働が個別家族的経営の存続に不可欠な必要労働となることによって，養育労働責任をともなわない婚外生殖行為を排除する志向が夫婦カップル内に共有化された結果と捉えるほうが妥当であろう。なお，前近代の直接的生産者の場合，後述するように，婚外性習俗が存在し，生殖的排他性は必ずしも性的排他性を意味するものではなかった。

イングランドの教区簿冊による歴史人口学研究の最新資料にもとづきつつ，17〜19世紀の人口再生産動向と人口再生産様式，とくに生殖様式の変化について検討しよう。なお，ここでは，「生殖様式」とは特定の社会的な性・生殖的行為の様式のことであり，「人口再生産様式」とは「生殖様式」を中心的に含むと同時に，育児・養育様式をも包括し，人口動態的結果をもたらすすべての人間行為を含むものとする。

まず17世紀以降のイングランドの総人口動向を確認し，その動向を直接規定している要因について明らかにしよう。

イングランド（モンマスシャを除く）の総人口は，1551年301万人，1601年411万人，1651年523万人，1701年506万人，1731年526万人であり，17世紀後半から18世紀20年代まで長期的に停滞状態であったが，1741年558万人，1751年577万人と18世紀30年代以降に人口の不可逆的な増加を開始し，以後，1801年873万人，1801年（イングランドとウェールズの人口）889万人，1851年（同）1793万人，1901年（同）3253万人，1951年（同）4376万人，1981年（同）4916万人と急増した。18世紀における人口急増要因は，死亡率の低下ではなく，主として出生率の上昇にもとづいている。1701〜1710年平均値から1801〜1810年平均値への変化としては，出生率は31.4‰から39.5‰へと8.1‰上昇したが，同時期の死亡率は26.6‰から26.0‰へとほとんど変わらなかった（ミッチェル編1995；青柳2010, 225-227）。この間の出生率の上昇は特異なものであり，18世紀前半まで乳幼児死亡率を増大させながら進行した。10歳以下の児童の生存率は，1550〜1599年には男子778‰，女子797‰の高水準であった。1700〜1749年には男子723‰，女子690‰と低下し，1750〜1799年には男子765‰，女子723‰へと回復したが，1550〜1599年水準には及ばなかった（ラスレット1986, 152）。18世紀のイングランドの「人口転換」の実態は，通説的な人口学仮説のような少死化型人口増加ではなく，乳幼児死亡の増加をともなう多産化型人口増加であった。したがって人口動態にかんする中心的検討課題は18世紀の出生率上昇要因を中心とした人口再生産様式の変化の分析が焦点になる。

18世紀以降の人口増加は，非農業人口の増加であり，農村の労働者的下層階層を含めた労働者人口の増加であった（メンデルス1991, 178；安元1989, 34）。この時期の労働者の生活水準にかかわる実質賃金動向と人口動向を比較すると，実質賃金は17世紀初頭から18世紀20年代頃まで上昇傾向であり，18世紀30年代頃から19世紀初頭まで低下傾向であり，18世紀30年代以降の人口増加は，貧困化と人口増加との並進であった。実質賃金上昇は19世紀以後に生じた（Wrigley and Schofield 1981, 408）[7]。この人口変化を考察する場合，人口動向を経済動向の従属変数と捉える傾向のある人口学的仮説を離れ，ひとまず人口再生産様式自体の変化を独立変数として観察し，その内的特質を分析する必要がある。

歴史人口学研究を推進したケンブリッジグループの中心メンバーであるラスレットの『われら失いし世界』（ラスレット 1986）を中心とした研究は，数量的資料の高い信頼性が承認され，近世の家族・人口史にかんするラスレットの見解は現在，通説的見解となっている（米山 2008）。ラスレットがケンブリッジグループの研究にもとづいて提出している人口再生産的諸指標として，結婚（初婚）年齢，生涯独身率，粗再生産率，婚前妊娠率，私生児出産率の諸指標の変動の相互関係について検討しよう（図1，図2参照）。

図1　イングランドの結婚年齢・婚前妊娠率・私生児出産率

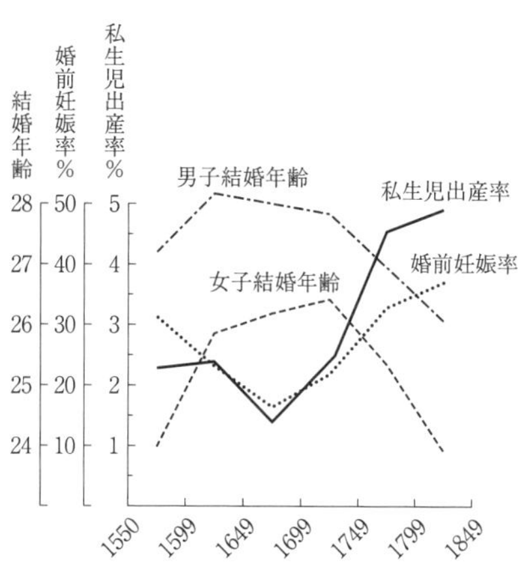

出所：ラスレット（1986, 217）。

女性の初婚年齢と生涯独身率は，人口再生産動向を規定する基本的指標である。まず両者の17〜19世紀の動向を見よう。女性の初婚年齢は，1550〜1599年24.0歳と早婚であったが，1600〜1649年25.9歳，1650〜1699年26.2歳，1700〜1749年26.4

7）ボズラップは，人口増加による人口圧が第一次要因となって，労働生産性低下をともなう労働強化によって，土地生産性上昇をもたらす集約的発展が先行し，労働生産性の上昇をもたらす技術変革が後続する過程として，人口増加と農業発展との関係を捉えているが（ボズラップ 1975, 24-31, 173-179），18世紀30年代以降の実質賃金低下をともなう人口増加は，労働強化をともなう集約化による穀物生産増加（穀価上昇による実質賃金低下）による人口増加過程の結果であると考えられる（青柳 2010, 245-248）。

図2　イングランドの粗再生産率と私生児出産率

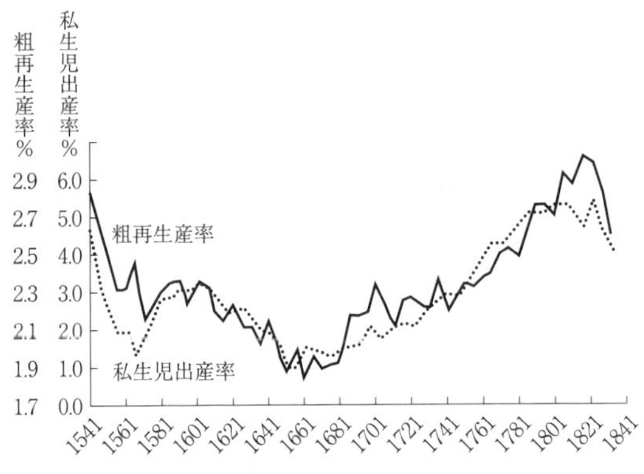

出所：ラスレット（1986, 216）。

歳と晩婚化し，1750～1799年23.3歳，1800～1849年23.9歳と再び早婚化した（ラスレット1986, 152）。女性の生涯独身率は，該当者が0～4歳時の年次（5年平均の中央年）の全人口にたいする比率で算定されているが，該当者が30～34歳時の年次で示すと，1601年6%と低率であったが，1631年24%，1661年18%，1691年25%と高率化し，1721年13%，1751年7%，1781年5%，1811年7%，1841年11%と再び低率化した（ラスレット1986, 151）。両者の数値の動向は，18世紀の皆婚化傾向の先行というズレはあるが，基本的に共通しており，晩婚化と生涯独身化（これを稀婚化と呼ぼう）には連動関係がある。稀婚化は晩婚化による結婚機会の逸失の結果とみてよい。人口再生産が停滞化した17世紀後半から18世紀20年代を中心とした時期が，晩婚化・稀婚化が最も進行した時期であり，初婚年齢とそれに規定された生涯独身率は17～19世紀イングランドの人口再生産動向を規定する基本的指標となっている。

女性の直接の出産行動にかんする指標として，ラスレットは粗再生産率（女性1人当たりの出生女児数），婚前妊娠率（初婚出産総数にたいする結婚後9ヵ月未満の出産率），私生児出産率（出産総数にたいする私生児出産比率）の動向を提示し，初婚年齢の動向と比較している。これらの指標の顕著な特徴として，三者の指標の初婚年齢との逆相関関係と，三者の指標の密接な相関関係として，三者の連動関係，とくに私生児出産率と粗再生産率との密接な連動関係があることは，ラスレット作成の図1と図2から明瞭に看取される。

これらの諸指標変化の要因として，基本的に二つの見方が成立する。第1の見方は，出生率変動を性行動の変化，とくに性交頻度の変動の結果とみる見方であり，第2の見方は，出生率変動を生殖（管理）行動の変動の結果としてみる見方であり，端的に言えば出生率を避妊・中絶率の逆関数とみる見方である。

第1の見方は，ストーン（1991）の見解やラスレット自身が想定している見解（ラスレット 1986, 214-217, 239-240）であるが，私生児出産率と婚前妊娠の連動性を説明できたとしても，既婚者の出産率を内包する粗再生産率まで含んだ密接な連動関係を，性交頻度の変化によって説明することはできない。

第2の見方からこの問題を解明しよう。粗再生産率，婚前妊娠率，私生児出産率の変動は性交頻度の変動の結果ではなく，生殖管理行動としての避妊・中絶，とくに中絶行動の変動の結果としての非計画的出産の変動の社会的共通性を仮定することで説明可能であり，それは生殖管理行動の社会的難易度の歴史的変化によって説明される。また，結婚年齢と三者の指標との反比例的関係についても説明が可能である。結婚は近世・近代イングランドの場合，独立世帯の形成を必要とするが，世帯形成の難易度が等しい場合には，婚前妊娠出産の高率化と早婚との関係およびその低率化と晩婚との関係は密接になる。

第2の見方によれば，粗再生産率，婚前妊娠率，私生児出産率の三者の数値の変動範囲の相違も説明可能である。図2によれば粗再生産率の変動範囲は約1.9〜2.9であり，最大値は最小値の1.5倍程度であるが，私生児出産率の変動範囲は約1〜5であり，両者の変動範囲は異なる（ラスレット 1986, 215）。既婚女性が非計画的出産の回避として生殖管理行動を行う場合，子どもの一定数の出産後であるとすれば，総出産数にたいする生殖管理行動の頻度はそれほど高くならず，生殖管理の失敗による非計画的出産の比率もそれほど高頻度にはならない。それにたいし，結婚可能性の低い未婚者の非計画的出産の回避行動の必要性は絶対的であり，その失敗は社会的な生殖管理の難易度を直接的に反映することになる。ラスレットは短期変動性の強い粗再生産率に比べ，私生児出産率は緩やかに変化していると指摘しているが（ラスレット 1986, 216），これは私生児出産率が生殖管理の社会的難易度の長期的変化を，より直截に反映しているためである。婚前妊娠率，すなわち「妊娠結婚」率の変動範囲の最大値は最小値の2倍程度である。その非計画的出産回避の必要性は私生児出産女性より低く，既婚女性の必要性よりは高い。その変動範囲は私生児出産率と粗再生産率の中間値となる。既婚者も結婚可能性の高い未婚者（婚前妊娠出産者）もその可能性の低い未婚者（私生児出産者）も非計画的出産回避の必要性では，共通しているが，その必要性の程度の相違が三者の変動範囲の相違をもたらしていると言える。

ラスレットが未解明のまま残した人口再生産の諸指標の変動関係は，女性の生殖管理行動の歴史的変動によってのみ統一的な説明が可能になる。図1と図2が総合的に示していることは，イングランドにおける社会的な生殖管理行動の歴史的変化であり，生殖管理（避妊・中絶）の社会的な難易度の歴史的変化である。

青柳（2010）では，記述資料にもとづいて，イングランドを含む北西ヨーロッパにおける女性生殖権（reproductive rights）の抑圧，すなわち生殖管理行動の社会的困難化を，教会権力による女性の自主的生殖管理行動，すなわち伝統的薬草利用中絶等（シービンガー 2007, 237-251）[8)]にたいする攻撃という第1局面と，国家による女性の生殖権，すなわち生殖的自己身体管理権の剥奪という第2局面とに概括した。第1局面としては，16～17世紀における出生登録（早期洗礼）強制による嬰児の間引きや遺棄の排除，魔女狩り等による産婆中絶や薬草利用中絶の弾圧および避妊の宗教的禁圧であり（フェデリーチ 2017, 14-15）[9)]，第2局面としては，国家主導による中絶排除のための産婆統制制度として産婆登録制や「男産婆 man-midwife」，すなわち男性産科医の創出による産婆営業の統制，とくに産婆中絶の禁止による統制，および19世紀初頭の国家による中絶禁止法の制定として捉え，この過程を西欧近代に共通する歴史的過程として総括した（青柳 2010, 249-263；落合 1989, 27-54, 82-84）。この過程はイングランドの

8）前近代的生殖管理には，薬草利用中絶以外に，マッサージ中絶，長期授乳排卵停止利用，女性主導（女性上位型）膣外射精，膣洗浄，膣タンポン利用，嬰児遺棄，間引き（嬰児殺し）等の多様な形態があった（青柳 2010, 201-204）。

9）フェデリーチ（2017）は序文で次のようなきわめて重要な指摘をしている。「本書の本源的蓄積についての説明は，マルクスの説明には欠けているもの，資本主義的蓄積にとって極めて重要な一連の歴史的現象が含まれている。すなわち，（i）女性の労働と女性の再生産機能を労働力再生産に隷属させる，新たな性別分業の発展，（ii）賃労働からの女性の排除と女性の男性への従属を基盤とする，新たな家父長制体制の構築，（iii）プロレタリアートの身体の機械化とその変容――女性の場合それは，新しい労働者を生産する機械への変容を意味した――である。もっとも重要なことは，私は本源的蓄積の分析の中心に16世紀と17世紀の魔女狩りを置いたことである。魔女の迫害は，ヨーロッパでも新世界でも，資本主義の発展にとって植民地とヨーロッパの農民からの土地収奪と同様に重要であったことを論じるだろう。」（フェデリーチ 2017, 14-15）

場合，数量的資料にもとづいて，より精緻化して捉えることができる。イングランドでは粗再生産率が最低値となった1641～1660年の時期には教会裁判所が閉鎖されていた時期であり，その後の低粗再生産率の時期は教会裁判所は復活したが往年の活力を失っていた時期にあたり（マクラレン1989, 218），全体として教会による女性の生殖管理への抑圧が低下していた時期として，第1局面から第2局面への過渡期の時期であった。イングランドでは18世紀の20年代から産婆教育制度が始まり，男性産科医による産婆統制とそれによる産婆の社会的凋落が始まった（Donnison 1977, 21ff.）。第2局面の開始は18世紀の20年代以降であり，30年代以降の粗再生産率の持続的増加はそれを反映している。

第1局面期と第2局面期の質的・段階的相違について検討しよう。粗再生産率や普通出生率は，世帯形成としての婚姻の社会的難易度を反映しない。したがって，婚前妊娠率や私生児出産率は社会的生殖管理の難易度の相対的相違を反映するとしても，その絶対的水準を反映してはいない。とくに17世紀前半以前の人口増加は，耕地面積の拡大を含む農民世帯の増加として進行しており，婚姻による新世帯形成は相対的に容易であった。しかし，17世紀後半から18世紀20年代までの長期的人口停滞期には，耕地拡大が限界に達し（青柳1994, 345-347），農民経営の新世帯形成が困難になり，膨大な下層階層を分出しつつ人口停滞化が生じた。この時期の社会的階層構成を反映するグレゴリー・キングの1688年のイングランドの推計資料は，中・上層階層家族の平均以上の家族規模（平均以上の子ども数）と人口で6割弱を占める下層諸階層（小屋住農・被救済民およびレイバラー・通いのサーバント）の極小家族規模すなわち3.6～3.8人以下（子ども数1.6～1.8人以下）の家族規模との併存状況を示しており，この状況は，前者の人口の拡大再生産と後者の人口の縮小再生産によって人口再生産が均衡化し，人口が停滞化していることを示している（青柳2007/2008, 77-81；ラスレット1986, 47；米山2008, 139-140）。この場合，農民経営から脱落しつつある下層のプロレタリア的諸階層は，中・上層階層からの脱落により不断に補充されると同時に，前近代的生殖強制制度としての家父長制的家族の経営基盤を喪失することによって人口再生産条件も喪失し，不断に消滅するという回帰的階層運動をしており，それによって家父長制にもとづく小経営体制を維持していた。しかし，18世紀末の農村の労働者家族の家計調査資料（1795年出版）の127戸の平均値では，1戸の家族員総数は平均5.9人であり，夫婦二人と仮定したそれ以外の家族員は大部分夫婦の子どもであると推定されるが，平均3.9人であった（Davies 1795, 136-190）。この家族員数の資料は17世紀末の下層家族から18世紀末の労働者家族へと家族の構造が根本的に変化し，次世代を増殖し，人口増加をもたらす家族に転換したことを明瞭に示している。18世紀の30年代以降から18世紀末への人口増加は，農業経営世帯の増加ではなく，非農業的な手工業的世帯，すなわちプロト工業化世帯または非農業的プロレタリア世帯の増加であって（レヴァイン 1991, 151, 154），家父長制的小経営体制を維持しないだけでなく，最終的にそれを解体し，資本主義的労働者家族を拡大再生産する人口増加過程であった。

中絶禁止法が制定された19世紀のイングランド労働者の生活を観察したマルクスは，労働者階級の最貧困層と多産との関係について次のように指摘している。

「彼ら〔停滞的過剰人口〕は，労働者階級のうち，自己自身を再生産し永久化しつつある一要素をなしており，労働者階級の総数増大にあずかる力は他の諸要素よりも比率的に大きい。実際には，出生数および死亡数だけでなく，家族の絶対的大きさも，労賃の高さに，すなわち労働者のさまざまな部類が使用できる生活諸手段の総量に，反比例する。資本主義社会のこの法則は……固体としては弱い，絶えず狩り立てられる動物の種の大量再生産を思い起こさせる。」（マルクス K. I, S. 672：〔 〕内は引用者）

そしてスミスの次のような見解を注のなかで引用している。

「貧困は出産にとって好都合で〔さえ〕あるように思われる（A・スミス『諸国民の富』，第1篇，第8章……）」（マルクス K. I, S. 672）。

このスミスと同様な見解として，マルクスはさらに次のような指摘をしている。

「……この相対的過剰人口は，それはまたそれで（というのは資本主義的生産では貧困が人口を生み出すから）実際の急速な人口増加の温室になるのであるが。」（マルクス K. III, S. 228）

スミスやマルクスの人口再生産様式にかんする現実認識は，第1局面期の17世紀末の貧困下層階層の低出生率化とは決定に異なる第2局面期独自の特質を捉えている。第1局面期には貧困化が少産化をもたらしていたが，第2局面期には貧困化が多産化と結びついている。この現実的要因を検討したシービンガー（2007, 171；青柳 2008, 76）やポッツ（1985）は，中絶禁止法の時期にも，上層階層の女性の場合には違法中絶が存在していたが，下層階層女性は高額な違法中絶を利用できなかったこと，「堕胎産業が受益者の収入によって区分され」ていたこと（ポッツ 1985, 131）を指摘している。スミスやマルクスの貧困による多産化という現実認識はこの生殖管理の実態を現象的に捉えたものである。

婚姻出生率（年間の婚姻数にたいする出生数の比率）の動向は，婚姻頻度差を捨象した女性の出産行動差を反映しているが，とくに生殖管理の社会的困難化による非計画的出産の第2局面期における増大を示しており（青柳 2010, 228-229），第1局面期と第2局面期の生殖強制の相違とその長期的動向を反映している。この動向は，下層階層人口の急増によるプロレタリア的人口増加にとって，とくに第2局面期における国家による女性生殖権の剝奪が決定的な契機となったことを示している。

この具体的過程は，18世紀20年代以降の産婆統制（産婆教育・登録制，産婆中絶排除）および19世紀前半期の中絶の法定犯罪化（死刑を含む）の諸立法（マクラレン 1989, 229-254）を通じた近代国家と男性産科医の利害の協働による「堕胎罪体制」（藤目 1999）の成立である（青柳 2010, 249-261）。女性の生殖権の剝奪は，長期に存続していた多様な伝統的な婚外性習俗を解体し，配偶カップルの性的排他性を強化するとともに（青柳 2010, 197-204, 378-421），生産手段を喪失し，伝統的家父長制の経済基盤を喪失した労働者家族に生殖を強制し，剰余労働と次世代再生産的必要労働との両立的強制を実現するための唯一の手段であった。

『資本論』の本源的蓄積論では，近代的労働者の形成の歴史的性格を明示するため，人口再生産動向を所与としたうえで，直接生産者からの生産手段の収奪，とくに土地収奪を中心に論理が展開されている。これは農業内部における小生産者の没落過程を部分的に反映しているとはいえ，労働者人口の社会的創出の全体的過程を捉えてはいない。なぜなら，17世紀末から19世紀初頭までの時期には，農業従事者人口は減少せず，むしろその絶対的増加をともないつつ（約10%増），非農業労働者人口の著しい社会的増加が進展したからである（リグリィ 1982, 69）。労働者階級人口の社会的創出は，非農業労働者の場合，土地収奪等による小生産者の没落の結果ではなく，主として下層階層自体の人口増殖の結果であり，女性の生殖権剝奪による労働者人口の再生産体制の成立の結果であったと言える。

労働者階級の成立要因についての従来の見解について検討しよう。

近世イギリスにおける人口密度と交通の発達を前提とする局地的市場圏の成立による地域内の社会的分業の発展は，古代・中世の地代にもとづく遠隔地間の分業とは異なり，直接的生産者層のあいだの分業効果による必要労働の相互短縮にもとづく生産力発展可能性を内包していたとはいえ（青柳 2007/2008, 42-57），局地的市場が小生産者（農民と手工業者）層の両極分解により労働者階級を含む資本主義的階級を形成するという見解は，農村の半プロレタリア的貧農階層としての小屋住み農階層と独身奉公人階層の人口縮小再生産による人口のプロレタリア化の抑制という実態を見落としている。したがって，商品生産や市場の競争をプロレタリア的階級形成の十分条件とすることはできない。また，16世紀以降成立したとされるマニュファクチュア経営の存在も，レイバラーや奉公人のような下層階層の人口縮小再生産による同様の結果をまぬがれず，この要因も人口のプロレタリア化の十分条件ではない。17世紀中葉のイギリス革命による近代的土地変革は，私的排他的土地所有権の確立によって土地の第二次囲い込み（土地清掃）の前提条件を形成し，借地関係を含む近代的土地市場を形成したとはいえ（青柳 2007/2008, 105-108），プロレタリア的人口再生産を行う労働者家族の社会的大量形成の十分条件にはならない。したがって，18世紀の30年代以降に進行した女性の生殖権の国家的剝奪による生殖強制こそが，すでに成立していた局地的市場圏や近代的土地変革を歴史的必要条件としつつ，プロレタリア人口を増殖する労働者家族を社会的に成立させた十分条件であったと言える[10)]。

このような過程はイングランドのみならず，18〜19世紀の北西欧，19〜20世紀初頭の日本とロシアも同様の過程を経験した（青柳 2008, 105-119；同 2010, 249-264）。

10）女性の生殖権の国家的剝奪の歴史的要因について十分に検討する余裕はないが，軍事技術の発達による一般兵士の供給源としての人口増加政策（富国強兵政策）をその歴史的背景として指摘しておこう（青柳 2010, 255）。中絶禁止法を最初に成立させたのはナポレオン戦争期の両当事者としてのイギリスとフランスであった。

労働者家族は土地から分離され，家父長制的一夫一婦婚家族による小経営という私的世帯経済の基礎的条件を喪失したが，女性の生殖権の国家的剝奪による生殖強制を通じて，剰余労働と次世代再生産的必要労働とを両立的に担う新たな家族的労働（賃労働と育児・家事労働）単位の形成にもとづく私的世帯経済を形成した。女性は自己の身体の生殖管理の権利と能力を失うことによって，自己の労働能力の所有主体の条件を半ば喪失した。当時，夫の性交欲求に応じることが妻の務めであるとされたが（Seccombe 1992），その結果としての妊娠，出産，授乳による労働能力の制約とその恒常的制約可能性は既婚女性の労働能力の自由な発揮を妨げることによって，結婚や妊娠可能性を含む未婚女性も含め，女性を半不自由労働者の地位に追いやったからである（青柳 2010, 259-264）。家長（夫）が基幹的賃労働を担い，妻が補助的賃労働を行うという『資本論』で特徴づけられた家族的性別分業の究極的要因は女性自身の生殖管理権の剝奪という近代的なジェンダー的性差別であり，それは，性行為による出生児数の増加が夫婦カップルの次世代再生産的必要労働を強化するという構造を通じて，性・生殖行為の排他性を強化し，排他的労働＝生殖単位としての私的家族労働結合を強化した究極的要因である。

この私的家族労働結合が，労働者の階級闘争の発展を阻害する労働力商品の私的排他的販売競争要因として長期的に作用するかぎり，労働者の階級的連帯を妨げ，資本家的階級闘争の不断の勝利を保障することを通じて，資本の賃労働にたいする専制指揮権によって絶対的剰余価値生産を持続的に強制し，資本主義的生産様式を長期的に存続させる基礎的要因となる。この点を考慮しつつ，労働者家族の歴史的動向と資本主義的生産の存続・発展力について検討しよう。

3　労働者家族の歴史的動向と資本主義的生産の発展

本節の課題は，労働者家族の歴史的動向が資本の運動にどのような影響を与えたのか，また，資本の運動は労働者家族にどのような影響を与えたのか，両者の相互作用は資本主義的生産にどのような発展方向をもたらしたのかという問題であり，『資本論』では十分に検討されていない問題の考察である。

マルクスが「ザスーリッチへの手紙」で考察対象としたヨーロッパにおける

資本主義の先進的形成は，18～19 世紀にかけてイギリスを先進的モデルとしつつ，およそ次のような過程を通じて形成された。

労働者家族人口の増加は，18 世紀のプロト工業化時代に農村家内工業に従事する貧困家族の増加による農村人口の増加として進行したが，18 世紀末や 19 世紀にいたって都市の労働者人口の増大として労働者家族の都市的集住をもたらした（青柳 2008, 94-95；安元 1989, 33-34）。この過程は，農村におけるプロレタリア的労働者家族人口の大量形成を歴史的先行条件として，分散的労働者にたいする問屋制資本の間接管理から，労働者の協業化によって集中管理するマニュファクチュア経営や工場制経営への転換が進行し，農村部における新興産業都市の成立をもたらしたことを示している。都市における労働者の新たな生活手段市場としての貧困な住宅市場（借家市場）と食料品市場が，農村の小屋住農の家屋と宅地付属地にかわって成立することによって（青柳 2010, 260-261；マルクス K. I, S. 684-693），大世帯内に同居する奉公人とは異なる通勤労働者が成立するとともに，労働者を集中し，協業化によって組織・管理するマニュファクチュア経営や工場制経営において，住宅とは区別された固定資本としての経営用建物や工場の機械設備が成立する。その意味で労働者家族の大量形成は，資本にとっての固定資本（労働手段）成立の歴史的先行条件である。ヒックスは，問屋制資本は流動資本（原材料や補助材料）中心の資本構成として本質的に前近代的な商人資本の形態と共通していたが，持続的に存在する固定資本が持続的な賃労働者雇用をもたらしたとして，産業資本における固定資本装備と労働者の長期持続的雇用との相互関係について指摘している（ヒックス 1995, 207-208, 240, 256）。しかし，歴史的過程が示していることは，労働者家族人口の大量形成とその集住が，手工業家族の分散的な問屋制的雇用や奉公人雇用とは異なる通勤労働者の集中的雇用の前提条件を形成し，経営用建物と機械設備という固定資本の成立の歴史的要因となったという事実である（青柳 2008, 120-126）。労働者家族の大量形成は，流動資本中心の問屋制資本の発展と都市的生活手段（住宅，食料品）市場の形成と固定的生産手段（経営用建物，機械設備）市場の形成を通じて，「貨幣資本―商品資本（原材料）……商品資本（製品）―貨幣資本」という問屋制資本の循環形態を，「貨幣資本―商品資本（固定生産手段・流動生産手段と労働力）……生産資本……商品資本（製品）―貨幣資本」という産業資本の循環形態に転換させ，自立的な資本循環と資本蓄積運動の基礎的前提条件を形成した。

マルクスが「ザスーリッチへの手紙」で考察しているアメリカ合衆国は「近代植民地」における資本主義形成過程として，ヨーロッパとは異なる過程をともなったとはいえ，ヨーロッパからの人口流入による急速な人口増加により(マルクスK. I, S. 792-802)，19世紀末における「フロンティア」(先住民を排除して形成された開拓農業者の入植地域)の消滅と1860年代の南部の奴隷解放という過程を通じて，18世紀から19世紀後半にかけて共通した資本主義の形成過程を経験したとみてよい。ヨーロッパと合衆国における労働者家族とその人口再生産様式の形成・発展を基礎とする資本の形成・発展の歴史的過程は，『資本論』の本源的蓄積論や相対的剰余価値生産論には欠落している視点であり，この視点から資本の運動形態とその存続力について考察しよう。

労働者家族による労働力商品の私的販売競争の具体的形態は相対的過剰人口の形成による競争であり，それが資本循環と資本蓄積の自由を保障し，資本主義的生産の長期的存続と資本主義的生産力の発展を保障することによって，マルクスの時代から現代までの巨大な生産力発展にもかかわらず，ポスト資本主義への転換のための「物質的存在条件」の「孵化」(マルクス『全集』⑬，7)を妨げている決定的条件となっていると言ってよい。『資本論』の相対的過剰人口の論理は，マルサスの生物学的人口法則による過剰人口論批判を主眼として，一定の労働者人口増加を所与としつつ，発展した機械等の新規採用による資本の有機的構成高度化を含む資本蓄積運動様式が資本の運動にとっての相対的過剰人口を形成するという論理になっている。しかし，これは労働者の階級的連帯による労働者相互の競争排除能力の未発展性を前提とした論理にすぎない。もし，労働者諸個人が，「人間発達の源泉」とされている，「きわめてさまざまな年齢層にある男女両性の諸個人が結合された労働人員を構成」(マルクスK. I, S. 514)することによって，年齢差と性別差を超えて，全労働者諸個人の階級的連帯を発展させ，次世代労働者人口の供給を制限しつつ，労働能力ある諸個人全体を包括する自発的結社(アソシエーション)を構成したとしたら，資本の自由な運動としての価値増殖運動と資本蓄積運動は停止せざるをえないであろう。したがって，女性の生殖権剥奪を基礎とした労働者家族の性差別構造にもとづく私的家族的労働結合による労働力販売競争と労働市場の性別分化および次世代労働者人口の供給増加は，相対的過剰人口形成による諸資本の価値増殖と自由な蓄積運動を保障し，資本主義的生産様式を長期的に再生産する究極的要因にほかならないと言える。この点を前提として，『資本論』では検討されなかった労働者と資本のあいだの「競争の現実の運動」形態，すなわち隠れた闘争形態について考察しよう。

資本に雇用された労働者の組織された労働運動が労働諸条件の改善を求めて運動した場合，資本（経営者層）の側は「産業平和」による剰余価値の安定的再生産のために，一定の範囲では譲歩することが，経営的には合理的である。しかし，労働者の運動と要求が資本が許容する範囲[11)]を超えた場合，資本は労働者を削減することが可能な設備や技術を導入するか，相対的過剰人口，とくに「なかば就業している」（マルクス K. I, S. 670）不完全就労状態に置かれている流動的過剰人口を，より安価な労働力として採用し[12)]，雇用労働者を選別的にリストラして流動的過剰人口に転化し，両者の労働者間競争を強化することによって労働運動の発展を抑圧することができる。個別労働者は個別家族の状態の相違，すなわち未婚・既婚の相違，子どもの数の相違，それと関連する必要生活手段購入や生計費支出の相違や育児・家事労働負担量とその内容の相違により，労賃収入と労働時間量にかんして多様な個別的利害をもっており，時間賃金や出来高賃金にかんし異なった個別的態度をとる要因となっている。資本は労働者のリストラだけでなく，流動的過剰人口の安価な労働力の新規採用や既存労働力の職務配置転換等による，時間賃金や出来高賃金の多様化と制度変更を通じて，労働者諸個人の競争を組織し，労働運動の発展を抑圧することができる（青柳 2010, 421-456，ブレイヴァマン 1978, 112, 166-168）。資本家と労働者の「競争の現実の運動」，すなわち闘争の現実的過程を通じて形成される時間賃金と出来高賃金の制度的実態化は，「労働の価格」としての「労賃」形態の社会的承認をも

11）これは資本家（経営者）の主観的判断による「範囲」であり，客観的基準はない。

12）相対的過剰人口の三形態（マルクス K. I, S. 670-672）のうち，農業労働の生産性発展から発生する潜在的過剰人口は，発展した資本主義の場合には過剰人口の主要供給源にはなりえず，また，停滞的過剰人口は受救貧民が流動的過剰人口（一時的な流動的雇用）として利用される場合を除き，資本にとって即戦力として活用される雇用労働の主要源泉にはなりにくいであろう。

たらし，貨幣物神性の体系化としての「三位一体的定式」にもとづくブルジョア経済学を支配的イデオロギーとして不断に再生産することによって，資本主義的生産様式の存続力の強力な武器となる。

資本主義の存続にとって決定的な役割をもつ相対的過剰人口の問題をより具体的に検討するため，人口再生産動向を含むジェンダー視点から相対的過剰人口の問題について検討し，19 世紀後半から 20 世紀末にいたる資本主義生産の長期的存続と発展の方向について考察しよう。

イギリスでは，19 世紀前半には女性と子どもの長時間労働が補助的賃労働形態として一般的であった。しかし，19 世紀 30 年代から 60 年代にかけて，専業主婦として女性を家族内に囲い込んだブルジョア家族形態が道徳的文化的に健全な家族であるという価値判断[13)]を内在する工場監督官と労働運動との連帯を通じて，女性と児童のみの労働時間短縮を目的とする工場法が制定された（マルクス K. I, S. 294-315）。それを前提として，19 世紀後半から 20 世紀初頭にかけて，労働者家族より上層のブルジョア的諸階層と労働者層との社会的接触，とくに労働者女性の家事奉公人としての上層階層世帯内雇用等を通じて家長の単独稼得賃金にもとづいて妻や子どもを扶養できる「家族賃金」を理想とする労働者の要求の高まりによって，女性の補助的賃労働を排除し専業主婦に転化しようとする傾向が労働者層の内部で強まった[14)]。この要因には男性家長の「家父長制」的利害によって推進されたとする見解や，労働者夫婦の共通戦略として労働力供給を制限し，労賃上昇を企図した結果であるという見解および妻の専業主婦化による家事労働の改善による生活改善をはかろうとするブルジョア家族モデルを志向した夫婦の家族的一体的要求運動であったみる見解など多様な見解がある（木本 1995, 69-81, 115-124）。しかし，諸見解の共通点は，家長の「家族賃金」と妻の専業主婦化を理念と捉えていることであり，その理念は家長の「家族賃金」を求める競争を強化したとしても，すべての労働者家族が

13）中絶禁止法体制下で，雇用労働や営業に従事する貧困女性の場合，売春の誘惑や性暴力的妊娠を含め，恒常的に妊娠の危険性のある環境に置かれており，家庭が唯一の「道徳的」に安全な場であるとみなされたことが，専業主婦的家族モデルを理想化する社会的背景になっていたと考えられる（青柳 2010, 378-421）。

14）児童は教育義務によりしだいに雇用労働から除外され，世帯収入の被扶養者となった。

それを実現した現実とは捉えていないことである。このような労働者家族の要求は，資本にとっては労働者相互の競走を組織するための差別的賃金と差別的雇用制度の形成にはきわめて好都合な条件である。一方では，労働貴族と呼ばれるような高給労働者家族を部分的に生み出すと同時に，他方では，妻の家事労働と補助的賃労働の二重負担によってかろうじて生活を維持するような低賃金労働者家族を形成するという労働者層内部の階層分化を強化したであろう。この二重負担を行う女性の低賃金労働者は初期のマルクス主義フェミニストによって「産業予備軍」と規定され，資本の労働需要変動に従属する流動的雇用労働者とされている（青柳 2010, 118）。貧困労働者階層の補助的賃労働女性は家計補助的労働者であり，厳密な意味での相対的過剰人口ではないとはいえ，広義の流動的過剰人口に包摂することは可能である。なぜなら，相対的過剰人口の本質的機能は資本の労働需要の膨張収縮に適合し，絶対的剰余価値生産可能な低賃金水準を維持する予備軍的機能であり，貧困労働者階層の補助的賃労働女性はそれに最も適合的な低賃金労働力となっているからである。

この労働力の量的存在については，20 世紀初頭の女性労働力雇用の状況を継承していると考えられる 1940 年のアメリカ合衆国の女性労働力率の資料が参考になる。女性労働力率は 20～24 歳の未婚者の年齢層で 50％弱であるが，25～34 歳の既婚女性と推定される年齢層で 35％弱，35～44 歳年齢層で 30％弱に低下している（青柳 2010, 287）。この場合，既婚女性の 7 割程度が専業主婦であるが，3 割前後の女性は就労しており，そのかなりの部分は低賃金の流動的雇用労働者として，資本にとっていつでも解雇可能な流動的過剰人口であったと推定される。また，50％近い未婚の雇用労働者も結婚退職を前提とする低賃金の流動的雇用労働者として広義の流動的過剰人口に含めることができる。この女性労働力率は若年未婚労働力率が高く，既婚労働力率が低下するという「への字就業」型の労働力率を示しているが，20 世紀前半の欧米の先進資本主義国おける下層労働者階層女性の流動的就業，すなわち流動的過剰人口化と中・上層労働者階層の女性の専業主婦化という労働者家族の階層分化を典型的に示していると考えられる（青柳 2010, 287）。

この女性の労働力の非恒常的雇用から恒常的雇用への転換要因について歴史的に検討しよう。

20世紀後半の南欧を除くヨーロッパとアメリカ合衆国の女性労働力率の型は根本的に変化し，1950〜60年代のフォーディズムと特徴づけられる高度成長期の「M字就業」型労働力率，すなわち未婚期の高労働力率，出産・育児期の労働力率低下，その後の時期の高労働力率の型に移行し，1970年代以降の低成長期，とくに1980年代以降の時期に，脱「M字就業」としての恒常的就業による「台形型就業」という労働力率に転換した（青柳2010, 286-294）。この労働力率の変化の性格を資本主義的生産の動向と関連させて検討しよう。なお，南欧と日本はこの動向とは異なった労働力率動向を示しており，この問題は後に検討する。

まず1950〜60年代の女性のM字就業化と高度成長，すなわち資本の高蓄積との関連について，これを経験した先進資本主義国の共通要因を析出しつつ検討しよう。これらの先進諸国はいずれも，1920年代の出生率低下と30年代の人口再生産を縮小する低出生率[15)]を経験し，50年代には若年労働力供給の絶対的減少が生じ，それが女性労働の雇用増加となりうる人口動態となっていること，また，50，60年代は戦後直後のベビーブームが一段落し，2〜3人の出産という相対的低出生率となり，母親を長期の育児労働から解放した。同時に，フォーディズム型製造業は，自家用車や家電などの個人的機械としての労働手段の安価な大量生産と機械的設備の内臓可能な労働容器として，上下水道，電力・ガス供給設備のある住宅を新たな生活手段市場として成立させた。それにより，家事労働を道具にもとづく手労働から個人的機械の支援を受けた機械制労働の家事労働に転換することによって，長時間の家事労働的「必要労働時間」を大幅に短縮し，それによる相対的剰余価値の間接的生産の大規模な可能性を創出したこと，第二次大戦後，「社会主義」と公称したソビエト型経済[16)]を志向する経済圏が拡大し，資本主義的世界市場圏が縮小し，低開発諸国の植民地解放運動の発展が外国資本の国有化運動へと発展する可能性をもたらすこ

15）この要因は必ずしも明確ではないが，妻の性交義務による多産の強制が妻の性交嫌悪（冷感症）や性交拒否を通じて，夫に避妊や中絶の協力動機を与え（Seccombe 1992；青柳2010, 262-263），ストープスやサンガーの出産調整運動（避妊指導だけでなく秘密中絶も行った）と結びついたことが推定される。夫婦の合意による出産調整は20世紀後半にも継承された（荻野1994）。

16）この実態は特殊な国家資本主義であったことは次章で明らかにする。

とによって，低開発諸国への資本輸出を危険なものにし，先進諸国内部での内包的資本蓄積に集中すると同時に，社会資本（電力供給，道路，港湾，空港等のインフラ）形態としての不変資本（生産手段）中心型資本蓄積を国家的に推進するケインズ政策が先進諸国で共通して採用された。

『資本論』第1巻の第13章と第18章で想定されている，妻の補助的賃労働への参加による家長（夫）の労働力価値分割は，19世紀から20世紀前半までは，家事的「必要労働時間」を圧迫し，家事労働代替的生活手段の追加購入を不可欠にすることによって，労働者の家事的「必要労働時間」全体の縮小を長期的に実現することは不可能であった。この時代の工場における機械制労働の発展は，労働者女性の手労働にもとづく家事的「必要労働時間」の壁を崩すことができず，『資本論』で仮定されているような，労働者層全体の労働力「価値分割」により相対的剰余価値生産を推進することは事実上不可能であった。この時代の貧困労働者家族の妻の補助的賃労働への参加は就業労働と家事労働の二重負担による過度労働か，家事労働不足による生活水準低下によってかろうじて維持されていたにすぎない。しかし，フォーディズム期の妻のM字就業としての賃労働参加は，家事的「必要労働時間」の機械化と少子化という新しい労働様式にもとづくものであり，相対的剰余価値生産の大幅な社会的増大を可能にする労働力「価値分割」である。『資本論』の労働力「価値分割」論は，フォーディズム期の個人的機械の安価な大量生産を前提して初めて実現されたと言える。『資本論』第1巻第18章では家長（夫）の労働力価値分割が「労働の価格」を低下させたとしても，家族の総収入を増加させることも可能であるとしているが（マルクス K. I, S. 566-567），このことはフォーディズム期にインフレをともなう「労働の価格」低下と家族的総収入の実質的増加として進行したと言ってよい。また，フォーディズム期は家族の総賃金収入と総剰余価値（利潤）生産とが並行的に拡大したが，これは，相対的剰余価値生産の増大が女性労働力を含む総労働力人口と総労働時間の増大にもとづいていたからである。この並行的増大が高度成長期の個人消費の拡大を前提とする高資本蓄積運動の基礎となった。

この時期は表面的現象として「完全雇用」と言われ，あたかも相対的過剰人口が存在しなかったように特徴づけられているが，資本が労賃を低水準に抑える機能を喪失したとすれば，剰余価値生産は崩壊する。この時期に資本の労働需要に適合し，低賃金水準を維持する相対的過剰人口機能を担ったのは，M字就業形態として低賃金で就業した補助的賃労働者としての大量の女性労働者であったと言ってよい。未婚女性の就業も，出産・育児後の再就業も女性が独立世帯を構成していないかぎり，家計補助的賃労働にすぎず，資本にとってはいつでも解雇可能な一時的雇用形態であり，女性労働者にとっても家長（夫）の収入が十分になれば不必要となる一時的就業形態であり，不完全雇用としての流動的過剰人口であったと言ってよい。この大量の流動的過剰人口が高度成長期の諸資本の蓄積競争による労働市場の変動を支えた独自の労働力形態であった。

20世紀の70年代以降の人口再生産とジェンダー関係および資本主義的生産の発展方向について検討しよう。1970年代以降は変動相場制とオイルショックをきっかけとしてとして低成長に転換したが，これは生産手段蓄積促進型のケインズ政策がインフレと財政危機によって有効性を喪失したからである。その究極的要因は，戦後の女性の少産化傾向の長期持続による人口増加の相対的停滞化傾向と耐久消費財（自家用車，家電製品）の普及過程の一応の完了によって製造業の量的拡大が停止するとともに，その生産性の発展は第二次産業人口の減少をもたらしたこと，第一次産業人口の減少とともに，流通・サービス産業にたいする需要増加に対応した第三次産業人口増加とその資本主義的経営の発展傾向が進展し，第一次・第二次産業が資本蓄積の中心として経済成長を推進した「工業化」段階から，第三次産業が資本蓄積と経済成長の中心となる「ポスト工業化」段階に移行したことにある。第三次産業の資本主義経営は小規模機械設備の導入を前提としたが，第一次・第二次産業のような機械設備等の固定資本の質的発展による生産性発展という（不変）資本集約型生産力発展とは異なっていた。すなわち，流通労働を含むサービス生産は可変資本中心的な労働集約型生産力発展であり[17)]，家族生活に密着する地域分散型の小規模経

17）流通労働は，移動，保管，包装，店舗配置等の使用価値生産的労働の側面を含んでおり，広義のサービス労働に含める（青柳 2010, 344-345）。なお，「ポスト工業化」段階への移行は，大規模な機械体系，すなわち「共同的にのみ使用されうる労働手段」（マルクス K. I, S. 790）による工場制度の発展にもとづく大規模協業の発展の延長上に社会主義社会を構想

営的労働需要を増加させ，家事労働との兼業的雇用労働として女性労働雇用を，フォーディズム期より一層速く増加させ，「労働力の女性化」と呼ばれるような傾向をもたらした。サービス労働による産業は急速な生産力発展による急成長は不可能であって，人口の相対的停滞化による需要増加の相対的停滞性の結果，70年代以降は全体として低成長，すなわち低資本蓄積傾向であった[18)]。しかし，労働力人口供給の停滞化傾向に支えられて，南欧を除くヨーロッパとアメリカ合衆国では，女性労働のM字就業から恒常的就業としての台形型就業への転換が進行した。この結果，エスピン－アンデルセンによれば，女性労働の恒常的就業化は家族的福祉生産を転換させ，アメリカ合衆国やイギリスのような市場的福祉生産という「商品化」傾向と北欧を中心とした公共的福祉生産という「脱商品化」傾向という二つの発展傾向をもたらした（エスピン－アンデルセン 2000）。

この恒常的就業としての女性労働は，その多くが出産・育児による労働力率の低下を含まず，また，夫の収入増加によって就業から離脱するような流動的就業労働ではなく，恒常的雇用労働に転化しており，それゆえ女性労働者は流動的過剰人口の地位から離脱したといってよい。しかし，家長（夫）の低賃金の補完として補助的賃労働を行う下層の女性労働者，とくに移民として流入した女性労働者や，アメリカ合衆国の黒人女性労働者のように，低賃金で高給労働者階層女性の育児・家事労働を代替する労働者のような場合，恒常的就業であったとしても不安定就労としての流動的過剰人口から離脱したとは言えない。低成長期の流動的過剰人口としては，低賃金労働者家族の女性の補助的賃労働者の部分的存在と同時に，高度成長期には出現しなかった新規若年労働者層の内部に大量の不安定就業者が新たに大量に出現している。これらの不安定就労の流動的過剰人口は，1990年代以降の「社会主義」圏の崩壊や「社会主義」志向諸国の市場経済化によって新たに出現した資本主義の統一的世界市場のなか

したマルクス，エンゲルス，シュンペーターなどの未来社会論の有効性を失わせるものであり，これがソビエト型経済の崩壊の究極的要因となった。この問題は次章で検討する。

18) ボウモルは，サービス労働の生産性の停滞化傾向とその低成長率を「コスト病」と特徴づけているが（ボウモル＆ボウエン 1994, 212-217），この認識はエスピン－アンデルセンも継承している（エスピン－アンデルセン 2000, 158-168；青柳 2010, 511）。

での諸資本のグローバル蓄積競争と，後発資本主義諸国の農村から大量に供給されているグローバルな潜在的過剰人口の大量創出によって，先進資本主義国内部に新たに形成された過剰人口形態である。

この相対的過剰人口を人口再生産視点から考察しよう。多くの先進資本主義諸国では，1970 年代以後ほぼいっせいに出現した合計特殊出生率の単純再生産基準以下への低下[19)]によって中核的労働力年齢人口（20～55 歳）が 20 世紀末以降停滞化し，21 世紀初頭には減少に転じる先進国が，多数発生している（青柳 2010, 280-281）。これは資本主義的生産の危機である。なぜなら，拡大再生産表式が証明しているように，総価値生産の拡大再生産は総労働時間の増加を前提し，それは平均的労働を担う総労働人口の増加を前提しているからである。したがって，20 世紀末から 21 世紀初頭における多数の先進資本主義国諸国では，国内の総価値生産としては単純再生産から縮小再生産に転化せざるをえず，それは個人的に消費されない剰余価値としての過剰資本の大量形成と構造的不況をもたらすはずである。これが『資本論』のなかで予測されている人口減少による「“大洪水”」的破局，資本の「失血死」，資本主義的生産の「破壊的結果」（マルクス K. I, S. 285, 730, 733）として予測される必然的結果である。しかし，現代の先進資本主義は，国外の後発地域の農村部から発生する潜在的過剰人口の創出とその利用を前提とするグローバル資本蓄積による過剰資本輸出を通じて，自己の生存の道を見出している。その結果，自国内には「プレカリアート」と呼ばれる不安定就労の流動的過剰人口を大量に生み出し（ドーア 2006, 107-108），経済の「破壊的」結果を労働者層に転化することによって生存し続けている。これが現代の資本主義的生産の一側面であるが，別な側面もある。

1970 年代以降の低成長期には，労働者家族の生活形態には大きな変化が生じた。労働者が購入する生活手段のうち高額の自家用車や電化製品等の耐久消費財比率の上昇として，労働者家族が私的所有する生活手段の構成が高度化すると同時に，耐久消費財を内蔵する機能に適合的な住宅需要として，長期ローンによる持家購入志向が強まった。それと同時に，住宅購入資金の貯蓄や生命

19）この要因は耐久消費財購入への支出増加と子どもへの教育投資の高額化の結果であると思われる。なお，欧米では 1970 年前後に時期に中絶禁止条件も緩和された（荻野 1994）。

保険や年金等の広義の貨幣的財産の家族的な私的蓄積が強化された。とくに住宅購入は，一方では，労働者の金融資本への従属を強化すると同時に，他方では，購入費の支払い能力をめぐって，労働者層内部に激しい階層分化をもたらすことによって，エンゲルスが予測したように，統一的労働運動の発展を阻害する決定的要因となった（青柳 2010, 464-483；エンゲルス『全集』⑱，234-239）。これは，現代資本主義が大量の流動的過剰人口の発生と貧困層の蓄積という深刻な労働問題を発生させているにもかかわらず，労働運動が高度成長期の高揚から一転して沈滞状態に陥っている社会的要因であり，危機的な資本主義の長期存続力の基礎となっている先進資本主義国内部の社会的要因である。

南欧と日本の人口再生産と相対的過剰人口形態について検討しよう。

南欧では，1930年代の出生率低下はなく，その結果，50～60年代のフォーディズム期に若年労働力供給の減少は発生せず，女性労働力のM字就業化も生じないまま，「への字」就業状態を長期に継続していた[20)]。しかし，20世紀末の若年労働力供給減少と総労働力人口増加の相対的減少期に，25～34歳女性労働力率の最大化とそれ以上の年齢層の労働力率の相対的停滞という特異な「への字」就業に移行した。これは出産・育児期女性が高年齢の親族育児（祖母育児）という家族的育児形態に依存して就業した結果であると推定される。南欧では「への字」就業形態という中高年女性労働者の流動的過剰人口化が継続していると言ってよい（青柳 2010, 280-282, 288-292）。

日本では，1950～60年代に女性のM字就業が形成されたが，70年代以降の低成長期から現在までM字の谷は漸次的に浅くなってはいるが，脱M字の女性の恒常的雇用にはいたっていない（福島 2021, 51-55）。これはヨーロッパやアメリカで脱M字化が進行した1980年代から90年代半ばにかけて若年労働力の供給が増加し，女性労働力雇用の増加を妨げたことによって，労働力需要増加というデマンドプル型の脱M字化の機会を逸したことが第1の要因である（青柳 2010, 300-304）。第2の要因は，家族構造と結びき，それを骨化させる要因である日本型福祉制度として，1961年に形成された税制の配偶者控除による「103万円」の壁と1985年に形成された第3号被保険者制度としての「130万

20）青柳（2010, 286-289）参照。これは労働力需要動向と関連した蓋然的傾向である。

円」の壁であり，パートタイム労働として就業する既婚女性労働者は，パート賃金年収をそれ以下にとどめ，あくまで補助的賃労働者の地位にとどまろうとする志向をもっていることである（本田 2010, 50-67）[21]。とくに保険料を負担しない 130 万円未満のパート労働は私的家族構造の利害と同時に，それを負担しない企業の利害とが結合した強固な構造となっている。現代日本では，女性のパート労働という流動的過剰人口と若年層の不安定就業という二重の流動的過剰人口との競争のなかで，家長の正規労働はサービス残業的「労働日」延長と実質賃金低下を余儀なくされている（森岡 2010, 264；同 2012, 101, 112）。

エスピン－アンデルセンは，南欧と日本を家族的福祉生産，すなわち女性の育児・家事労働的福祉生産と兼業的就業労働の制度的構造化の強い地域に分類したが，この性差別的家族構造は現代では超少子化という共通した状況に陥り，社会発展の展望の最も暗い地域と予測している（エスピン－アンデルセン 2000, 102-108, 116-130, 青柳 2010, 508）。なぜなら，現役労働力人口の減少と高齢者増加による福祉需要と年金支出の急増による財政危機と福祉危機が加速化することは避けられないからである。日本で推進されている消費税負担の増加は経済成長停滞化と実質賃金低下のなかで，労働者家族の税や保険負担を含む生計費負担を増加させ，労働者家族に苦しい負担を強制しつつ，女性労働のコストプッシュ型の脱 M 字就業または M 字の底の浅い就業への圧力を強化するであろう。

どのような経過をたどろうと，先進資本主義の人口停滞化のなかでは女性労働の恒常的就業の方向は不可避である。また，それは社会的生産力発展の新しい出発点となるであろう。なぜなら，サービス産業中心の労働生産性の発展は，労働集約的発展として協業，とくに両性の協業能力の発展に依存することが大

21）福祉制度は，その成立のさいにモデルとした家族の構造を再生産し，制度的に存続させる側面がある（木本 1995, 77-81）。現在は，社会保障制度等の変化によって，これらの「壁」の水準も変化している。なお，日本と南欧の 20 世紀後半の労働者人口は農村から流入した人口がかなり多数存在しており，農村の家父長制家族を自己の家族形成のモデルとする傾向が強かったと考えられる。これらの脱 M 字化にたいする負の要因は，男性の正規労働と女性の非正規労働との賃金・労働条件の性別分化，とくに正社員の転勤をともなう「無限定」正社員化（竹信 2017, 169-174）とそれによる家族内就業条件の夫婦間分化などである。青柳（2010）の脱 M 字予測はこれらの負の要因を十分に考察できなかった（青柳 2010, 304）。

であるからである。また，性差別的雇用は正規雇用の男性労働者と低賃金パート雇用の女性労働者とのあいだの協力関係を阻害し，潜在的な対立関係をもたらすが，女性雇用の発展はそれを解消する可能性があるからである。

現代の先進資本主義は，アメリカ合衆国，ヨーロッパや日本を含め，労働力人口の停滞化の結果，資本主義的蓄積による生産力発展の条件を喪失し，グローバル労働市場に供給されている後発地域の農村からの潜在的過剰人口の創出と供給に依拠することによってのみ，剰余価値生産と資本主義的蓄積を維持している。このグローバル資本蓄積は資本主義的生産様式の末期段階にほかならない。なぜなら，グローバルな資本と労働市場は後発地域の資本主義発展を加速し，早晩グローバル資本に依存しない自立的な資本形成と資本蓄積を促進し，グローバル資本の活動余地を狭めると同時に，グローバル資本に雇用される労働者，とくに女性労働者は先進資本主義の生活意識やジェンダー平等思想を受容し，急速に少子化傾向をもたらす可能性があるからである。人口停滞化の進行が予想される今世紀は，ジェンダー平等による男女の協業の発展と諸個人の潜在能力の発展および対等な個人生活の発展なしには社会発展は望めないことが広範な諸地域で認識されていくであろう。マルクスが言うように「さまざまな年齢層にある男女両性の諸個人が結合された労働人員を構成して……人間発達の源泉」(マルクス K. I, S. 514) としていることは，人口停滞時代における経済と社会の停滞状態の打開にとって不可欠であることが急速に認識されていくであろう。しかし，他方では，耐久消費財所有の高度化と持家化，および年金を含む貨幣的資産の私的家族的所有は，労働者家族を含む広般な社会層に受容され，強固な私的利害を形成している。このような状況は，どのように打開され，どのような未来展望が可能になるのであろうか。この問題を，20世紀における「社会主義」実験の史的総括を通じて考察することが第VI章とそれ以降の章の課題である。

第VI章　ソビエト型経済の歴史的性格

1　ソビエト型経済の史的唯物論による再検討課題

本章では,「社会主義」と自称し，マルクス主義思想を継承したと自称する「共産党」や「マルクス主義」政党を社会の「指導」者層とする国家的経済体制として成立し，20世紀という時代的枠内でのみ成立・発展・消滅した経済体制を暫定的に「ソビエト型経済」と規定し，一国「社会主義」の実現可能論に転換したスターリン体制期以降の「ソビエトマルクス主義」のイデオロギーを捨象したうえで，その歴史的性格を検討する。

農民人口が多数を占める後進国ロシアでの一国「社会主義」建設を企図したスターリン体制以後の「ソビエトマルクス主義」は，少数者による「指導」者層の自己決定制，すなわちノメンクラトゥーラ制による少数者支配という権力構造に立脚していた点で，多数者革命を前提とするマルクスやエンゲルスの社会変革思想と断絶していた。それと同時に，第II章で検討したように，一国的な「社会主義」革命の可能性を否定し，ヨーロッパの先進資本主義の社会主義革命と連帯したロシアの社会主義化を実現するために，当面，労働者と農民との多数者的「同盟」を基礎とする国家資本主義的経済発展を志向していたネップ期までの「ロシアマルクス主義」の社会変革思想とも断絶するものであった(渓内 1992, 35-40)。また，ロシア社会民主党ボルシェビキの多数派主義（ボルシェビズム）による分派の存在を容認する党活動は，社会実態の全体的「事実」認識を基礎とした現実的方針決定を可能にする優れた活動方法であったが，スターリン体制以降のソビエト共産党はこのような活動方法とも決定的に断絶した。共産党内の分派禁止規定は1921年にネップ導入と同時に「非常措置」として導入され，政綱をもつ分派による多数派獲得の権利を保障していた「形式的な民主主義」を停止した。しかし，ネップ期には公然とした分派的論争が事実上継続されており（レーニン『全集』㉜，68, 254-255；ドイッチャー 1964, 535-540；岡田 1991, 35-36, 44, 245)，国家機関にはメンシェビキや社会革命党出身の非党員の専門家も登用されていた（野部・崔編 2012, 131-151）。しかしながら，スターリン体制以降は共産党内の分派禁止の組織原則化による公然とした党内論争の禁止にもとづく，指導者層による指導者層の自己決定制度と共産党の国家的支配体制化を通じて，ノメンクラトゥーラ制が確立した（岡田 1991, 243-267）。分派禁止を党活動原則とする共産党「指導」の国家体制はノメンクラトゥーラ制を不断に再生産する構造であるということは，ソビエトの全歴史によって実証された[1)]。20世紀後半には，ソビエト国家体制と同様な少数者支配による権力構造としてのノメンクラトゥーラ制は，先進資本主義より生産力的に遅れた後進諸地域において，自称「マルクス主義」政党が支配する諸国家の権力構造として形成されたが，これらの「マルクス主義」政党の少数者支配による社会変革思想もマルクスやエンゲルスの社会変革思想とは異質なものであった。

中国やベトナムのソビエト型経済のように，共産党支配の解体という転換形態をとらずに改革による連続的経済発展を志向している場合でも，私的資本主義[2)]の導入による旧体制の転換をもたらしたことはまぎれもない事実である。「社会主義」・「共産主義」への発展を標榜していたとしても，旧体制の連続的発展形態としてではなく，それとは歴史的に不連続な発展であるかぎり，旧体制は20世紀という時代的枠内で歴史的に終焉したと言える。

ソビエト型経済の体制転換に関連して，その体制の再検討にかんしては，きわめて大量の文献や論文が公刊されており，そのすべてを網羅的に検討したとしても，屋上に屋を架すような検討になりかねないであろう。本章の検討課題は，20世紀の先進資本主義経済とソビエト型経済の歴史的性格の検討と，『資本論』とは異なる晩年のマルクスの歴史認識を通じた『資本論』の歴史認識の史的唯物論的再検討，およびそれを通じたポスト資本主義としての新たな社会

1）分派禁止規定が導入された時期と同時期に形成された日本共産党を含む各国共産党は，分派禁止を組織原則として導入した。このことは指導者層内部における指導者層の自己決定という「民主集中制」的党組織形態として，ソビエト共産党型組織形態が踏襲されたことを意味する。

なお，レーニンは「1936年に到達した秩序を社会主義とはけっしていわなかったであろう」（渓内 1992, 40）というレーニンの「ロシアマルクス主義」的歴史認識やロシアの国家資本主義認識は，現代日本の多くのソビエト史研究からは忘れられている。

2）ここでは国家資本主義と区別するために「私的」を付す。

主義を歴史的に探究することである。このような再検討は十分に行われているとは言い難い。なぜなら，現代日本ではソビエト型経済を相変わらず「社会主義」と規定した研究がきわめて多いが，この名称は，いかなる修飾語を付けようとも，『資本論』の社会主義論にもとづく「社会主義」体制として自己規定した「ソビエトマルクス主義」の主張を無批判に踏襲するものであるかぎり，その規定を前提としたソビエト型経済の検討によっては，『資本論』の歴史認識自体の史的唯物論による批判的再検討という課題は中心的課題にはなりにくいからである。また，ソビエト型経済を「国家資本主義」と規定した研究の場合でも，『資本論』における資本主義認識の再解釈を前提とした検討を行っている場合には，『資本論』の歴史認識自体の史的唯物論的再検討という課題は中心的検討課題にはなりにくい。『資本論』の歴史認識の再検討を視野に入れたソビエト型経済の歴史的検討にとって，最も重要なマルクスの史的唯物論的認識は，前章で引用した『経済学批判』序言の指摘である。特定の社会構成は，その「生産諸力がすべて発展しきるまでは」没落せず，より高度の生産諸関係は，「その物質的存在条件が古い社会自体の胎内で孵化されてしまうまでは，けっして，古いものにとって代わることはない」という史的唯物論的歴史観は，資本主義的「生産諸力」が持続的に発展した 20 世紀の時代に，同時併存的に成立し，消滅したソビエト型経済が資本主義に「とって代わる」ことができなかった生産力的限界を明示しており，「ソビエトマルクス主義」とマルクスの社会主義観の相違を生産力的視点から明確にするものである。それと同時に，欧米資本主義の短期的「消滅」予測という「ザスーリッチへの手紙」に示されたマルクス自身の資本主義的「生産諸力」にたいする当時の認識は，それが長期的過程をとおして「すべて発展しきる」ことにたいする全体的見通しを欠いていた点で，その限界性を露呈している。この場合，「生産諸力」の諸要素には，労働様式のみならず，次世代の労働能力再生産として，歴史的な生殖様式や養育様式を含む人口再生産様式も含まれる（マルクス『草稿集』②，139-140；青柳 2010, 125-135）。

以上の史的唯物論的認識にもとづけば，ソビエト型経済は，資本主義的生産様式の長期的過程における特定の発展段階と併存した経済体制として，特定の段階の資本主義的生産諸力を導入し，それを共有した独自の資本主義的生産関係として捉える必要がある。ソビエト型経済の歴史的特質を明確にするためには，前章で検討した資本主義の長期存続力およびその発展過程と比較検討することが不可欠であり，とりわけ資本主義的労働者家族と人口再生産様式およびそれにもとづく剰余価値生産と労働市場を前提とする資本主義的蓄積の長期的過程との比較が不可欠である。このために中心的に検討すべき課題は，ソビエト型経済における労働者の家族形態と人口再生産，それにもとづく剰余価値生産，労働市場と蓄積様式，およびソビエト型経済発展の限界の問題であり，これらの問題にかんする優れた実証研究を中心に検討しよう。検討対象の時期としては，1930年代のソビエト経済の成立期およびソビエト型経済自体に内在する矛盾が顕在化する過程としての1960年代以降の時期を中心として，ソビエト経済の発展要因とその限界について検討する。

2　ソビエト経済における「家族の強化」と人口再生産

最初にソビエト経済の労働力的基礎となった家族形態と人口再生産様式について検討しよう。

ソビエト政府は，1920年に妊娠中絶を合法化し（河本2012, 28），1926年の民法典では登録婚と同等な効力をもつものとして事実婚を承認し，単意主義離婚，すなわち一方の意志による離婚の自由を承認することによって，資本主義的家族制度とは異なった独自の家族制度を形成し始めた。26年法での事実婚の承認は，社会主義・共産主義では家族という私的所有と私的相続を前提とするブルジョア的制度は消滅し，次世代は社会的に養育されるという理念（森下1982）[3)]と，事実婚の妻や子どもの救済として夫に登録婚と同様の義務を負わせるという現実的配慮とによって導入された。しかし，家族の消滅を志向することは時期尚早であり，登録婚制度を維持すべきであるという登録婚論者との妥協の結果として，26年法典は登録婚と事実婚との平等の扱いという折中的な法規定が形成された（森下1988, 29-67）。しかし，登録婚論者も将来の社会主

3）1920年代までのロシアマルクス主義の家族消滅論のなかには，一夫一婦婚的性関係とは異なる開放的性関係を肯定する思想も存在したが（森下1983），これはマルクスの思想やベーベルの思想（青柳2009/2010, 3-6；ベーベル1955, 213-222）を継承するものであった。

義には家族が消滅すると捉えていた点は共通しており，この理念が20年代までの伝統的な「ロシアマルクス主義」の家族にかんする基本理念であった。

しかし，1936年の「社会主義」憲法制定と同時期に，ソ連邦中央執行委員会決定として，「人工妊娠中絶禁止，妊婦への物資的援助の強化，多子家族への国家的扶助の設置，産院・託児所・幼稚園の拡張，扶養料不払いにたいする刑罰の強化，ならびに離婚法の若干の改正について」という名称の決定が出され，「家族および家族の義務にたいする軽率な態度と闘う」という条文にも謳われているように，家族消滅を展望した26年法の内容を「家族の強化」の方向へと根本的に転換した。これは登録婚による夫婦関係の確定と離婚の困難化および婚外子の父親確認の排除を中心的内容とし，「家族の強化」を謳った1944年のソ連邦最高会議幹部会令による家族政策の方向への転換であった（河本 2012, 27-34；森下 1988, 225-233, 252-257）。44年法令の名称は「妊婦・多子母・独身の母への国家的扶助増加，母子の保護強化，名誉称号『母親英雄』設置，『母親栄誉』勲章ならびに『母親メダル』設定に関する」幹部会令である。36年決定と44年法令の家族政策の基本的性格は，その名称からも明白であり，国家による子どもにたいする一定の養育支援を含みつつも，一夫一婦婚家族の「強化」によって子どもの家族的養育責任を強化し，妊娠中絶を禁止することを通じて次世代再生産的必要労働を家族的義務，とくに婚外子の母親単独扶養義務にみられるように，母性的義務とすることによって，労働力人口再生産と増殖を実現することであり，それによってソビエト経済における剰余労働の再生産とその拡大を実現するための基礎的条件を確立することであった。この家族は「社会主義家族」と呼ばれたが，前章で検討したように，資本主義の成立発展期において中絶禁止法等を通じた生殖強制によって，土地から分離された労働者人口の再生産と増殖を強制され，剰余労働の再生産と増加の担い手となった資本主義における労働者家族と本質的に共通した家族形態であった。

ソビエト家族による人口再生産動向を先進資本主義の人口再生産動向と比較してみよう。

岡田裕之氏の諸労作は，計画か市場かという，『資本論』第1篇的視点の考察のみにとどまることなく，第2篇（第4章第3節）の労働力再生産論以降の論理との比較という視点から，ソビエト経済の実態分析を行っている。岡田氏が『資本論』第2篇と第3篇の論理を継承し，絶対的剰余価値生産の一環として検討したソビエトの人口再生産動向（岡田 1985, 1；マルクス K. I, S. 322-324）の論文を，剰余労働の再生産とその拡大の基礎的条件という視点から検討しよう。

岡田論文（岡田 1985, 7-10）では，人口学の通説としての人口転換の仮説，すなわち前近代的多産・多死から近代的多産・少死への転換による人口増加への転換および少産・少死への転換による静止人口への転換を，資本主義と「社会主義」に通底する近代的人口法則として承認することを前提に検討を行っているが，この仮説は死亡率の低下を唯一の先導的要因としている点で一面的であり，前近代的多産と近代的多産の本質的相違を無視している点で誤っている。前近代的多産は土地を占有する家父長制的小経営の次世代再生産としての多産であり，土地経営から脱落したプロレタリア的階層は次世代縮小再生産によって階層的に消滅したが，資本主義形成期の近代的多産は土地経営から分離したプロレタリア的階層の多産であり，それが資本主義的剰余価値生産の基礎としての労働者人口を拡大再生産した点で本質的に異なっていることは，前章で検討した通りである。前章の検討と比較するとロシアとソビエトの人口動態の特質が明瞭になる。

1918年から1980年までの期間に統計的に明らかになるロシアとソビエトの出生率動向（岡田 1985, 9, 11）をみると，ネップ期の出生率は上昇し，40％程度となっているが，これはいわゆる「戦時共産主義」期の穀物収奪と戦時的混乱を回避し，家父長制的小経営の多産が回復した結果であるが，強度の穀物徴発と「集団化」による小経営の強行的解体期である20年代末から30年代前半期には30％程度の水準に低下した。事態がこのまま推移すれば出生率のいっそうの低下は避けられなかったであろう。26年法の制定以降，離婚率の増加と出生率の低下がとくに都市部で急速に進行した。たとえば，ヨーロッパロシアでは1926年から27年の人口1000人当たり離婚率の変化は，農村部では1.4件から2.0件の変化であったが，都市部では2.9件から5.8件へ，モスクワでは6.1件から9.3件へ，レニングラードでは3.6件から9.8件に急増するとともに，20年代後半には多くの都市で妊娠中絶数が出生率を超えた（河本 2012, 31, 64）。これは当然のことであって，都市生活は労働者にとって離婚を容易にする条件が形成されると同時に，労働者にたいする剰余労働強制による必要労働への圧迫は生殖管理を通じた次世代再生産的必要労働の短縮を必然化し，中絶施設のある都市部では中絶を増加させるからである（ポッツ 1985, 48-49）。この時期のソビエト社会の出生率低下現象は，17世紀末イングランドのプロレタリア的階層の少子化による階層人口の縮小再生産という人口法則が部分的に出現したことを意味しており，労働者家族，とくに労働者女性にたいする近代的生殖強制なしには労働者人口の階級的再生産は不可能化するという人口法則の部分的発現であった。

この歴史的過程を資本主義的人口再生産過程と比較すれば，36年決定と44年法令の歴史的性格は明瞭であって，女性からの生殖権剥奪と次世代養育の家族的強制による労働者人口再生産の強制体制の形成によって，次世代再生産的必要労働と剰余労働との両者を強制しうる労働者階級の再生産制度の体制的確立であった。この制度では，次世代再生産的必要労働の社会（国家）による全面的負担という20年代の「ロシアマルクス主義」の思想は放擲され，次世代再生産への部分的国家支援を含みつつも，基本的に次世代再生産的必要労働を家族的に負担する資本主義的労働者家族と本質的に共通する家族を，「社会主義家族」（河本 2012, 35）と強弁することによって，ソビエト経済における労働者階級の再生産体制が確立した。

しかし，44年法令以降の出生率は，全体として漸次的に低下した。出生率は戦時期の出生率低下と終戦直後の時期の若干の上昇という変動をもたらしたが（河本 2012, 43），ネップ期や30年代後半期の水準を回復することなく，60年代以降，出生率の漸次的低下が進行し，70年代以降のロシア共和国では合計特殊出生率が1.97（1969/70年），1.93（1977/78年），1.95（1981/82年）となり，単純再生産基準を下まわって（岡田 1985, 11；大津定美 1988, 39），70年代以降の先進資本主義と同様に（青柳 2010, 279-283），人口減少傾向をもたらす人口再生産軌道に入った。この過程は家族政策や判例の変化，とくに中絶にたいする刑事責任解除（1954年）と中絶禁止条項の削除（1955年）や家族基本法制定（1968年）等による離婚条件の緩和という家族政策の変化（河本 2012, 38-40, 85）も作用している。しかし，むしろ離婚の漸次的増加が戦後期から50年代前半に十数％に達し，その後の60年代前半も10％を超えていた婚外子出産の大量性（河本 2012, 38-40, 42）と，1920年代と30年代の先進資本主義と共通する非合法中絶の進行（ポッツ 1985, 65-74, 195-208；河本 1998, 132；青柳 2010, 261-263, 283）にたいして，家族政策や家族法がそれを追認するという過程として進行したと捉えたほうが，出生率の漸次的低下過程をより的確に説明できる[4)]。この意味でソビエト経済の人口再生産過程は，中央アジアその他の非スラヴ人的地域を除き，先進資本主義の長期的過程を凝縮した過程として進行したと言える。このことはソビエトの家族に若干の特殊性があったとしても，労働者家族の再生産の基本的特質は先進資本主義と本質的な相違がなかったことを実証している。

3　ソビエト経済における剰余価値生産体制の確立

ソビエトの労働者家族と人口再生産を基礎的前提として，剰余労働の再生産がいかなる形態によって実現されたかについて検討しよう。岡田氏の諸著作（岡田 1975；同 1991）は，『資本論』第2篇以降の論理を前提としたソビエト経済の実態分析を行っており，これらの研究を主たる検討対象として，剰余労働の動向とその結果について検討しよう。

岡田氏は，ソビエト型経済を「社会主義」と規定し，ノメンクラトゥーラ層を「支配階級」とする独自の階級社会と捉え，剰余価値生産による労働者階級の剰余労働搾取社会と捉えるが，資本主義との体制的種差をもった独自の「ソヴェト的生産様式」と規定している（岡田 1991, 262-266）。その認識を前提として労働力の商品性と労働市場の存在を否定しているが，この問題は次節で検討しよう。このような問題を含んでいるにもかかわらず，そこには優れた現実認識がある。それは労働力の私的支出による生計維持と生活手段の私的所有という実態を捉えて理論化していることである（岡田 1975, 160, 177）。

労働力の私的支出ということの現実的意味は，賃労働が家事労働の存在を前提として，それと一体的な家計的単位として，私的家族労働の一環として支出

4）1960年のモスクワの初婚女性の調査によれば，中絶を経験しない女性は4分の1のみであり，10%は5回以上の中絶を経験していた。同年のトビリシの40～46歳の女性の調査によれば，平均11.9回の妊娠にたいし，出産3.6回，自然流産0.5回，中絶7.8回であった（ハルチェフ&マツコフスキー 1979, 186）。この中絶には1953年以前の非合法時代の中絶も含まれている。

されているということであり（ハルチェフ 1967, 227），その労働は本質的に私的労働であるという意味である。生活手段の「私的所有」という岡田氏の現実認識は，生活手段の「個人的所有」というソビエト・イデオロギーを離れて，ソビエト経済における「私的所有」の実態分析を可能にする視点であり，この視点はマルクス晩年の私的所有認識を事実上継承すると同時に，20 年代の「ロシアマルクス主義」の家族消滅論が前提としていた，家族的所有を「私的所有」の基礎とする認識を継承する分析視点でもある。

1918 年の布告では財産の家族的相続の廃止と夫婦別財産制の導入が行われたが，社会主義的経済条件の未発達という現実的生活条件を考慮して，22 年に相続法が復活し，26 年家族法で登録婚の家族財産の夫婦共同財産制とその事実婚への適用が規定され，「生活手段」としての財産の家族的所有化が進行した（森下 1988, 13, 116-123, 139-140）。36 年のスターリン憲法で「個人財産」の相続権が憲法規定として導入され，その超「個人」的な相続的所有を，77 年のブレジネフ憲法を含め，憲法規定によってあくまで「個人的所有」と強弁することによって，「私的所有」と「個人的所有」との区別が曖昧にされ（トポルニン 1980, 15；ノーボスチ通信社編 1978, 95, 119），家族財産と私的家族的労働を「私的所有」概念によって分析する視点が見失われた。岡田氏は，スターリン憲法以後，見失われていた家族による「私的所有」という分析視点を復活し，家族を含むソビエト経済の再生産様式の全体的把握を行っている。この視点は，ソビエト型経済における基本矛盾の実態を分析するために，決定的に重要な視点である。岡田氏の『ソヴェト的生産様式の成立』（岡田 1991）は，この視点にもとづいて，ソビエト経済の構造の成立過程を検討したものであり，この著作を中心にソビエト経済の特質を考察しよう。

ソビエト農業の「集団農場（コルホーズ）」は，集団的所有を実現したものではなく，国家が「生産手段」として権力的に認定した農業諸条件の暴力的収奪によって強制的に形成され，国家利害によって任命された「コルホーズ議長」を経営者とし，国家に剰余生産物のみならず従来の必要生産物部分までの納入を強制された経営形態であり（岡田 1991, 62-63, 155-165），本書第 II 章で指摘したように，国家地主的大経営と自留地零細経営との二重構造を本質的特質とする点で，国営農場（ソフホーズ）と共通した経済的性格があった。また，フルシチョフ期以降コルホーズとソフホーズの経営形態は接近し，ソビエト農業全体のソフホーズ化が進展したので，両者の経済構造全体を自留地経営を含めて国家地主制経営と規定し，とくにコルホーズを特定するために準国家地主制経営と規定しよう。国家地主制経営は経済学的には地代と利潤が分化しないユンカー経営と本質的に共通しており，国家的ユンカー経営的地代制度と規定することができる[5)]。

国家地主制経営の本質的特質は，「生産手段」と「生活手段」とを結合した経営手段と両者の性格をあわせもつ土地の占有を基礎とする小経営的所有を解体し，党と国家の恣意的判断によって，農民が所有または占有する財を「生産手段」と「生活手段」とに二分割化し，前者の所有形態を「社会的所有」，すなわち準国家的コルホーズ所有または国家的ソフホーズ所有とし，後者を「個人的所有」として法的に規定したことである。この二分割化は経済実態によって規定されたのではなく，農民と権力との激しい闘争の結果による政治的妥協として，役畜と耕地や共同地を「生産手段」とし，一部の牝牛と小家畜と宅地付属地（自留地）を「生活手段」として人為的に区別されたものである（メドヴェーヂェフ 1995, 79-82）。したがって，土地や役畜を小経営に不可欠な経営手段，すなわち生産手段であると同時に生活手段でもあるという現実的経済実態[6)]にもとづいて全体的に保持しようとする小経営農民にたいして，『資本論』の「資本主義的蓄積の歴史的傾向」論にもとづいた「ソビエトマルクス主義」の歴史発展「法則」認識とは相違して，当面の私的利害に固執する「クラーク」，すなわちブルジョア「階級」として暴力的に弾圧することによって，ネップ期に存在した小経営の解体は大部分完了した（岡田 1991, 44-56；野部・崔編 2012, 274-284）。ここで大部分というのは，36年時点での集団化率は約9割であり（岡田 1991, 107），

5）スターリン体制下のコルホーズ農民は1932年に移動の自由を剥奪された半農奴的地位（岡田 1991, 165）に落とされたが，フルシチョフ期にはこれらの条件は解消され，国家的ユンカー経営形態へと発展した。

6）生産手段とされた役畜は生活用交通手段としては生活手段であり，共同地も生活用燃料や食料の採取対象としては生活手段である。小経営における販売用農産物の生産手段としての土地や役畜や用具も，生計費的貨幣収入の取得手段としては生活手段でもある。生産手段と生活手段を「物的」形態として固定化的に区別することは財の運動態としての多機能性を一面化した物象化的把握である。

「他人の労働を搾取しない農民と手工業者の小規模な私的単独経営」が集団化の未達成部分として存続しており，36年のスターリン憲法においてもその規定を挿入せざるをえなかったからである（第9条）。

農業人口の大部分を構成したコルホーズ農民は，憲法によって，「小面積の農家付属地を個人的に利用し，そこにおける副業経営，住宅，畜産用家畜，家禽および小農具を個人的に所有する」（第7条）と規定されたが，これはエンゲルスの古典的規定以来の社会主義的所有原理としての，「生産手段」の「社会的所有」と「生活手段」の「個人的所有」の理念（エンゲルス『全集』⑳，135）[7)]に，法的強弁として適合化させ，「社会主義的経済制度」の「支配的な経済形態」としての成立を憲法規定として宣言するために不可欠な法的フィクションにほかならなかった（第4条，第9条：ノーボスチ通信社編 1978, 94-95）。なぜなら，「副業経営」の諸手段は自給用「生活手段」の機能のみではなく，ソビエトの成立から崩壊まで長期存続したコルホーズ市場用生産物の「生産手段」の機能を有しており，その経済的性格は第9条で規定された「私的単独経営」と本質的に共通しており，「生産手段」の「私的所有」にもとづく小経営の零細形態にほかならなかったからである。また，副業経営用諸手段は，家族的相続（第10条）を保障された私的所有財であって，エンゲルスが社会主義的所有として規定した非相続的所有（エンゲルス『全集』⑳，327-328）とは本質的に異なっていたからである。したがって，このエンゲルスの社会主義的所有規定および革命期からネップ期までの「ロシアマルクス主義」による社会主義における非相続制理念によれば，コルホーズの準国家地主制経営およびそれと構造的に共通したソフホーズの国家地主制経営を「社会主義」的経済制度と規定することはできず，その憲法規定は社会主義的所有論の歪曲によるフィクションと言うほかはない。国家および準国家地主制経営の経済的実態は経営手段の私的所有と国家的（準国家的）所有との二重構造からなる経済制度であった（岡田 1991, 107-108）。

7）マルクスは『ゴータ綱領批判』（1875年）で，資本主義から生まれたばかりの「共産主義」を生産手段の共有と消費手段の個人的所有による生産物の非交換社会と規定し，エンゲルスと同様な見解を示したが（マルクス『全集』⑲，19-20），晩年には生産物交換論的私的所有の発生論を克服して，市場的交換を排除した計画経済的未来社会論から離脱しつつあったと考えられる。マルクスが，財の固定的二分割所有による「共産主義」社会構想を終生維持していたかどうかについては断定的なことは何も言えない。

1936年までに，工業化を通じて「社会主義」建設を基本的に達成し，「社会主義的経済制度」の「支配」を実現したとされる工業分野の国営企業の経済的性格について検討しよう。

きわめて短時日のうちに重化学工業や機械工業を含む工業化を達成し，長期不況下にある先進資本主義の工業生産と比べ，生産物の質はともかく，量的成長の点ではソビエト経済の発展はめざましいものがあった。統計的過大評価を除去した生産実態も，先進資本主義の水準に接近したと言える（岡田1991, 144-146）。この急成長に国家地主制による農産物（剰余生産物と必要生産物部分）の収奪，とくに31年から32年の大量の餓死者を出すほどの冷厳な農民収奪が，工業化のための蓄積源泉としてどこまで効果があったのかについては多くの論争があり，統計的にも不十分であって，十分な結論が出せない問題である（岡田1991, 80, 146-150）。しかし，30年代の穀物生産は停滞的であり，1913年水準を凌駕しえず，畜産は急減したこと，この間，人口は増加し，とくに都市人口が急増したことを考慮すると（青柳1994, 355-356；岡田1991, 62, 156），農産物の強収奪は工業化のための強蓄積の中心的な源泉にはなりえなかったとみるのが妥当な評価であろう。

岡田氏は，工業化源泉をソビエト経済における労働人口増加と労働強化による絶対的剰余価値生産と，搾取強化による必要労働の圧縮という独自の相対的剰余価値生産によって説明し，国家地主制的搾取強化と統一的に捉える視点を提起している（岡田1991, 163-164, 171-202）。

まず，農民にたいする国家地主制的搾取による剰余生産について検討しよう。

家計調査によれば，農民の1日の生活時間で，1923年から34年にかけて，家長の場合，生産的労働時間は5.7時間から9.6時間に，移動時間が0.3時間から1.0時間に増加し，主婦の場合，生産的労働時間は5.2時間から6.0時間に，移動時間は0.2時間から0.8時間に増加し，家事や生活的必要労働時間は家長の場合，2.4時間から0.4時間に，主婦の場合，7.8時間から5.6時間に減少した。「集団化」の過程は穀物総収穫が増加せず土地生産性は停滞的であった。したがって，「集団化」による大経営の創出は農村人口の減少をもたらしたものの，経営内における働き手や用具や肥料・収穫物の移動・運搬距離の増大という非効率性要因の増大をもたらすものでもあった。コルホーズでは国家への上納後の残余部分が農民の取り分となったため，現物的必要生産物が圧縮され，コルホーズ員は自留地経営，とくにじゃがいも生産によって必要労働分をわずかに補充するほかはなかった（岡田 1991, 157-165, 168-170；青柳 1994, 355-356）。国家地主制による地代的搾取強化は，農民の労働強化と必要労働の圧迫を通じて，都市への農産物供給と輸出市場における剰余生産の増大を実現した。

工業分野の国営企業における絶対的剰余価値生産について検討しよう。岡田氏は工業化源泉論争を総括して，30 年代の工業的蓄積源泉として，「コルホーズ農民の貢いだ経済余剰（その必要の一部を含む）の収奪は従属的な部分にすぎなかった」としている。剰余価値生産はノルマ達成競争を通じた労働強化によって絶対的に拡大するとともに，農村労働力の流出と労働力の組織的徴募とその都市定住による都市労働者人口の増加によって剰余価値生産の絶対的増大が実現した（岡田 1991, 171, 173-181；マルクス K. I, S. 325）。1926 年から 39 年の間に都市人口は 3000 万人増加したが，そのうち 1900 万人が農村から流入した（岡田 1991, 54）。岡田氏はこのような労働者人口創出過程を「社会主義」的原始的蓄積と呼んでいる（岡田 1991, 150, 157）。しかし，それは不適切であって，むしろ資本主義と共通した労働者人口創出による絶対的剰余価値生産過程として規定すべきであり，ソビエト型経済における独自の原始的蓄積と規定すべきである。農村民の強収奪は暴力的な労働者人口創出を通じた工業企業内部の絶対的剰余価値生産によって，工業化の強蓄積源泉となった（岡田 1991, 175）。

工業企業における相対的剰余価値生産について検討しよう。岡田氏は，実質賃金の低下による相対的剰余価値生産という特異な剰余価値生産による強蓄積を可能にした条件を，国家の権力的抑圧が「労働者の抵抗を決定的に弱め，解体させた」結果によるものとしている（岡田 1991, 182）が，上からの権力的な実質賃金低下圧力は，労働力供給と消費財生産との経済的相互作用を通じて作用したと言える。1932 年までの第一次 5 か年計画期には，農村からの「潜在的過剰人口」の大量流入による都市労働者の生活水準の低下圧力，および労働者人口の急増による総貨幣賃金フォンド（総支払賃金）にたいする余剰農産物生産の停滞性と優先度の低い消費財生産の遅れによる労働者用総消費財フォンド（総消費財供給）とのギャップを通じたインフレと実質賃金低下作用は，強蓄積による急速な工業化の避けられない帰結であった。1927/28 年実績を 100 とした32年実績は，労働者数202，消費財生産167，生産財生産385であり，労働者1人当たりの消費財生産の減少をもたらしたが，穀物や畜産物の供給状態の悪化を考慮すれは生活水準低下による実質賃金低下は著しいものがあった（岡田1991, 184-188, 190）。この相対的剰余価値生産の基礎は農村の小経営にたいする収奪とその解体圧力による労働者人口の急激な創出であり，それによる絶対的剰余価値生産が同時に実質賃金低下による相対的剰余価値生産をもたらしたと言える。

1932年から37年までの第二次5か年計画期には，同様の過程が継続しているが，計画目標が緩和され，農村からの労働力移動は組織的募集のみに制限され，実質賃金低下による相対的剰余価値生産圧力はある程度緩和された。この時期には，新技術と出来高賃金の結合による労働強化をともなう生産性向上運動が展開されたが，総貨幣賃金フォンドと総消費財フォンドのギャップは第一次5か年計画期と同様に進行した。この時期の相対的剰余価値生産にとってとくに重要な役割を果たしたのは女性労働の急増であり，労働者中の女性比率は32年の27%から39年の41.6%に増加し，賃金稼得者1人当たりの扶養者数は28年の2.46人から，35年の1.59人，40年の1.28人へと急減した（岡田1991, 198, 201）。30年代の1人当たりの実質賃金低下と女性を含む労働者人口増加との並行的進行は相対的剰余価値生産の著しい増加をもたしたと考えられる。これは『資本論』で指摘されている相対的剰余価値生産の本来的形態であるが，前章で検討したように，先進資本主義では高度成長期から70，80年代に本格的に進行した過程を，ソビエト経済では歴史的に先取りしていたと言える。

スターリン体制期に進行したソビエト経済の形成過程の特質を総括しよう。

この過程は，「クラーク」の弾圧や大量粛清によるテロル，「収容所」における大量の奴隷的労働の創出や厳しい農産物収奪による餓死というきわめて特異な形成過程をともなっているが（岡田1991, 73-142），このような過程は他の諸国でのソビエト型経済の形成過程とは異なっており，ネップ期以後に別の型のソビエト型経済を形成しえた可能性の考察を含め，後に検討しよう。これらの問題を捨象したうえで，『資本論』の歴史認識と比較しつつソビエト経済の特質について考察しよう。

もし基本的「生産手段」の概念を，『資本論』で指摘されているように，「共同的にのみ使用されうる労働手段」(マルクス K. I, S. 790)，すなわち産業用大型機械または機械体系に限定し，アメリカなどの先進資本主義に出現しつつあった産業用個人的機械や生活用個人的機械（自家用車や家電製品）等の労働手段を「生産手段」概念から除外するとすれば，「生産手段」の共同的使用にもとづく「社会的所有」が，その国家的所有の実現によって 1936 年までに基本的に達成されたということはできる。したがって，この定義にもとづいて「生産手段」の「社会的所有」，すなわち国家的所有を基礎として，市場経済にたいする「計画的」国家統制という特質を抽出し，「生活手段」の私的相続的所有という実態を無視して「個人的所有」と規定し，自留地経営等の多様な生活的労働手段の「生産手段」的機能という実態を無視し，かつ先進資本主義にたいする生産力的劣位という根本的問題点を無視すれば，36 年のスターリン憲法のように，「社会主義」経済が「支配的な経済形態」として建設されたと宣言することは可能である (ノーボスチ通信社編 1978, 95)。この視点からみれば，ソビエト経済の建設は，小経営にもとづく「分散的な私的所有」の暴力的解体と「少数の横奪者の収奪」による「資本主義的な私的所有」の「社会的所有」への暴力的転化という「資本主義的蓄積の歴史的傾向」にかんする『資本論』の論理 (マルクス K. I, S. 790-791) を歴史的発展の「必然性」と捉えたうえで，その歴史過程の短縮化の目的意識的達成ということになる。これがスターリンを最高指導者とする「ソビエトマルクス主義」の『資本論』の独自解釈であり，ソビエト型経済を「社会主義」と自称する「マルクス主義」的根拠であって，ソビエト以外の諸国でも，「共産党」や「マルクス主義」政党にとって，「社会主義」体制の実現として承認された究極的根拠である。

しかし，社会主義を「生産手段の共同占有――を基礎とする個人的所有」(マルクス K. I, S. 791) という規定を本質的規定とするかぎり，財産相続を含む私的所有にもとづく経済変革過程はまったく別の過程として捉えることができる。1930 年代以降の小経営の暴力的抑圧および農民家族と労働者家族の相続的所有の承認による私的所有を含む「家族の強化」の結果は，労働者家族への転化の促進と次世代再生産的必要労働の義務化による労働者的人口再生産の実現である。それを基礎とした国営企業と国営および準国営農場の確立過程は，『資本論』第 24 章全体で叙述された本源的蓄積の暴力的過程であると同時に，第 2

篇の次世代再生産的必要労働を，その私的家族的負担によって強制する資本主義的労働者家族を形成し，それを基礎として第 3 篇および第 4 篇における剰余価値生産の論理と同様な経済関係の持続的再生産を実現する歴史的過程である。1920 年代から 30 年代の家族政策の根本的転換による私的家族的所有と次世代再生産的必要労働の義務化は，強度の剰余価値生産の持続とその拡大のための基礎的条件となった。この過程は，脱家族的変革を前提とする社会主義という「ロシアマルクス主義」の歴史認識にもとづいて，全体構造を事実に即して分析すれば，「社会主義」への転換ではなく，「国家資本主義」の形態転換であって，小経営や小資本の私的所有を許容するネップ型国家資本主義から，小資本の収奪と小経営の暴力的抑圧による全面的な国家資本主義的強搾取体制への転換という実態が捉えられる。

スターリン期における経済構造変革を『資本論』に内在していた歴史認識によって評価すれば，どのように捉えられるであろうか。第 IV 章で検討したように，『資本論』には原理的に異なる二つの私的所有論を内在させていた。第 1 は，『経済学批判』の歴史認識を継承し，『資本論』第 1 篇で展開されている生産物の交換論的私的所有論であり，それは「生産手段」の社会的所有による「計画」的生産にもとづいて商品交換が廃棄されることによって消滅するとされる私的所有論である。第 2 は，第 1 巻第 24 章や第 3 巻第 47 章に内在している私的所有論であって，小経営生産様式における私的家族的労働を基礎とする私的所有論であり，労働者家族の場合には，第 1 巻第 13 章で想定されているように家事労働と賃労働との家族単位的結合による私的家族的労働を基礎とする私的所有論である。それは労働者家族成員の個人的労働の発展と家族単位的労働としての家事労働の社会化による消滅を通じて，私的労働単位と私的所有単位としての家族が消滅することによって廃棄される私的所有である（マルクス K. I, S. 417, 514；青柳 2009/2010）。すでに検討したように，晩年のマルクスは，氏族的占有による個人的所有から一夫一婦婚家族による私的相続的所有への転換を階級的搾取関係形成の基礎として捉える認識へと自己の歴史認識を発展させていた。「ロシアマルクス主義」は第 1 の私的所有論と第 2 の私的所有論との両者を継承していたが，スターリン期の「ソビエトマルクス主義」は，第 1 の私的所有論に純化し，第 2 の私的所有論を無視または忘却することによって

「社会主義」の自称が可能になった。これはマルクス晩年の歴史認識の発展方向とは逆方向への歴史認識の転換である。この転換は当時のロシア社会の家族実態を前提としつつ，『資本論』の論理に準拠して「社会主義」を自称する経済体制による工業化を推進する場合には避けられない理論的転換であった。その意味で『資本論』は「ソビエトマルクス主義」的な「社会主義」実験の企図にたいし理論的責任の一端を負っている（中山 1993, 212-213）。

ソビエト型経済の内的矛盾とその構造を実態に即して分析するためには，第1の論理として交換論的私的所有の発生と交換の否定によるその消滅という歴史的根拠のない仮説を除去して分析することが不可欠である。そのうえで，私的家族的次世代再生産という家族実態を前提としつつ『資本論』の第3～4篇の剰余価値生産論を検討基準とすれば，ソビエト型経済体制は，その論理と完全に共通しており，絶対的・相対的剰余価値生産の全面化体制であることは明白である（チャトバディァイ 1999）。したがって，この体制で「貨幣賃金フォンド」と呼ばれたものは経済学的には可変資本と規定されなければならない。「生産手段」の国家的所有を法的名目とする国家統制的資本循環形態が私的資本の循環と形態的に異なっていたとしても，それは国営企業や国営および準国営農場の資本運動にとっての能動的要因としての可変資本運動の本質的性格を変えるものではなく，むしろ国家資本主義における資本運動の独自形態を示すものである。次節では労働者家族と労働者人口再生産を前提とする労働市場とそれにもとづく資本蓄積様式の検討を通じて，国家資本主義の運動様式の特質について検討しよう。

4　ソビエト経済における労働市場と資本蓄積様式

「ソビエトマルクス主義」イデオロギーによって，労働力商品の存在と労働市場の存在は公式的には否定されているため，そのイデオロギーによる労働資源配分論は「当為」論にすぎず，その実態の理論的解明は欠如していた。しかし，ソビエト経済の後期には，労働市場の実態分析とその理論的解明を可能にするような資料が出現した（大津定美 1988, 4-6, 17-34）。大津定美氏の『現代ソ連の労働市場』（大津定美 1988）は，後期ソビエト経済における労働市場の実態を検討した貴重な労作である。この著作を中心的検討対象として労働市場のソビエト的特質とそれを通じて明らかになるソビエト経済の資本蓄積様式の特質について検討しよう。ここで対象となる後期ソビエト経済の時期には，主として戦後復興を完了した時期のフルシチョフ期から1980年代初頭までのブレジネフ期を含めるが，この時期は後期ソビエト経済の発展から停滞への転換過程を検討するのに適当な時期である。

まず，女性労働の供給動向の検討から始めよう。なぜなら，ソビエトの女性労働者は1970，80年代以降の先進資本主義社会の女性労働者と同じく，家事・育児労働の主要な担い手であると同時に，賃労働の担い手として，労働力の私的再生産労働を全体的に担う労働者であり，世代を超えた持続的剰余労働搾取体制の総体的矛盾に一身で直面している労働者であり，労働力人口供給の動向を，出産行動を通じて直接的に規定しうる労働者であるからである。

女性労働力供給は，就業者数で，1950年に約3400万人（労働年齢中の就業率59.9%，労働力の女性比率49.3%），60年に約4000万人（就業率62.7%，女性比率47.5%），70年に約5400万人（就業率81.6%，女性比率51.7%），79年に約6400万人（就業率83.1%，女性比率52.3%）と増加し，とくに60年から70年にかけての増加要因は就業率の増加であり，79年の女性の就業率は男性の就業率（87%）に接近した。この就業率増加は，農村人口の絶対的減少――1959年の1億900万人から79年の9900万人への減少――をともなう都市人口比率の上昇，すなわち1959年の47.9%，70年の56.3%，79年の62.3%への上昇として進行した（大津定美1988, 36, 41, 64）。女性労働力供給の増加は，農村からの供給部分をともなっていた。この要因はスターリン期のみならず70年代まで持続し，農村からの低賃金労働力供給としての潜在的過剰人口要因として作用したと言える。農村女性は個人副業経営専従者の大部分を占めていたが，1959年の480万人から79年60万人に激減し，この従事者は社会的労働に大量に参入した。また，トラクター等の農業機械は1958/59年にコルホーズ所有に移されたが，農村女性は，男性が担ったトラクター運転等の機械的労働から排除されており，主として機械化の不十分な搾乳労働等の苦役的労働や手作業による労働に従事し，冬季の種子選別，春季の野菜畑の除草，夏季の干し草積，冬季のじゃがいもやビート掘り，また特定地域では米や果実の栽培などを行ったが，長時間の拘束労働である搾乳の相対的高報酬を除けば，低報酬の従属的労働であった。これらの農村女性が非農業労働者になった場合，農村居住のまま非農業労働に従事した場合でも，都市移住した場合でも，低級労働者として単純労働に従事することになった（大津定美 1988, 64, 68-69）。

工業における女性労働について検討しよう。工業の女性労働の特質は特定分野に集中していることであり，軽工業，食品工業，機械工業が三大分野であって，夜勤比率が低く女性労働者にとって参加しやすい労働分野であった。1980 年のウクライナでの調査によると半分以上が「補助労働者」で，技能資格は低級の I〜III 級に集中していた（大津定美 1988, 66）。

女性労働の賃金水準を明示した資料はないが，女性比率が高い分野の全産業平均賃金にたいする比率について検討した研究によれば，1970，80 年代の資料が示しているように，女性比率の高い部門として，「信用・国家保険」がほぼ平均水準に近いことを除けば，「商業・外食等」，「医療衛生・健康等」，「教育」，「文化」，「芸術」の諸部門が「芸術」の 6 割から「教育」の 8 割程度の範囲内である。この研究では，体制移行後の性別資料と比較検討しているが，部門別女性比率はあまり変わらないこと，同部門内の女性賃金が，男性賃金の 7〜8 割程度であり，ソビエト時代の賃金格差の延長として格差が広がったと推定している（河本 2008, 22, 27-28, 31）。

女性労働者が低賃金の単純労働分野に集中する理由について考察しよう。女性が夜勤や労働の集中的強化がある分野を避けると同時に，技能や熟練等の労働能力の蓄積を必要とする労働分野から排除される傾向があるのは，女性が育児とその延長としての家事労働を負担しつつ，同時に賃労働を負担しなければならなかったからである（ハルチェフ＆マツコフスキー 1979, 193）。女性は家事労働の専門的従事者として，1959/60 年から，「料理，裁縫その他の女性本来の特技を教授しなければなら」ないとして，家庭科がすべての女生徒の必修科目となり，家電製品等の使用法習得を含む科学的家事労働による家政の合理的管理の専門家となることが国家から要請されていた（豊村 1969, 97-98；同 1971, 203, 207-208）。1960/61 年の家事労働時間調査の資料によれば，女性の家事労働は 1 日平均 4〜5 時間で男性の 2 倍近くとなっているが，この比率はその後も変わらないか，女性負担率はむしろ増加したと推定される。調査資料のなかで家事労働時間が最も短いレニングラードの資料によれば，シベリアの諸都市における女性の家事労働の5時間前後より短く4.4時間程度であるが，男性の1.5時間の3倍程度となっていること[8)]，家事労働のかなりの部分が主として女性が負担する買い物労働であり，この要因は，後述するように，増加したと推定されるからである（ハルチェフ 1967, 226-228；マモーノヴァほか編 1982, 61-67）。

女性労働の年齢別労働参加率について検討しよう。1959年には，16～19歳61%，20～24歳86%，25～29歳74%，30～39歳78%，40～49歳75%であり，M字就業傾向を示していたが，1970年には16～19歳38%，20～24歳84%，25～29歳89%，30～39歳93%，40～49歳91%となり，M字就業を脱して，70年の男性の労働参加率16～19歳42%，20～24歳85%，25～29歳96%，30～39歳98%，40～49歳96%に接近した（大津 1988, 41-42）。これは先進資本主義の1960，70年代の女性のM字就業から1980，90年代の脱M字就業化への変化（青柳 2010, 284-284）の早期的実現であり，女性就業率水準としては先進資本主義諸国のそれを凌駕する水準であった。

女性労働の早期的な脱M字化要因は女性の育児責任にたいする国家や企業による支援として，託児所の増設や無給の育児休暇等という要因もあるが，託児所の供給は計画的必要量より遅れがちであり，育児・家事労働の過重化にたいする祖母などの親族的支援や一子・二子という少子化家族の増加という私的家族的対応という要因も作用することによって実現されたと見てよい（ハルチェフ 1967, 239, 241, 256；大津典子 1990）。

ソビエト政府は少子化にたいする対策として，1979年に無給の育児休暇を有給化し，無給育児休暇を含めた休暇期間の1年半までの延長を認める措置をとり，80年代初頭までには多くの女性が長期休暇を利用するようになった（大

8）工場労働者家族の調査資料によれば，共働き家族の男性労働者160人の調査では，134人は「家事は妻がやる」，26人は「夫婦どちらかの母親に任せっきり」と回答したが，うち48人のみが「夫が妻の家事を手伝う」と回答した（ハルチェフ 1967, 228）。したがって，112人は家事労働をまったく負担していない。なお，55歳で定年退職した母親による娘夫婦や息子夫婦の家事手伝いは，近在に居住している場合には一般的に行われていた（大津典子 1990）。先進資本主義国と比べ，現代ロシアでは性別役割分業を支持する意識が強く，とくに中高年女性層でそれが強いが（雲・ブルコヴァ 2013），これはソビエト時代の女性の育児・家事労働負担の伝統の結果であると言ってよい。

津定美 1988, 65-66)。しかし，ハルチェフが指摘しているように，「2〜3年続くこともある」長期の出産休暇は，同時に「働く女性に技能資格や職業面での成長を遅らせる」要因となり，女性労働が「家族のための補足収入」目的（ハルチェフ&マツコフスキー 1979, 188, 193）の低資格分野の労働に集中するという女性労働市場の特質をもたらしたが，この特質は育児を「母性」的義務としたソビエト体制の矛盾の必然的帰結であった。この女性労働の特質は，両性の人間発達と両性の協業の自由な発展を阻害したが，その究極的条件は女性の出産と育児・家事労働との結合による女性にたいする直接間接の生殖強制を内在する「家族の強化」政策にもとづく人口再生産様式であり，私的資本主義と本質的に共通する人口再生産様式であったと言える。

家事労働時間や生活時間を技術的に規定する家事労働手段について検討しよう。家事労働容器でもあり，生活容器でもある住宅[9)]は，フルシチョフ期以前には，1戸に複数世帯が住み，キッチン，浴室，トイレ等を共同で使うコムナルカと呼ばれる共同住宅が多く存在した（松戸 2011, 121；ファイジズ 2011, 290-307）。しかし，フルシチョフ期には集合住宅様式の個別住宅が大量に建設され，1953年から70年の間にソ連全土で約3800万棟の建設により，約1億4000万人，約3800万世帯が入居した。住居は，居住面積は狭かったが，水道，給湯設備，ガス，電気という社会資本を備えた個別住宅を多くの住民が確保し，60年代半ば以降になるとこの種の社会資本設備が遅れていたソフホーズやコルホーズでも行政の肩代わりとして社会資本整備が進められた（河本 2010, 71-72；松戸 2011, 120, 156）。

このような社会資本を備えた個別住宅は家事労働にとって，手労働段階の伝統的家事労働容器を脱した機械システム的労働容器であり，多様な家庭電化製品等を含む個人的機械としての機械的労働用具の導入を可能にする労働容器である。この個別住宅は，コムナルカ的共同住宅では不可能であった家事労働容

9）生活手段における耐久財としての「労働手段」のうち，特定の使用価値生産に直接機能する労働手段を「労働用具」，特定の労働用具の機能に不可欠な一般的労働手段を「労働容器」と呼び，後者には労働用具が設定される環境条件としての一般的社会的労働手段（社会資本）を含める。家事「労働容器」は家庭生活にとっては直接の消費手段でもある（青柳 2010, 344-353）。

器の個別的利用を実現し，個別家族の生活形態に適合した家事労働の自由な集中的支出を可能にして，労働の質的向上を含めた家事労働の生産性を向上させた。また，質的機能性では十分ではなかったとはいえ，1970年代から80年代にかけての多様な生活用個人的機械としての冷蔵庫，洗濯機，掃除機（レビン1980, 157；五十嵐2012, 135），テレビ，中古車を含めた自家用車等の漸次的普及は家事労働時間と生活時間の技術的短縮条件を発展させる。この過程は先進資本主義の1960年代の高度成長期における家事労働の機械システム化過程と共通した過程であり，女性が家事労働の主要部分を負担しつつ，就業労働参加率の高度化を実現したのは，社会資本的設備にもとづく個別住宅の発展を含む家事労働手段の機械システム化の発展がその技術的基礎となったためと言ってよい[10)]。この過程を通じた低賃金の女性労働参加率の上昇は，私的資本主義と同様に，生活的必要労働時間短縮にもとづく相対的剰余価値生産を実現する。

以上の女性労働供給の特質を前提として，男性労働を含む労働市場の全体的特質について検討しよう。

ソビエト経済の労働配分形態には，国家的・指令的配分形態，誘導・動員型配分形態，市民的・市場的配分形態の三形態がある。国家的・指令的配分は主として高等教育卒業者の就職指定制により3年間の就業義務をともなう形態であるが，1980/81年資料では，ソ連全体およびロシア共和国の労働配分の数%程度であり，誘導・動員型配分は，契約を前提とした労働配分であるが，一定量の労働者集団を計画的組織的に企業や農場や建設現場などに配分する形態であり，ソ連全体の鉱工業の労働配分の30%強，ロシア共和国の労働配分の十数%程度である。市民的・市場的配分形態は労働者が個人的に所有する労働力を個人的利害によって供給する形態であるが，ソ連全体の鉱工業の労働配分の60%強，ロシア共和国の労働配分の80%弱であり，全体としてこの形態が優位を占めつつある。ソビエト労働市場の特質はこの形態を中心として検討することができる（大津定美1988, 19-25）。

10）電力供給，集中的温水供給，上下水道，ガス供給は労働容器の機械的システム化であって，道具段階の家事労働用具からガスコンロまたは電気コンロ，温水暖房，温水供給バス，上水道設備を可能にし，電力供給は多様な家電製品の導入を可能にした。これらの全体的過程は家事労働手段の機械システム化であり，家事労働の大幅な短縮を可能にする。

後期ソビエト経済の国営企業では，慢性的な「労働力不足」現象が発生していたが，この現象を発生させる労働需要のソビエト的独自要因の検討は次節で行う。ここではソビエト経済が先進資本主義に対抗するため，経済成長と生産拡大を最優先し，個別企業に生産拡大ノルマの達成を優先目標として課すことによって，個別企業はノルマ達成のための労働力確保を優先させた経営的特質に起因する労働力不足要因という状況のみを前提として，その結果としての労働市場のソビエト的特質を検討しよう。

労働力不足の結果，個別企業にとって死活的に重要な有資格労働者・技能労働者を求める企業間競争が激化し，よりよい労働条件を求めて1980年代初頭には年間2500万人が転職したと言われている。労働等級にたいする基本賃金率は集権的に決定されていたが，特定技能等級・賃率への格付けは個別企業に裁量的決定の余地があり，等級格付けは分権化されていた。また，労働者の標準労働量が「労働ノルマ」として個別的に決定されており，企業と労働者との個別交渉によって決定された。個別ノルマ決定では，企業内のノルマ決定係は個別労働者にたいしより多くのノルマを課そうとするが，労働者は低ノルマでより多くの超過稼得を得ようとする。これは企業の内部労働市場を構成する要因であるが，この賃金と労働条件は外部労働市場としての企業間・部門間労働移動の影響を受ける。ソビエトでは労働組合はあるが，福利厚生運動が中心であり，団体交渉による運動が欠如していたので，むしろ個別労働者の労働移動という労働市場的圧力が個別的賃金・労働条件の交渉圧力となっていた（大津定美 1988, 26-29, 31-32）。既婚女性労働者は，育児・家事，および企業が提供する住宅や保育所施設の確保という必要性からあまり労働移動をせず，安定的な低賃金労働力供給を通じて賃金・労働条件の低位な労働市場を形成していた。また，農村からの潜在的過剰人口供給は70年代まで存続しており，これも低位労働市場を構成する要因となった。しかし，上昇志向の男性労働者は労働移動や企業の内部労働市場における労働等級とノルマ的賃金・労働条件の改善を通じて，賃金・労働条件の高位な労働市場を構成し，労働市場の分断状態を再生産した（大津定美 1988, 33-34）。夫の労働移動による家族収入の不安定化が生じたとしても，妻の安定的収入確保や低家賃住宅の確保等によって，夫の労働移動の可能性が保障され，その可能性圧力を背景とした内部労働市場改善の個別交渉が可能になったと考えられる。一部の男性労働者が内部労働市場の位階制を上昇すると同時に，共産党組織の位階制的上昇を通じて，ソビエト企業の経営者層や国家官僚層を構成するノメンクラトゥーラ層に昇進すれば，その結果，ソビエトの国家資本主義における支配階級の構成員を再生産することになる（大津定美 1988, 34；岡田 1991, 216, 258, 265）。それは私的資本主義の労働者が大企業経営の内部労働市場と企業の経営的位階制の上昇を通じて資本家的経営者層となり，支配階級の構成員を再生産することと本質的に共通した過程である。

労働力不足という労働市場の企業経営への影響について考察しよう。企業間の経営状態と労働条件の格差があるかぎり，劣位の企業は有資格労働者や技能労働者の安定的確保という企業にとって死活的経営条件を十分に確保できず，生産拡大や技術的改善という生産の発展条件を喪失し，自立的経営条件を欠いて，完全な独立採算制なら倒産するような不良企業も発生しうるであろう。このような不良企業の問題を考慮しつつ，ソビエト経済の労働力不足の経営的作用を私的資本主義と比較しつつ，理論的に考察しよう。

経済発展条件を喪失した不良企業の場合，その内部の労働力は，国家資金的補助と失業対策的社会政策によって維持されているかぎり，「労働者の収入が実際には失業手当となる隠蔽された失業を生みだ」す（チャトパディアイ 1999, 203-204）。それは私的資本主義にも発生しうる形態として，過剰資本の潜在化形態と相対的過剰人口の潜在化形態という視点から考察する必要がある。なぜなら，私的資本主義でも大規模企業倒産による大量失業が発生する可能性がある場合には，財政出動による救済が行われるが，それと基本的に共通した形態であるからである。ここで「潜在化」という表現を用いるのは，農業経済から発生する潜在的過剰人口と区別するためである。過剰資本の潜在化形態と相対的過剰人口の潜在化形態のソビエト的特質は，労働力不足状況のソビエト経済では，それが私的資本主義より広範な恒常的存在として発生し，ソビエト経済の低成長化と停滞化の重要な要因となったと推定されることである。この停滞化の全体的検討は次節で行うので，ここでは労働力不足現象のみにもとづいて，資本蓄積と労働市場との相互作用という視点からソビエト型経済の資本蓄積様式の特質を考察しよう。

資本主義における蓄積運動が労働力供給を超える速度で進行した場合，労賃上昇による蓄積停止が発生しうることは『資本論』の蓄積論で理論的に解明されている（マルクスK. I, S. 648）。私的資本主義における現実的蓄積運動の場合，景気後退局面の結果としての倒産等による過剰資本の顕在化と失業による相対的過剰人口の顕在的増加および技術革新等による人員整理の結果としての相対的過剰人口の増加という蓄積運動形態が展開されているが，この場合には，資本蓄積運動が独立変数で相対的過剰人口が従属変数という『資本論』での特徴づけが妥当する。しかし，この特質は主として景気循環局面を通じた短期変動の特質である。『資本論』の論理では部分的にしか検討されていないが，労働力供給が停滞化または減少するような長期的人口動向が出現した場合，労働力人口供給が独立変数で資本蓄積が従属変数とならざるをえない事態が発生する（マルクスK. I, S. 285-286, 730, 732；青柳 2010, 307）。このことは労働価値論を基礎とする資本蓄積論の論理必然的帰結である。また，前章で示した通り，資本蓄積の長期的動向は，国内人口が停滞化した場合，国内的な資本蓄積が不可能になり，外国人労働力の導入か，人口が増加している諸外国への資本輸出による資本蓄積というグローバル資本蓄積様式への転換が不可避となる。

ソビエト型経済の資本蓄積の独自性は，国家的な経済成長優先政策による労働力不足の慢性化をもたらすことによって，私的資本主義のような景気循環による短期的資本運動は顕在化せず，むしろ長期的資本蓄積の労働力的制約化が直接的に発現することである。「生産手段」と「生活手段」との法的二分割所有制のもとで，「生産手段」を内包する不変資本運動と，「生活手段」市場と労働力市場を内包する可変資本運動とは，別個の二分割的運動を展開することは不可能であって，両者は統一的に運動をせざるをえない。ソビエト型経済の資本蓄積は，労働力人口供給の停滞化が生じた場合，労働力不足に直面する劣位企業の停滞性の増大を通じて，国家資本主義的蓄積を停滞化させ，経済成長の停滞化を必然化させざるをえない。ソビエト的労働市場の自立的作用は，「生産手段」の国家的管理を建前とした「計画経済」的資本蓄積運動を，労働市場の市場法則的作用，すなわち労働力商品的作用のもとに従属させる。これは人口停滞化傾向が出現しつつあったブレジネフ期のソビエト経済における経済成長の停滞化（松戸 2011, 162-166；谷江 1997, 51）という国家資本主義的蓄積様式の基本的特質となった。次節では財の法的二分割所有制のもとでの不変資本と可変資本との統一運動の経済的矛盾を，資本蓄積と資本循環の歴史的特質の視点から検討しよう。

5　財の二分割所有体制の矛盾とソビエト型経済発展の生産力的条件の終焉

この節では，財の法的二分割所有体制と，不変資本と可変資本の資本運動の統一性との矛盾というソビエト型経済の固有の矛盾を，ソビエト経済の事例を中心に理論的に検討し，それが矛盾を孕みつつも発展した生産力的条件と20世紀末の時代に例外なく進行したソビエト型経済の体制転換の生産力的条件について検討しつつ，21世紀の時代に成立可能なポスト資本主義としての社会主義の実現の可能な方向性について考察しよう。

ソビエト経済固有の矛盾を経済理論的に検討しよう。この矛盾の発現形態は，第二経済と言われる非公式の交換経済の広範な存在であり，それは，「生産手段の社会主義的所有」という憲法規定と，「個人的に所有または利用する財産を不労所得をえることに使い，これを利用して社会に損害を与えてはならない」という憲法規定（1977年憲法第10条，第13条：ノーボスチ通信社編1978, 118-119）とに反するすべての経済行為であり，サービス生産を含むすべての生産物の個人的交換行為であって，貨幣を媒介とする市場的交換行為と非貨幣的直接交換という準市場的交換行為のことである。この場合，すべての個人的交換行為による個人的な利益や利便性の獲得は「不労取得」であり，第二経済的行為である。これはソビエト経済自体に必然的に内在する経済形態であり，その結果，全ソビエト市民の参加をもたらすような必然的形態である。第二経済の理論的考察はあまり多くなく，その理論的根拠も明示的ではないが，第二経済の分析方法は，『資本論』的視点からの考察としては，第1巻第1篇の論理と関連するような視点として，高度の社会的分業社会における計画の失敗による第二経済の発生という視点からの考察が大部分であるように思われる。しかし，第二経済はソビエト経済の構造的一環である以上，『資本論』の第1巻第1篇の視点のみではなく，第2篇の生活手段消費による労働力再生産論および第3篇以降の剰余価値論，資本蓄積論，第2巻の資本の流通過程論，第3巻の商人資本

（商業資本）論や地代論という『資本論』の全体系の視点からの検討が不可欠である。なぜなら，第二経済とは「生産手段」と「生活手段」との二分割所有制における財の管理様式の法的分裂性と，不変資本・可変資本運動の統一性との矛盾の必然的発現形態であって，資本変態諸形態の公式形態と非公式形態との分裂的運動形態にほかならないからである。より具体的に規定すれば，第二経済とはソビエト経済における資本の変態，すなわち貨幣資本G—生産資本（生産手段・労働力）W（Pm・A）…P…商品資本W′—貨幣資本G′という不変資本と可変資本との統一運動にたいし，自由な労働市場と生活手段市場を内包する可変資本運動が資本運動全体に作用し，財の法的二分割所有制による公式経済外部の分裂的資本運動を不可避にすることによって発生する資本変態形態の諸断片の市場的・準市場的な分裂的運動形態のことである。

第二経済は経済行為者別に分類すると，計画管理者層と企業経営者層の地位にもとづくもの，労働者層の職業的立場にもとづくもの，生活者としての市民的立場にもとづくものとに分類される（谷江 1997, 90）。

まず，計画管理者と企業経営者との第二経済行為としての貨幣資本—生産資本の変態と商品資本—貨幣資本の変態にかんする矛盾と分裂的資本運動について検討しよう。この場合，計画者と生産者との関係にかかわる抽象的経済計画と具体的使用価値生産との矛盾という視点から検討する必要がある。藤田整『ソヴェト商品生産論』（藤田整 1991）はソビエト経済における市場経済発生の必然性を理論的に解明しつつ，この視点からの検討を行っている。この著作では，『資本論』第1篇の論理としての生産物交換を私的所有論に直結させる点を批判し，生産物の相互に独立した個別的生産による個別的占有というソビエト経済と私的資本主義経済とに共通する交換要因を析出しつつ検討を行っている。これはマルクス晩年の個人的所有と私的所有とを峻別する歴史認識と共通する優れた認識である。藤田氏は，計画当局の最終需要を想定した計画的指令は，大量の諸使用価値を概括的に包摂した抽象的使用価値規定によって行わざるをえないが，それを前提とした個別企業の具体的諸使用価値生産は個別的決定による個別的生産とそれによる個別的占有を必然化し，それが諸使用価値生産の非計画的不整合性による市場的交換を必然的に発生させるという構造を解明している（藤田整 1991, 5-18）。この問題は経済計算論争にかかわる問題であるが，ここでは立ち入る余裕はない。しかし，『資本論』で前提とされている作業場内分業の基礎としての生産手段の「集中」，とくに「共同的にのみ使用されうる労働手段」（マルクス K. I, S. 376, 790-791）の巨大化には限界があり，また，個人的機械の発展が協業単位の縮小可能性をも内在させているため，多数の個別企業が存続し，社会的分業の発展による多数の個別的生産が自立的に発展する傾向が存在する以上，個別企業間の生産諸手段の市場的交換は不可避である。個別企業による個別的生産の構造は，ソビエト経済の場合，計画管理者と企業経営者との非公式の市場的行為としての多額の賄賂や付け届け行為と，企業経営者相互あるいは仲介者（「押し屋（トルカーチ）」）を介しての製品の非公式な横流しによる市場的供給および賄賂資金調達のための非合法の企業経営という貨幣資本—生産資本の変態と商品資本—貨幣資本の変態の過程における分裂的資本運動を必然的に惹起する。この非公式の分裂的な資本の市場的運動なしには，供給が不規則な生産諸手段（原材料や設備）の優先的獲得や，商業的企業やサービス企業（サービス機関）における経営諸手段の優先的獲得はできない（佐久間 1987, 38-52, 85-86；サイミス 1982, 156-220；谷江 1997, 106；シャヴァンス 1992, 188-189）。この賄賂経済は生産諸手段供給の「計画」的配給という公式経済制度における非公式の生産諸手段の市場運動の分裂的発現形態にほかならない。

労働者層の職業的地位にもとづく第二経済は，商品資本—貨幣資本の変態や生産資本—商品資本の変態にかかわる資本の分裂した断片的運動形態であり，非合法の個人的経済行為であって，消費財やサービス取得券（チケット等）の無断持出しや横流し的提供あるいは企業の生産財（原材料や用具）を利用した個人的サービス労働（車や家屋の修理や公共車やパトカーを利用した白タク等）や企業内における個人的生産（ジーンズ等の人気商品の個人的生産等）または専門職的能力にもとづく個人営業（家庭教師，個人的医療介護行為，個人的美容営業等）などであり（佐久間 1987, 70, 79-84；サイミス 1982, 259-334；谷江 1997, 107；シャヴァンス 1992, 190），貨幣収入目的の行為もあるが，第三者からの個人的な消費財提供やサービス提供にたいする非貨幣的交換行為による利便性の相互提供という形態もあり，「不労所得」の疑いをかけにくい「互酬」的形態で行われることも多い。

しかし，1985～86年に，モスクワとレニングラードにおける筆者の滞在生活で見聞した第二経済活動のなかで最も広範に行われていたものは，市民的立場にもとづく消費財やサービスの個人的交換行為であった。固定価格で不規則に供給される希少消費財の行列労働を通じた獲得とその転売または第三者との非貨幣的交換行為は，商品資本―貨幣資本の変態過程の流通・サービス資本的運動としての延長形態である。希少品が公式市場に供給されると長蛇の行列ができるが，行列の目的の多くは自家消費のためではなく，転売または交換用に自宅に備蓄するための行列であり，それは小商人活動への全ソビエト市民の参加形態である。また，自家用車を使った白タクやワゴン車を使った希少品（酒類等）の転売，別荘の菜園からの収穫物の販売や交換目的の提供等も商品資本・サービス商品資本の貨幣資本への変態の延長形態と見なすことができる（佐久間 1987, 71-79）。いずれにせよ，生活手段を使った小商人的・小営業的活動がいかに広範に広がっていたかについては，わざわざ憲法13条で禁止規定を設けなければならなかったことからも十分に推察できる。市民的第二経済活動は，希少品の優先購入のため企業の就業時間帯にも行われたが，年金生活者の活動を除けば，企業の過剰雇用による就業労働の弛緩化によって可能になったと考えられる。企業では月末のノルマ達成のための突貫的生産を達成するため，十数％から30％と推定される労働力の過剰雇用が行われていたが，初旬・中旬には労働が弛緩しており，また，病気口実による欠勤や遅刻・早退による労働時間の逸失が日常的に発生していた（大津定美 1988, 104-111）。企業の労働の弛緩は原材料供給の不規則性にも規定されたが，労働者の行列的買い物活動や第二経済的活動の要求にたいする企業経営者側の妥協の結果とも考えられる。

第二経済は，貨幣形態の第二経済の推定値としては，総賃金フォンドにたいする比率で，1975年13.8％，80年17.9％，85年21.1％，88年24.1％と急増した（メンシコフ 1991, 45）。しかし，この比率には，大量の非貨幣的第二経済活動が含められていない。それを含めれば，末期ソビエト経済における第二経済活動は相当な規模に達していたと考えられる。

ソビエト型経済は財の物的形態によって所有形態を区別し，財の管理形態を区別することを原理として編成された経済であるが，「生産手段」や「経営手段」の範囲を物的に固定して規定することは経済的に不可能である。したがって，その範囲を人為的な法的形態として統一的に決定せざるをえないが，統一基準による決定は集中的権力によって決定するほかはない。集団化の過程において「生産手段」と「生活手段」との境界線をめぐる闘争を通じて，ノメンクラトゥーラ的党・国家体制が確立したのは，境界線の人為的決定とそれによる財の管理方式の決定（メドヴェーヂェフ 1995, 79-82）の権力的集中化が，財の二分割所有体制の全面的確立に不可欠であったからである。しかし，財の管理方式の集中的決定による経済政策的失敗はくりかえさざるをえなかった（メドヴェーヂェフ 1995, 138-155）。

ソビエト経済は経済計画の不整合性，集中的決定の失敗および第二経済の存在という多様な矛盾の存在にもかかわらず，フルシチョフ期までは経済成長速度の点で先進資本主義の経済成長を凌駕し，それがソビエト経済（「社会主義」・「共産主義」）の未来の勝利を約束するものとして考えられた。しかし，1970年代以降になると一転して成長速度が鈍化し，先進資本主義の経済発展に決定的に後れをとるようになった。この問題を先進資本主義の生産力の長期的な発展様式との比較によって検討しよう。

資本主義経済における生産力的発展様式は，第1段階としてのプロト工業化段階やマニュファクチュア段階という手工業段階では労働集約型発展，すなわち可変資本における労働様式中心型の経済発展であり，第2段階の産業革命以降の工業経済段階では資本集約型発展，すなわち機械制工場における労働手段の改良と大型化を通じた技術革新による不変固定資本中心型の経済発展とみることができる（ヒックス 1995, 238-286）。19世紀の工業経済時代において，大規模機械体系としての労働手段の「生産手段」機能と道具段階の家事労働手段の「生活手段」機能とに，物的形態として二分割することは技術的に可能であり，マルクスの「社会主義」的二分割所有制は，このような生産力段階を前提として構想された。20世紀の先進資本主義が重化学工業や機械工業という巨大機械体系を中心に資本集約型発展をした時代と同時代に，ソビエト経済は先進資本主義の巨大機械体系技術を集中的に導入することによって急速な「工業化」的経済発展を実現した。1960年代以前の時期の経済は先進資本主義の場合でも，大規模機械体系としての労働手段の「生産手段」機能と，道具段階の家事労働手段としての「生活手段」機能とに，物的形態として二分割することは基本的に可能であり，その所有形態を「社会的所有」と「個人的所有」とに二分割することも，工業分野においては可能であった。「社会主義」的二分割所有構想は20世紀前半期までは，シュンペーターのような非マルクス主義的経済学者にも支持されたが，それは，この構想に生産力的根拠があると同時に，財の二分割所有制によるソビエト経済が第二次大戦の人的・物的損害という多大な困難を乗り越えて急速な経済発展を達成したからである。それは，財の二分割所有を前提とした大規模労働手段にたいする優先的投資による超巨大企業の形成が，多くの矛盾を孕みつつも，資本集約型の工業経済的発展に基本的に適合していたからである（中山 1993, 187-214；石井 1995, 233-249；加藤志津子 2006, 244）。

第2段階の経済発展は工業資本が牽引したが，先進資本主義の農業の場合，工業とは異なり，基本的な発展形態は労働集約型として進展した。農業労働は土地にたいする移動労働であり，移動機械としての農業機械は個人的労働をともなう機械である。その場合，経営面積の大規模化は働き手や肥料・収穫物等の移動・運搬距離の拡大をもたらすことによって効率性を低下させるので，一定の限界があった。先進資本主義の農業生産力は土地生産性の発展をともなう集約的発展として，基本的に家族経営を中心に，施肥・土壌改良，品種改良・多品種複合栽培，輪作，適時耕作等の労働様式的改良を中心とした労働集約型生産力の発展として進行した（メドヴェーヂェフ 1995, vii, 317-318, 334, 339）。しかし，ソビエト農業は，財の二分割所有制のもとで工業と同様の経営形態を強制され，大型機械にもとづく大規模経営内の移動・運搬距離拡大による非効率性と，その結果としての粗放経営的低生産性を運命づけられると同時に，自留地経営における矮小化された集約的家族経営との分裂的経営様式を余儀なくされたために，農業生産力の全体的発展が阻害された（メドヴェーヂェフ 1995, 222-223, 240-242, 244-245）。

先進資本主義の1970年代以降の時期は生産力発展の第3段階への移行期であり，第一次・第二次産業の生産力発展の結果，就業人口構成が低下し，第三次産業就業人口が支配的となるポスト工業経済の段階に移行し，流通・サービス企業のような地域分散型の小企業における個人的機械（情報機器等を含む）や個人的機械システム設備（通信設備等を含む）を基礎とする労働集約型発展，すなわち労働様式等の可変資本中心型の経営改善が経済発展を主導する存在となり，第1段階と共通した発展様式が高次復活した。第2段階の工業資本の場合，最小資本規模（マルクスK. I, S. 326-328）は基本的に拡大傾向にあり，それを通じて企業経営の巨大化が進行したが，個人的労働手段（個人的機械および機械システム）にもとづく第三次産業の流通・サービス資本の最小資本規模は小規模であり，多数の中小の企業経営を発展させた（中山1993, 188）。

同時期のソビエト経済では，国民所得成長率の実態研究によれば，4%を超える1960年代の年成長率から，1971～75年平均の3.2%，76～80年平均の1.0%，81～85年平均0.6%と低下し，80年代後半以降には成長率を改善させることなく，体制転換へといたっている（谷江1997, 51；加藤志津子2006, 61）。1970年代後半の成長率の著しい低下にたいし，81年のソ連共産党大会では，90年までの経済発展の基本的方向として，従来の外延的経済発展に代わって内包的（集約的）経済発展への転換が強調されたが（大津定美1988, 82-84；ソ連大使館広報部編1981, 98, 103），この転換を実現することなくソビエト経済体制は終焉した。この外延的経済発展とは，『資本論』の論理で言えば労働力人口の増加を基礎とする絶対的剰余価値生産であり，内包的経済発展とは経済の全体的な労働生産性の発展のため，必要労働時間の短縮による相対的剰余価値生産である。しかし，先進資本主義の相対的剰余価値生産と比較して，ソビエト経済には労働者の必要労働時間短縮にとって決定的な障害要因があった。

第1の要因はソビエト農業の生産力の停滞化であり，この要因は労働者生活の必要労働時間の重要な構成要素となる食糧費の低下を妨げる。1970年代の都市人口増加にたいする農業生産力の停滞化は，農業従事者数の停滞的維持，非農業人口の農繁期における農業援助動員の必要性，農業企業の事実上の赤字状態への国家的援助，1972年以降の穀物輸入の大量化と恒常化（メドヴェーヂェフ1995, 247, 294-295, 299, 305）という剰余価値と剰余労働の国家的な投入を不可欠とする農業危機をもたらした。これは集団農場の大規模経営化と自留地の矮小化集約経営との分裂というソビエト農業に内在する生産力的矛盾の不可避的帰結であった。第II章で検討したように，これは国家的な小経営的地代による家族経営の集約的発展の促進というコンドラーチェフ的改革路線による国家資本主義的経済発展の可能性（小島2002, 45, 48-49；メドヴェーヂェフ1995, 41），およびポーランドやユーゴ（中山1981, 188-190）や70年代末以降の中国のような家族経営的発展を許容した国家資本主義的発展の可能性を断絶し，膨大な人的・物的犠牲をともなった「集団化」，すなわち家族経営解体による国家的ユンカー経営的地代体制のための大経営の強行的創出路線に転換した結果である（メドヴェーヂェフ 1995, viii, 75-76）。ソビエト経済の体制転換後には，小経営的農業発展を志向する農業改革が再度試みられているが，農民の都市的集住型形態を前提とする社会資本整備を行った結果，家族経営の成長は制約されている（松戸 2011, 129, 152-153, 156；同 2005, 67；メドヴェーヂェフ 1995, 338, 344；野部・崔編 2012, 363-583）。

第2の要因はソビエト工業の生産力発展の直接的障害であり，それは多くの労働者と都市民が従事する第二経済活動の増大が，家事労働形態をとっていることによる就業労働時間の制約化と同時に，就業労働時間帯における副業的第二経済活動が就業労働自体の弛緩化をもたらし，就業労働の集約的発展を阻んでいることである。先進資本主義における第三次産業の発展と比較した場合，ソビエトの第二経済は，経営者層の賄賂等の第二経済活動を除けば，その大部分は第三次産業としての流通・サービス経済のソビエト的発展形態ということがわかる。「生産手段」所有を通じた経営手段の国家統制による大規模経営体制では生活密着型の地域分散的な個人営業や小企業的経営活動は自由に発展することはできない。第二経済的な第三次産業形態の増大はソビエト経済体制自体に内在する固有の矛盾の発現形態であり，それは，ソビエト経済体制がポスト工業経済への内発的発展能力を欠いていることを実証するものである。ペレストロイカとは，ソビエト農業と工業を貫く相対的剰余価値生産の根本的障害という，ソビエト経済の体制的危機にたいする上からの体制改革であった。しかしそれは，ペレストロイカ期の紆余曲折を経たのち，体制改革を乗り越えた急進的体制転換の劇的展開に帰結した。

ソビエト経済の劇的体制転換を理論的に考察しよう。その第1の要因は，「生産手段」と「生活手段」との流動的性格であり，第2の要因は，国家資本主義と私的資本主義とに共通する労働者家族の私的次世代再生産のための私的労働と私的所有とにもとづく私的排他的利害の存在であり，第二経済活動への全ソビエト市民の参加がこの私的利害の全般的強化をもたらした。

「生活手段」（貨幣収入と貨幣蓄蔵を含む）の流動的性格による流通・サービス資本的「経営手段」への転化の可能性については，憲法13条の「不労所得」規定そのものが実証している。しかし「不労所得」が「社会」に損害を与えるという規定は誤謬であり，第二経済は国家統制には損害を与えたが，社会は第二経済的流通・サービス活動による利便性という相互利益を享受した。第二経済活動の効率性の発展のためには，非貨幣的交換の，貨幣的交換への転換による専門的発展と，その企業化が不可欠である。1987年には業種を指定して個人営業による市場活動が合法化されたが，それがただちに協同組合化を通じて小資本的企業形態に転化したのは（佐久間 1987, 93-95；メンシコフ 1991, 122-124；加藤志津子 2006, 146-150），第二経済活動による私的排他的利害の強化の結果，必然的であった。また，計画管理者と企業経営者とのあいだでは，「生産手段」や経営手段の優先的供給の見返りとしてそれを管理者の収賄手段とすることは容易であり，経営者が賃金資金や販売収入の不正経理によってそれを贈賄資金に転化することが容易だったからである（サイミス 1982, 163-176）。これらの経営資本はノメンクラトゥーラ階級相互の賄賂を通じて階級内の個人資産や奢侈的生活手段に転化し，資本循環からの分裂運動として巨額な不生産的第二経済を構成すると同時に，個人的貨幣資産は「生産手段」や経営手段に再転化しうる。賄賂的第二経済を克服して企業内資本循環による生産的な資本運動を確立するためには，自由な生産手段市場の形成による完全な独立採算化と株式会社化が不可欠となる。労働者にバウチャー（民営化小切手）として配布された株式所有の大衆的民営化の措置は，個人資産を集中した銀行資金による貨幣的民営化（政府株担保融資競売や企業の競売）へと発展し，資本家的所有が形成され，ノメンクラトゥーラ的官僚資本家から私的資本家への転化が，旧体制下の非合法資本家（マフィア資本家）の合法化を含みつつ進行し，財閥が短時日のうちに形成されたが（加藤志津子 2006, 121-134, 160-182），それは賄賂経済によって形成されたコネクションと個人資産形成の結果，必然的であった。この制度転換は不生産的な賄賂資金の生産的な資本循環への転換にもとづく貨幣資本の生産資本への変態の進展という資本家的経営合理化の方向への進展である[11)]。このような制度転換は「生産手段」の国家的所有の私有化という一面的過程ではなく，不変資本と可変資本とを結合する国家資本としての国営企業全体の私有化（民

11）現代ロシアの国家統制資本主義的経営は，権力と結合した利権獲得（レント・シーキング）への傾斜が強く，賄賂経済的性格も相変わらず継承されている（加藤志津子 2006, 185-202）。

営化）過程であり，企業経営における自立的資本循環の確立過程である。流通・サービス資本形成を含む体制転換の全体的過程は，第二経済における資本変態の諸断片の分裂的運動の，個別的資本運動としての統合化過程であると総括的に捉えることができる。この劇的転換の前提条件はソビエト経済における第二経済の発展とその成熟であり，それはノメンクラトゥーラ的共産党による財の二分割管理体制を排除し，その体制を一挙に解体した。

ソビエト経済の体制転換は，国家資本から私的資本への資本形態的転換としてきわめて短時日のうちに実現された。もし旧体制が労働力商品の私的再生産による労働市場制度という資本主義の基礎的制度を欠いていたとしたら短時日の転換は不可能であったであろう。体制転換過程の実態は旧体制が資本主義の一形態にほかならなかったことを実証している。中国やベトナムなどのソビエト型経済のように工業化途上にある経済の場合，ノメンクラトゥーラ的共産党による管理体制を維持しつつ，共産党主導による国家資本主義の漸次的な私的資本主義への転換が進行した。それは，ソビエトや東欧と異なって，農村の小経営の発展と市場の発展，都市民の増加による都市的第二経済の成長，および私的資本の導入が連続的に進行したことによって，国家資本主義から開発独裁型私的資本主義に漸次的に移行したためだと考えられる（加藤弘之 2009；古田 2009；高木 1987；名越 1987）。いずれにせよ，20 世紀末には，流通・サービス資本形成と重要産業の私的資本主義への転換を基礎とする国家統制型私的資本主義への転換が，「社会主義」と自称した国家資本主義経済圏全域で進行した。この転換は，先進資本主義と国家資本主義とに共通する労働力人口の停滞化と減少過程の進行のなかで，先進資本主義のグローバル資本主義への転換によるグローバルな商品市場，労働市場および金融市場の形成運動という世界史的過程と連動した転換であった。

ソビエト型経済の歴史を総括しよう。強行的「集団化」によって 1930 年代半ばに成立し，80 年代半ばに体制転換過程に入ったソビエト経済の半世紀の歴史が実証していることは，この経済は，労働者家族の私的次世代再生産のための性差別的私的労働と家族的相続を含む私的所有にもとづく労働力商品の私的再生産制度を基礎として，60 年代までの巨大産業化による工業経済型生産力発展の時代に急成長した国家資本主義経済であり，「生産手段」供給の統制によって不変資本運動を統制した国家統制経済であったということである。それは法形式としてはマルクスやエンゲルスの言う「生産手段」の「社会的所有」と外見的に類似した形態として「社会主義」と自称した体制を構成したが，「生産手段」の所有制度の変革自体は国家資本主義の形成をもたらすのみで，脱階級社会としての社会主義に到達しえないことを歴史的に実証した。なぜなら，資本主義的階級関係の再生産基盤は，「生産手段」を内包する不変資本部分ではなく，不変資本と結合した可変資本の再生産と増殖であったからである。したがって，資本主義の変革にとって核心的な課題は，資本主義が発展させた社会的分業と市場経済を前提としたうえで，労働者人口再生産のための性差別的私的労働と家族的相続を含む私的家族的所有にもとづく労働力商品の私的再生産と労働市場的競争というソビエト型国家資本主義にも先進資本主義にも共通して存在した歴史的契機を前提とする可変資本の運動様式自体の変革でなければならない。これがマルクス晩年の歴史認識を基礎とした私的所有と階級社会の変革の基本的方向である。この変革は，21世紀に予想される世界史的人口停滞または減少傾向およびポスト工業経済時代における生産力発展に不可欠な男女両性の人間発達によって，必然化するであろう（青柳 2010, 489-495）。

次章以降では，ソビエト型経済を形成した変革主体の歴史的性格の考察のために，ノメンクラトゥーラ的共産党を支持または受容した農村出身の労働者家族を歴史的に再生産したロシア農民家族の構造的特質を世界史的に比較検討したうえで，21世紀における脱階級社会としての社会主義の実現形態について検討し，新たな変革主体の歴史的形成について考察しよう。

第VII章　ソビエト型集団主義の地理的影響力とその限界

ソビエト型経済とは，特定の財を「生産手段」と固定的に規定し，それを国家的所有のもとに置き，国家管理する体制であった。この国家資本主義経済は20世紀の工業経済的発展の時代における不変資本集約的な経済発展の独自形態であった。その存在は時代的に制約され，地理的範囲も制約されていた。このことは，「ザスーリッチへの手紙」におけるマルクスの歴史認識を現代の視点で再検討すべき独自の課題を提起している。マルクスは，この手紙のなかで，西ヨーロッパ諸国の先進資本主義における「自己労働にもとづく私的所有」から「資本主義的私的所有」への転化という私的所有の形態転化とは異なった，ロシア独自の発展可能性にかんして次のように指摘している。ロシアの「農耕共同体」とその内部の農民経営の構造的特質として，「私的所有の要素」と「集団的要素」のどちらが打ち勝つかについては「歴史的環境」に依存する，と（マルクス『全集』⑲，386, 391）。この認識にたいして，前章までの検討によって明らかになったのは以下の点であった。つまり，ロシアの共同体は，原始的共同社会から階級社会への過渡期における「農耕共同体」とは異なり，ロシア農奴制の基礎としての農民経営によって構成された共同体であること，歴史的環境としての欧米の先進的社会における資本主義的私的所有形態はマルクスの予測よりはるかに長期の存続・発展力をもっていたこと，ロシア革命以降のロシア経済は「生活手段」の私的相続を含む「私的所有」と「生産手段」との外見的「集団的所有」形態による国家資本主義的所有へと転換したこと，以上である。

加えて，本章でさらに検討すべき問題は次の点である。ソビエト型経済の形成運動へと発展する契機となった土地の私的所有の廃棄をめざす農民運動を生み出すような，集団的要素を含む独自の土地と財産の所有形態を内包した共同体とはどのようなものだったのか。その構成要素としての農民家族はどのような形態であったのか。また，関連した次のような疑問もある。ロシア以外の地域でも形成されたソビエト型経済は自主的な選択の場合，いずれも後発資本主義の地域または開発途上の地域の農民運動における土地変革運動を共通の社会的推進力としていた。だが，あらゆる地域の農民運動が土地の私的所有の廃棄を志向するような集団主義を内包していたわけではなく，その要因を内包していたのは特定の地域の農民運動のみであったのはなぜか。

ソビエト型経済を生み出した社会思想は「共産主義」と自称され，歴史家もそう呼んでいる場合がある。それは資本主義の高度な発展を前提として，多数者革命によって実現されることを想定したマルクスの共産主義思想（マルクス『全集』⑲，19）とは区別される。それゆえにここでは，ソビエト型経済を形成した独自の社会思想を「ソビエト型集団主義」と呼んでおこう。ソビエト型集団主義とは，国家的所有によって管理されるべき財の範囲とその管理様式の決定を少数者に集中化し，一元的に決定するために，「民主集中制」と呼ばれるノメンクラトゥーラ的党組織を社会の指導的中核に据えた独自の集団主義である。この少数者による集中的決定組織はソビエト型経済体制の形成期にもまたその末期にも存在していた組織であった。ソビエト型経済における「生産手段」と「生活手段」との固定的な物財的二分割化は，経済学的には確定できない問題を政治的に決定したものである。国家資本主義の一部としての国家地主制形成期には，農業の「集団化」によって「生産手段」と「生活手段」との範囲を人為的に決定し，固定的に二分割化した。また，ソビエト型経済の末期には，反対に，第二経済の膨張によってこの固定的に二分割されていた「生産手段」と「生活手段」の経済的機能が広範に流動化していった。

ソビエト型集団主義思想は，一方では，その先進資本主義への影響力は相対的には限られたものであるという認識はある程度まで常識となっていたが，他方では，20世紀における共同体的農民運動と一定の親和性をもつことが経験的に認識されていた。それは，後発資本主義国や発展途上国での受容は比較的容易であった。ところが，このような経験的認識は地理的相違が存在することにも注意しなければならない。先進資本主義の一部地域，たとえばイタリア中部地域においては，ソビエト型集団主義思想の影響力が強く，反対に，ベトナムを除いた東南アジア，イスラム圏，ラテン・アメリカ等の地域ではその影響力は限られていた。これらについては，これまでの章では具体的に解明できていない。ロシア革命の国際的影響のもとで，1920年代に各国で共産党が創設され，30年代のソビエト型経済の形成と1936年の「社会主義」成立宣言を通じてソビエト型集団主義思想は拡散した。だが，このような「ソビエトマルクス主義」的思想の国際的影響の程度は，地理的にきわめて相違していた。

このような地理的相違は，「ザスーリッチへの手紙」における共同体にかんする歴史認識について再検討すべき問題を提起しているように思われる。ここで提起されているのは，特定の土地所有形態を内包する共同体の地理的種差や，それを構成する農民家族形態の地理的相違という問題である。この視点からすると，エマニュエル・トッドの人類学的研究としての『第三惑星』（トッド 2008：原書初版 1983 年）および『新ヨーロッパ大全』（トッド 1992：原書 1990 年；同 1993）は注目に値する。それはソビエト型集団主義思想の影響力の地理的相違や家族形態の地理的相違を比較検討しているからである。これはこの問題について全世界的検討を行った唯一の研究である。トッドの研究を参考にしながら，「ザスーリッチへの手紙」の歴史認識をあらためて検討しなおし，それを通じソビエト型集団主義における社会思想の歴史的性格について考察しよう。なお，トッドのその後の研究（『家族システムの起源』等）については本書で検討する余裕はないが，最初の包括的実証研究たる『第三惑星』と『新ヨーロッパ大全』の家族類型にかんする結論が基本的に踏襲されていると言ってよい（友寄 2021；トッド 2015；同 2001, 177-207 参照）。

トッドの研究によれば，近現代世界に存在する 7 種の家族類型（家族システム）とイデオロギー・システム（イデオロギー形態）とは密接な関連をもつ。長期存続する家族類型が，いわば上部構造を規定する下部構造のように，イデオロギー・システムを長期に規定する。従来の史的唯物論が時間次元の論理であることにたいして，トッドは空間的・地理的次元から解明するという方法に立脚している（トッド 2008, 16-22）。7 種の家族類型が及ぼす諸イデオロギー形態の種差にかんする説明はあまりに詳細で過剰な解釈を行っている部分もある。だが，彼が「共産主義」と呼ぶソビエト型集団主義思想，すなわちソビエトマルクス主義は 7 種の家族類型のうちの「外婚制共同体家族」と結びつくという主張は説得的である。トッドの研究の出発となった問題関心も「共産主義」の地理的影響の範囲という点にあり，他の家族類型のイデオロギー的検討のさいにも「共産主義」の影響度という視点から比較検討を行っている。以下では，この問題を中心に検討を行おう。なお，トッドが使用している「共産主義」用語はマルクスの共産主義思想とは異なるソビエト型集団主義のことであり，引用符によってマルクスの思想とは区別しよう。

トッドの地理的人類学的方法も近代社会の歴史的発展としての識字化，工業化，脱宗教化（脱キリスト教化），受胎調節化（少子化）を指標として，近代化過程の各地域におけるそれらの不均等な進行を農民運動や社会運動の歴史発展的な契機として導入している（トッド 1992, 117-245）。そのなかでは，識字化や少子化は労働能力とその再生産形態として，工業化は分業形態として，史的唯物論における生産力を構成する動態的要素を捉えている。しかし，この問題に関連したトッドの分析には次のような方法的問題がある。農民家族とその財産相続形態を中心として構成された7種の家族類型，とくに外婚制共同体家族は，工業人口と都市人口が増加し，少子化が進行した都市家族のイデオロギー形態を考察するさいにも拡張されている。だが，そこに欠けているのは次の点である。つまり，その考察は，トッドの人類学的仮説としての家族類型によるイデオロギー形態の規定という論理とどのように整合的なのか。また，『新ヨーロッパ大全』の出版期（1990年）と同時的に進行したソビエト型経済の体制転換，および先進資本主義国で最大勢力を保持したイタリア共産党が「大転換」し，多数派の左翼民主党と少数派の共産主義再建党へ転換したこと（後 1991）については検討が行われていない。総じて言えば，現代史におけるソビエト型集団主義やソビエトマルクス主義の全般的凋落という歴史的変化が家族類型的視点から分析されていないことである。これらの問題点に留意しつつトッド著作の検討を行おう。

7種の家族類型とは，絶対核家族，平等主義核家族，直系家族（権威主義家族），外婚制共同体家族，内婚制共同体家族，非対称型共同体家族，アノミー家族であり，それ以外に家族集団の不安定なアフリカン・システムが加わる。この分類によって全世界の家族類型の分布地図が作成されている（トッド 2008, 73, 付図）。家族形態はイトコ関係を含む近親婚を排除する外婚制家族が4種，近親婚を容認する内婚制家族が3種に分類されている。

外婚制家族のうち，親子関係は自由主義的で兄弟関係は非平等主義的な絶対核家族がアングロ・サクソン世界，オランダ，デンマークに存在し，親子関係は自由主義的で兄弟関係は平等主義的な平等主義核家族が（一部地域を除く）

フランス，イタリア，スペイン，ポルトガルに存在し，また，ギリシア，ルーマニア，ポーランド，ラテン・アメリカ，エチオピアの全地域に存在している。両者の核家族形態は個人主義をもたらすとされている。

親子関係は権威主義的で兄弟関係は非平等主義的な直系家族（権威主義家族）はドイツ，オーストリア，スウエーデン，スコットランド，アイルランド，日本，韓国・朝鮮などの地域に存在する。

親子関係は権威主義的で兄弟関係は平等主義的な外婚制共同体家族はロシア，セルビア，スロバキア，ブルガリア，ハンガリー，アルバニア，モンゴル，中国，ベトナム，キューバ等のソビエト型経済が発展した地域に存在し，フィンランド，イタリア中部，インド北部（西ベンガル州）等の共産党の支持勢力が強い地域にも存在し，ユーラシアを中心とした広大な地域に分布している。『第三惑星』出版時期の人口統計資料によれば外婚制共同体家族は世界人口の40%を占める（トッド 2008, 55, 60-76, 78, 108, 164；同 1992, 40；同 1993, 120-121）。『新ヨーロッパ大全』ではヨーロッパ地域を多数の小地域に区分し，共産党の得票率の資料によってヨーロッパ内の共同体家族の存在と共産党支持率との関係を詳細に分析している。これによって，フィンランド，イタリア中部，フランス中央山塊北西周辺部，ポルトガル南部における両者の結びつきを具体的に明示している（トッド 1992, 58；同 1993, 122）。

この4種以外の内婚傾向を選好する家族形態として，イトコ婚を選好し兄弟関係が平等主義的な内婚制共同体家族は主としてイスラム圏に存在し，異性の兄弟姉妹のイトコ（交差イトコ）の婚姻のみが選好される非対称型共同体家族がインド南部に存在する。異父（母）兄弟姉妹の血縁婚も許され明確な親子・兄弟間の規則がないアノミー家族は東南アジア，マダガスカルや南アメリカのインディオ地域に存在する（トッド 2008, 205, 234, 256）。

トッドが提示している家族類型分類によれば，トッドが規定する「共産主義」，すなわちソビエト型集団主義思想と外婚制共同体家族との結びつきは明らかである。この家族類型は基本的に農民家族をモデルとしている。その居住様式，すなわち多世代同居を含むか否かという実態的特質によって親子関係の権威主義か否かを，そして兄弟の財産相続が平等か否かという実態的特質によって平等主義か否かを判定する。この類型はこのような構造的特質を喪失した都市家族にも広げられ，農民的家族類型が家族的価値観を規定するものとして適用される。外婚制共同体家族のイデオロギー形態にかんしては，ロシアを例に考察すれば，家父長が存命中か隠居しない場合には家族財産を一体的に保持し，多世代同居の複合家族の労働によって家族財産を再生産する。反対に，家父長の死後または隠居によって兄弟が家族分割をする場合には，家族財産は平等主義的に分割される。このような農民家族的慣行はそれらの条件を喪失した都市家族に移行した場合でも，共同体的家族理念は家族構成の理想として継承される。このことによって，それに親和的な社会思想が受容され，これが都市化した社会でも維持されることが想定されている。ソビエト型経済の形成期である20世紀30年代には，ソビエト型集団主義は外婚制共同体家族の理念に親和的な思想として受容されたと捉えることができるだろう[1)]。以上が，トッドによる外婚制共同体家族理念とソビエト型集団主義思想との心性的親和性の理解である。

ここで留意する必要がある問題は，性差別的家族形態としての家父長制の問題である。トッドは主として男性を中心として家族関係を分類し，兄弟間の平等・不平等を判定しているが，家族内の女性成員の問題が考察対称外にされ，女性の家族財産所有や相続からの排除という問題が捨象されていることである。したがって，外婚制共同体家族の「平等主義」がソビエト型集団主義社会の構成原理の基礎になったとしても，その社会は性差別を排除できず，家父長制的関係が存在する可能性を含んでいることである。暗黙の性差別としての生殖的男女差にもとづく事実上の性差別を前提とする男性成員の財産相続的「平等主義」はソビエト型集団主義内部の家父長制と併存しえるからである。この視点は本章のソビエト型集団主義社会の分析に不可欠なものである。なお，外婚制共同体家族以外の6種の家族形態も家父長制を内在しているかぎり同様である。しかし，非対称型共同体家族やアノミー家族およびアフリカン・システムのなかには家父長制が欠如した家族制度が存在しえる。家族実態の分析の場合，以

1）コルナイはソフトな予算制約というソビエト型経済における国家と企業との関係の基本的特質をパターナリズム（温情主義的父子関係）的家族関係の視点から考察しているが（コルナイ 1984, 173-178），この特質は外婚制共同体家族の理念や心性と親和的関係があると言ってよい。

上の問題に留意する必要がある。

このような農民的心性を 19 世紀末から集団化期までの歴史的過程に即して考察すれば，地主的私有地の解体としての土地社会化＝総割替運動と，個別農民経営の解体としての集団化運動とは，私的・個人的相続の廃棄による平等主義的土地相続の発展的実現運動として理解することができる。19 世紀末から 20 世紀初頭における農村人口の増加は均分相続による農民経営の縮小をもたらした。それは平等主義的相続を目的として家族的共同労働に参加した複数の兄弟による経営分割を不可能にした。そして事実上の不均等相続によって貧農化や出稼ぎ農民化や都市移住という「不公正」な結果をもたらした。この「不公正」は外婚制共同体家族の歴史意識にもとづくものである。20 世紀初頭のストルイピン改革による土地私有の確定は，このような「不公正」を固定化するものであった。それに反発する農民の反私有地的心性がもたらしたものは，地主的土地所有の廃棄と，専制国家の基礎としての国家的土地所有の廃棄による土地社会化的総割替運動であった。つまり，1920 年代の農民経営分割による経営零細化は分割相続を困難にして，事実上の不平等相続をもたらし，その結果，脱農化した農村出身の都市労働者や農村の貧農は「集団」的経営形態の実現による集団的相続こそが「公正」な平等相続を実現すると捉えていた。それは集団化運動の実践部隊としての共産党員やコムソモール員の意識としての反私的所有心性と共鳴していたと考えられる。また，革命前の地主経営や都市の資本家的経営も農民や労働者の共同労働の成果としての経営的財産が不平等主義的な私的所有と私的相続のもとにあるという，「不公正」所有によるものであるとする意識も，農民経営の所有・相続実態の経験にもとづけば，容易に共有されるものであった。この農民的心性は，同居する複数の兄弟の長期の家族的共同労働による家族財産の再生産とその平等相続原理という外婚制共同体家族の生活原理的理念に相応している。それを抜きにしては，広範な社会的共有化は困難であったであろう。また，権威主義的な共産党による社会運動の集中的指導と経済管理の集中化も，この家族類型における権威主義的親子関係の経験なしには困難であったであろう。その意味で，トッドの家族類型によるイデオロギー分析は有効である。

しかしながら，トッドはソビエト型集団主義の心性の社会的継承条件という問題については十分に検討していない。都市の労働者家族では複数の兄弟の長期同居とその共同労働の経験やそれを前提とする家族財産の分割相続は事実上不可能であるとすれば，このような家族類型の理念や心性の継承も困難になるはずである。農村出身の都市移住労働者の第1世代はともかく，農村的生活経験をもたないその第2世代や第3世代に外婚制共同体家族の理念と心性を継承させるのは困難である。都市に住む第2世代への影響にかんしては，親の家族的価値観を理念的に継承させるのがせいぜいのところであろう。そうだとすれば，その理念の継承期間は第2世代が社会の中心的活動成員を構成する期間まで，つまり半世紀程度を上限として想定するのが妥当であろう。「集団化」期から40〜50年を経過した1970年代〜80年代の都市核家族においては，高額耐久消費財（電化製品や自家用車）の私的・家族的所有意識が強化され，第二経済活動への広範な参加を通じて私的・家族的利害が強化されていった。それは，外婚制共同体家族理念の衰退と核家族化の結果としての「個人主義」（トッド2008, 164-203）的心性の強化の結果であるとみることができるだろう。しかしながら，トッドはこのようなソビエト型集団主義の心性の衰退については都市の家族構造の視点から検討を加えていない。また，『新ヨーロッパ大全』ではフランス共産党の1946年から78年までの得票率の長期的衰退（28.6%から20.5%）については指摘しているが，イタリア共産党の1946年から76年までの得票率の増加（19%から34.4%）による「成功」のみが指摘され，それから87年にかけての得票率の低下（26.6%）の原因については検討していない（トッド1993, 128-131）。イタリア共産党は1976年から90年まで党員数が減少した（181万人から132万人）。これはイタリア中部でも同様であった（後1991, 33-34）。この危機が，民主集中制の廃止と共産党という党名変更をともなう転換要因となった。これらの変化も，イタリア中部を含む農民人口比率の20〜30%程度への決定的な低下（トッド1992, 92），都市の核家族の増加の結果である。これは少子化の結果，複数兄弟の長期同居による共同労働と兄弟の平等主義的財産分割という生活経験の全般的衰退，その家族理念の継承度の世代的弱化の結果であるとみてよいだろう。イタリアやフランスやスペインを含むヨーロッパにおける共産党の転換や影響力の衰退も，ソ連や東欧の体制転換の影響と同時に，全般的少子化と都市における核家族化の結果でもあると言えよう[2)]。外婚制共同体家族からの都市型家族の形成過程と同時並行的にソビエト型経済からの転換が進行した中国やベトナムでは，ソビエトや東欧を含むヨーロッパ全域での共産党の解体や衰退という過程は進行しなかった。ノメンクラトゥーラ的共産党の権力体制は維持されているが，それは農民家族の権威主義的親子関係の現実的存続が外婚制共同体家族理念の継承を保障した結果でもあると考えられる。

次にソビエト型経済の歴史と関連して，外婚制共同体家族の理念や心性と歴史的に結びついて形成されたソビエト型集団主義の思想的特質について見ていこう。3 点ある。

(1) その第 1 の特質は，所有財産の現物形態にたいしての強度の執着である。言いかえれば共同所有し，分割相続されるべき基本的財産の現物形態にたいする感受性の強さによる物的執着である。この現物財産の所有意識は，権威主義的な農民経営のもとでの土地財産を中心とする現物財産の共同所有とその平等な現物的分割相続という外婚制共同体家族の伝統によって培われた所有意識である (Worobec 1991, 44-57)[3)]。それはソビエト型経済における集団的共同所有＝共同相続と個別的分割所有＝分割相続との物的二分割所有形態へと歴史的に転移するなかで継承発展した所有意識である。

(2) 歴史的に長期存続した国家的土地所有形態に内在していたものには，私的土地所有の否定によって集団主義の実現形態を承認する心性も存在していた。これは第 2 の思想的特質である。これらの特質は「ザスーリッチへの手紙」のなかでマルクスがロシアの共同体の特質として想定したものと共通した歴史的特質である。

2）イタリア共産党は 1991 年に多数派の左翼民主党（のちに民主党）と少数派の共産主義再建党に分裂したが，後者のその後の動向については松田 (2015) 参照。スペイン共産党は 1982 年総選挙の敗北をきっかけとして分裂した。多くの東欧の共産党やマルクス主義政党は党の転換や影響力の衰退を経験した。1991 年のクーデター事件をきっかけに共産党が一時禁止されたロシアでは共産党が再建され影響力が一時的に復活したが，その後，影響力は相対的に低下した (藤田勇 2007, 641-654, 672-688)。

3）家族分割は住宅と経営用建物の新築や家畜の増加を含む財産の十分な現物的蓄積を前提として行われる。父親死亡後の分割は，くじによる抽選分配を含む家族規模に応じた兄弟間の現物的均等分割が，隣人の臨席のもとで行われた。なお，家長の隠居による家族分割の場合，老親を扶養する息子を優遇する不均等財産分割が家長（老親）の決定によって行われた (Kushner 1956, 81)。

(3) ソビエト型集団主義には，労働力再生産様式における性別分業の性差別的性格にたいしてきわめて鈍感な社会意識が内在していた。これが第3の思想的特質である。

再確認すると，第1と第3の特質は，財産相続の歴史的主体であった男性中心的意識であり，すべての男性成員は平等の相続権をもつが，父系的外婚制によって他家に移転する女性成員はそれから排除されていたことに起因する。これは男女差別を生物学的必然と捉えるような家族形態の歴史によって習慣化された集団主義であった。ソビエト型経済では，形式的な男女平等は承認されたとはいえ，実質的には国有財産は男性中心のノメンクラトゥーラ的管理者層によって独占的に管理され，家事・育児労働義務を負った女性成員は事実上管理者層から排除されていた。社会の集団主義の組織的中核としての共産党の中心的指導者層も男性を中心に構成されていた。外婚制共同体家族には，家父長制的家族形態によって女性への結婚・出産強制としての生殖強制という性差別が内在していた。資本主義の労働者家族と同様に，ソビエトの労働者家族にも，直接・間接に女性への生殖強制によって家事・育児労働を生物学的女性の義務とする性差別が存在していた。これが性別分業の性差別的性格にたいしてきわめて鈍感な社会意識となった。このような男性的意識も外婚制共同体家族の心性の継承の結果であったとみてよい。

これらの社会意識はソビエト型集団主義の基本的特質となった。このような外婚制共同体家族の心性を継承し，それをマルクス主義的社会変革論と混合して形成された社会思想がソビエトマルクス主義である。それは，「生産手段」を物化形態として固定的に捉え，その所有形態の変革を決定的に重視すると同時に，性差別的両性関係は物的所有形態の変革によって自動的に解消されると捉える思想であった。以下では，この思想を「生産手段フェティシズム」と呼ぼう。

この生産手段フェティシズムは土地社会化の農民革命期にも，「集団化」期，すなわち国家地主制経営創出期にも，また，ソビエト型経済の危機が進行したその末期にも，ソビエト型集団主義の核心的思想として一貫して存在した。それはソビエトマルクス主義における核心的思想ともなった。この思想は工業化による都市家族形成過程において外婚制共同体家族理念とマルクス主義思想との混合思想として誕生・普及したが，それは過渡的現象であった。ポスト工業経済の時代には，少子化と都市核家族化の進展による家族形態の変化および第三次産業への就業人口移動にともなって必然的に衰退した。

以上の総括的認識は，トッドの家族類型的下部構造論を発展させ，それを史的唯物論的視点から総合化して 20 世紀の歴史を観察すれば，おのずから得られる結論である。20 世紀の歴史の総括にもとづいた 21 世紀のポスト資本主義を社会主義として展望しようとするとき，生産手段フェティシズムを脱却した史的唯物論的検討が不可欠となる。そのために以下では新たな社会発展傾向を分析し，その発展方向を大まかに概観していこう。

第VIII章　労働力再生産様式の変革による21世紀社会主義
――生産手段フェティシズムを超えて――

1　ベーシック・インカム構想の登場と『資本論』

20世紀末以来，新しい経済変革思想としてベーシック・インカム（以下BIと略称），すなわち無条件個人所得保障制度の構想が国際的に注目されるようになった。1986年にベーシック・インカム・ヨーロピアン・ネットワーク（BIEN）が開設され，それが2004年にベーシック・インカム世界（地球）ネットワーク（BIEN）の設立へと発展した（小沢2002, 2-3；同2007, 201-202）。日本でも21世紀に入ると関心を集めるようになり，多くの文献や論文が公刊されるとともに，2010年にはベーシック・インカム日本ネットワーク（BIJN）が設立された。本章ではこれらの研究を全体的に検討することはしない。むしろ，BI構想が『資本論』における資本主義認識をいかに継承し，その歴史認識の限界を乗り越えて資本主義変革思想としていかなる新しい内容を提起しているかという問題を中心に検討しよう。この課題を重視するのは，従来のBI構想の検討は『資本論』の資本主義認識，とくに労働力再生産様式の批判的再検討という点では十分ではなく，その社会変革構想の限界を乗り越えるような見解を明示するにはいたっていないからである。

たとえば，BI構想について思想的考察を行った重要な著作であるヴァン・パリース『ベーシック・インカムの哲学』（ヴァン・パリース，2009, 9, 313-318）は，「生産の（物質的）手段が私的所有であるか公的所有であるかという基準」によって「資本主義」と「社会主義」とを定義したうえで，BI構想の検討を行っている。しかし，この経済体制論は典型的な生産手段フェティシズムにもとづく定義である。それは先進資本主義やソビエト型国家資本主義に共通する性差別的労働力再生産と剰余価値生産による生産手段の再生産＝所有と労働力の再生産の現実的関係の考察が欠落している。このような経済認識では『資本論』の論理の批判的再検討にもとづいたBI構想の検討はできない。

そこで，BI構想を『資本論』的視点から検討する前提として，故中川スミ氏の研究を取り上げよう。氏の研究は，資本主義的経済制度の再生産的基礎としての性差別的労働力再生産様式についての感受性（センシティブ）の高いフェミニスト研究のなかでも，最も優れた『資本論』研究と言える。そこでは，日本の『資本論』研究の理論的蓄積を踏まえつつ，欧米や日本のフェミニストによる研究が陥りがちな『資本論』理解の誤解を的確に批判し，生産手段の再生産と労働力の再生産の問題を中心に据えて検討している[1]。BI構想の考察の前提として，氏の研究の検討を通じて，生産手段と労働力の再生産の関係について考察しつつ労働力再生産様式の変化の歴史的意義について検討しよう。

2　生産手段の再生産と労働力の再生産の史的再検討

中川氏は，『資本論』における生産手段の再生産の発展傾向にかんする理解を中心にして資本蓄積論を再検討している。そのさい，最後の『資本論』出版であるフランス語版『資本論』にもとづいて，資本の蓄積および集中と「生産手段」の「集積」とを概念的に区別して，「生産手段」の「集積」を独自の生産力的発展概念であるとしている。それは，生産力的発展の極限として「社会的生産手段の一点へ向けての集積運動」であり「ただひとりの資本家またはただひとつの資本家会社の手中における単一の資本」への集中のことであり，それによる「いく人かの人間の巨大な所有」および「物的生産手段の集中」を資本主義的所有の「粉砕」条件として捉えるという独自の生産手段発展の歴史的理解にもとづいたものである（中川 1990, 71-72, 73；マルクス『資本論』第1巻フランス語版，96,

1）日本の『資本論』研究は先進資本主義諸国では最も豊かな研究蓄積があると同時に，日本の性差別は独自の強度で再生産されている。現代日本には『資本論』の再検討を通じた資本主義的性差別にたいする優れた研究を生み出す土壌がある。しかし，性差別（家父長制）と資本主義との二元論的フェミニズムの場合には，最初から性差別を資本主義にとって外的要因と仮定しており，『資本論』の再検討は課題にはならなかった（上野 1990 参照）。『資本論』の再検討は性差別を資本主義の内在要因と捉える統一論的視点から研究した場合に，はじめて課題となりえた。中川氏の諸論文の統一論的論旨については中川（2014）参照。二元論と統一論については森田（1997）参照。なお，中川スミ氏は2009年に逝去された。

197, 198；同 K. I, S. 655-656)[2]。この『資本論』における生産手段の歴史的捉え方は，ソビエト型集団主義における生産手段の固定的な物財的規定とその権力的集積の思想とは異なっており，生産手段フェティシズムとは区別される認識であるが，その形成に一半の責任は負っている。なぜなら，この捉え方は，生産力発展による生産手段の経済的集積の代わりに，「生産手段」の物的な権力的集積によって，その巨大集積型経済を創出することが可能であるというソビエト型集団主義思想の形成の素因となったからである。

マルクスは，機械制大工業と併存する近代的マニュファクチュアや近代的家内労働のような生産手段集積の小規模形態および草刈り機，縫針製造用機械，ミシン（マルクス K. I, S. 483, 495-496）および「小規模にも使用しうる木工機械」等の小型機械の存在を知りつつも，「機械設備は，……いくつかの例外はあるが，直接的に社会化された，または共同的な，労働によってのみ機能する。したがって，いまや，労働過程の協業的性格が，労働手段そのものの本性によって厳命された技術的必然となる」（マルクス K. I, S. 407）という生産力的発展観に立っていた。その結果，小型機械による小規模な資本主義的経営が社会的に再生産され，発展する可能性についての検討は行わなかった[3]。

このようなマルクスの研究方法の限界の結果，「資本主義的蓄積の歴史的傾向」論は生産手段の「集積」という経済発展観を基礎とすることになった。これでは，20 世紀における内燃機関による自動車やトラクターの登場，電力による小型作業機の普及，情報・通信機器等の小型機械のイノベーション，これら家電製品や自家用車等の生活手段用機械を含む多様な小型機械の発展を視野に収めることはできない。20 世紀末における第三次産業の発展による分散的な小資本的経営の再発展の本質的意義を確認できないだけでなく，ソビエト型経済のような「生産手段」の巨大集積型経済の崩壊という新たな経済発展傾向のもつ歴史的意味も理論的に解明することができない。それだけでない。それ

2）中川氏は，マルクスがフランス語版で新たに導入した資本の「集中」という用語を生産手段の「集中」という意味でも使っているが，その場合でも「集積」概念に独自の含意があることを否定するものではないとして，生産手段の「一点に向けて集積」というマルクスの歴史認識の独自の特質を強調している（中川 1989, 92-93；同 1990, 73）。

3）この問題点は，作業機の動力を蒸気機関と結びつけ，「熱機関」や「電気機関」のような原動機の発展可能性の考察が欠如した結果でもある（マルクス K. I, S. 393, 484, 499）。

は「生産手段」の社会的所有と「生活手段」の個人的所有という物財的二分割所有の実現による資本主義から社会主義への転換という歴史理論を批判的に再検討するための経済学的分析視点を喪失している。これは決定的な欠陥である。残念なことに，中川論文は，マルクスの歴史認識の限界の問題については直接言及せず，「現存社会主義諸国の否定的諸現象……をめぐる議論」を論じる場合，「マルクスのこの資本主義観からいったい何を学びとるべきかが改めて問われなければならない」という問題提起にとどめている（中川 1990, 73-74）。

このような蓄積論研究と同時期に，中川氏は，労働力の再生産を中心として，性差別と資本主義との統一論的視点から『資本論』を再検討している。この再検討は，必要労働と剰余労働との関係を中心としたフェミニズム視点からの『資本論』の研究である。ただし，そのさいに，マルクスの生産手段の「集積」論には一切言及していない。

氏による『資本論』の再検討は，家事労働（育児労働を含む）の経済的性格の問題および性差別的賃労働，とくに性別賃金格差の問題に言及している。いずれも『資本論』が直接的な解明を行っていない領域である。このため，多くのフェミニストは以下のように『資本論』にたいする誤解を含んだ主張を行っている。

中川氏のフェミニスト批判は4点に及ぶ。第1に，フェミニストが「無償労働」として家事労働を説明するのはその私的性格によってであり，賃労働等の「有償労働」の社会的性格とは区別している。これにたいして，中川氏は家事労働の性格を分析しながら，両者をともに私的労働であると批判している。第2に，介護（ケア）労働を含む家事労働は抽象的人間労働とは区別される特殊労働であるというフェミニストの主張にたいしても批判する。賃労働を含む商品生産労働は価値実体としての抽象的人間労働であるが，家事労働も商品生産労働もともに抽象的人間労働であり，それゆえにサービス生産を含む商品生産労働への家事労働の容易な転換が可能であると批判する。さらに第3に，家事労働は労働力を「生産」するという一部のフェミニストの見解にたいして，労働力は労働能力ある生きた人間の存在そのものであって労働によって「生産」されるものではないと批判する。第4に，家事労働の「無償労働」説にたいして，家事労働が「無償」である根拠は家事労働が「性別分業」によってその労働の成果が個別家族内で直接に消費され，社会的分業から排除された結果であると結論づけている（中川 1987；同 1993, 259；同 1994a, 259-260；青柳 2010, 319-323）。この 4 つの見解は，『資本論』の的確な理解にもとづいたものである。この見解は，家事労働が「無償労働」として家父長（夫）によって搾取されているという一部のフェミニストの主張や家事労働の「無償」性を賃労働の「有償」性と対比する多くのフェミニストの二分法的方法を批判し，それらは賃労働内部の無償部分としての剰余労働の存在を看過・軽視していると批判している。この点で次のような指摘はきわめて重要である。

> 「資本が，一方で労働者の私的生活過程で労働力の再生産のために行われる家事労働という無償労働と，他方では資本主義的生産過程で商品の生産のために行われる賃労働がもたらす無償労働との二つの無償労働を組織するととらえるべきであり，資本主義的生産様式のもとでのこの二つの無償労働の関連をこそ問うべきであろう。家事労働と賃労働とは密接に関連しあって資本主義的生産様式を支えているが故に，家事労働の無償性からの解放の道は賃労働制の廃止という課題と関連づけてのみ展望しうる。」（中川 1987, 50）

この指摘には次のような重要な認識の深化が含まれる。つまり，労働力の再生産に必要な生活手段を規定するのは歴史的・社会慣行的条件であり，現代の労働力の価値を規定しているのは生活手段の価値のみならずサービス購入の費用を含む（中川 1987, 41, 51-52）。それと同時に，家事労働によって行われるサービスを含む使用価値の自給生産は労働力の再生産に必要な生活手段とサービスの購入への支出を縮小させ，そのことはまた労賃低下による労働力価値の縮小に寄与することになる。この寄与は，間接的に，剰余労働の拡大に貢献すると同時に，賃労働の低賃金化とそれをカバーする長時間労働化の圧力もまた剰余労働の拡大へと通じる。ここには労働力価値の縮小が家事労働の拡大の必要性をもたらすという構造的因果認識も含まれている。この認識は，すでに指摘したように，『資本論』の家事労働論を発展的に継承したものであり（本書第 V 章；青柳 2010, 344-378），家事労働を資本主義的生産様式の内的構成要素として捉える統一的認識となっている。このような認識は，以下で検討する性別賃金格差問題を通じて労働力再生産様式の理論基軸となっているだけでなく，その労働力再生産様式の歴史的変化にもとづく資本主義からポスト資本主義への移行の歴史理論を発展させる契機を内包している。

次に，先進資本主義諸国における「労働力の女性化」である女性労働の労働市場への大量参入と性別賃金格差要因についてのフェミニストの研究を批判する中川氏の研究内容を検討していこう。多くのフェミニストが批判するのは性別賃金格差を規定する要因としての「家族賃金」イデオロギーである。つまり労働運動が，成人男性労働者の賃金が妻子を養うに足る水準でなければならないという観念をイデオロギー的に支持し，それが女性の賃金を家計補助的水準にとどめる役割を果たしていると批判している。この批判は『資本論』における婦人・児童労働の補助労働力としての参加による「労働力の価値分割」論（マルクスK. I, S. 417）にも及ぶ。このような見解は「家族賃金」イデオロギーにもとづく成年男性労働者の「労働力の価値」規定論を主張するものである。

このようなフェミニストの見解にたいして，中川氏は真っ向から批判する。性別賃金格差等の「賃労働」の具体的問題は『資本論』の研究対象外である，と。マルクスは，「資本」の研究に必要なかぎりで「賃労働」の問題を考察しているにすぎない。つまり，『資本論』第1巻第2篇における労働力の価値規定は第3篇以降の剰余価値論にとって必要なかぎりでの考察である。そこでは労働力の世代的再生産は前提されているが，労働力の再生産が家族単位で行われるか否かという問題については検討されていない。労働力の価値規定における「歴史的かつ社会慣行的な一要素」（マルクスK. I, S. 185）という規定は労働力の再生産様式の歴史的社会的変化を含む命題である。第13章では労働者家族の再生産費としての労働力の価値規定という歴史的規定が導入されているが，それは，マニュファクチュア段階における熟練男性労働者の労働力価値が，機械制大工業段階にはいると，女性・児童の賃労働参入によって変化をこうむるという，労働力再生産様式の歴史的変化を取り入れているにすぎないのである。それは剰余価値生産の歴史的変化を検討するためであって，「家族賃金」イデオロギーにもとづく検討ではない。中川氏はこのように批判している。この批判は，『資本論』の抽象的論理から具体的論理へと上向する論理展開の的確な理解にもとづくものであった。それと同時に，この理解は，労働力再生産様式の歴史的形態を包括する概念として，労働力価値規定における「歴史的かつ社会慣行的な一要素」という命題を捉え直すという理論的・歴史的認識の発展的な捉え方にもとづくものであった（中川 1994a, 261-268）。

以上のような『資本論』理解を前提として，中川氏の研究は，資本主義のすべての時代を包括する労働力再生産様式の歴史的変化を二つの段階の労働力再生産機構[4)]として総括している。それによって『資本論』における「労働力の価値規定」論の歴史認識の限界を乗り越えようとしている。

労働力再生産機構の第一段階とは「賃金による労働者家族の再生産の段階」である。賃金収入を原資として家族単位で労働力再生産が行われる。労働力の価値は成人男子のみが賃労働を行う場合にも，女性や未成年者が賃労働に部分的に参加する場合にも，社会的平均的に男性労働者が賃金収入によって家族を基本的に扶養している場合，この賃金は「家族賃金」である[5)]。

労働力再生産機構の第二段階は「賃金と社会保障による労働者個人の再生産の段階」である。第二次大戦以降の社会保障制度の整備と女性労働の一般化は，労働力の再生産を家族単位から個人単位に分解する傾向を強めている。その発展傾向によって労働力の価値は個々の労働者の再生産費として規定されるようになる。この段階では，労働能力のない社会成員や未成年者や高齢者は社会保障制度によって個人単位の所得保障が実現される。そうなれば，労働力の価値規定が家族単位で総括される必要性がなくなっていく。この場合の家族関係は，エンゲルスのいう「経済単位」としての個別家族が止揚される関係となる。その労働力の価値規定は，狭義には，労働者個人の再生産費であるが，広義の労働力価値規定は賃金総額プラス社会保障費による労働者階級の再生産費として貫徹する。現在の先進資本主義諸国は，各国で到達段階は異なるが，概して第二段階に入っている（中川 1994a, 268-271）。

中川氏によれば，『資本論』における家族単位による労働力再生産という認識は第一段階の労働力再生産機構にもとづいている。労働力の価値規定の家族

4）中川論文では「労働力再生産機構」と「労働者の再生産機構」という表現が同義的に使われているが，労働力と生産手段との関係を含む資本の運動全体を検討するために「労働力再生産機構」という表現を用い，労働力再生産様式の発展段階的概念として使用する。

5）この見解は 19 世紀イギリス資本主義における女性の就業率と家計収入寄与率の資料によっても支持される（吉田 2004, 36-39, 44-49）。

成員への分割という形態変化論の説明はこの第一段階を前提としており，発展段階の認識としては限界があった。そのうえで，現在の先進資本主義諸国での第二段階への発展方向は，すべての成人労働者が性や年齢の差別なく雇用され，個人として自立できる賃金が確保され，すべての未成年者と高齢者が人権にもとづいて「人たるに値する生活」を保障されるような「新たな社会システム」を樹立することが可能であり，現代はそのような段階に入りつつあると展望している（中川 1994a, 271-272）。

中川氏のその後の諸研究は，性別賃金格差問題と家族賃金イデオロギー批判を中心に展開されたが，その最後の論考では性差別と資本主義との統一論的視点からの研究を総括して，次のような注目すべき指摘を行っている。

「女性の社会的労働への参加，男女の労働時間の規制，家事労働の社会化，社会保障制度の整備などを通じて性別分業が真に止揚され，男女がともに対等・平等な自立した労働者として生きていく状況が実現されるならば，そのとき資本主義はもはや『資本主義』以外の，何らかの別の生産様式として規定される，ということを意味する。」（中川 2007, 67）

この総括的認識では次の点が注目される。「社会主義」という用語を使わずに「何らかの別の生産様式」という表現を使い，生産手段集積論を前提とした生産手段の所有形態の変革の問題には一切言及せず，労働力再生産機構の歴史的変化を通じたポスト資本主義への歴史的移行を展望している点である。ポスト資本主義を「何らかの別の生産様式」と表現した理由は，生産手段の所有形態の変革を「社会主義」への転換の決定的基準とするような通説的見解と区別する必要性があったためだと思われる[6]。

この労働力再生産機構の発展段階を中心とした資本主義の歴史的発展とそれによるポスト資本主義への転換という歴史理論認識は，本書第V，VI章で検討した先進資本主義の歴史およびソビエト型経済の歴史の理解とどのように関連するか。その理解が『資本論』のいかなる論理と関係しているか。これは，

6）2004年初版の青柳（2010）は，中川氏の「新たな社会システム」（中川 1994a, 273）という表現を，「社会主義」という規定を使わなかったため，資本主義の内的発展段階と誤解し，中川氏が性差別と資本主義との統一論的立場を放棄したと誤って解釈したが（青柳 2010, 329-330），中川氏の統一論の立場は一貫していた。ここで自己批判のうえ，訂正しておく。

労働力再生産機構論が BI 構想による制度変革にたいしてどのような歴史的・理論的な検討視点を提起しているかという問題に通じる。この点を次に考察しよう。

労働力再生産機構の第一段階として，女性の家事労働と男性の家族賃金的賃労働および両者の家族単位による「私的労働」の結合という「性別分業」にかんする中川氏の認識は，第 V 章で検討した，女性への生殖強制による無償の家事・育児労働強制を通じた労働力再生産様式の歴史的実態についての認識と重なり合う。そのうえで，家事労働と賃労働とが社会的生産力の構成要素として，両者の社会的労働配分が歴史的に変化することを考慮すれば，小経営的労働と同様に，家事労働も社会的分業の一環に含めて議論をすすめる必要がある（青柳 2010, 321-325）。

第 V 章で検討したように，女性にたいする生殖強制による次世代再生産的必要労働と剰余労働とを両立的に強制させることが剰余労働の再生産条件を成立させている。それによって労働者人口が再生産され，そして増加する。資本蓄積運動と相対的過剰人口の形成はそれを前提にする。家事労働と家族賃金的賃労働とが結合して「私的労働」になることによって私的・家族的利害が追求されるようになる。その利害をめぐって労働市場における競争が組織され，それを通じて労働力価値の抑圧が行われる。それを可能にする労働の価格形態（時間賃金・出来高賃金）を通して剰余労働強制関係が推進される。このような資本運動の全体的特質は，第一段階の労動力再生産機構に沿った資本の歴史的運動様式として捉えることができる。

第 V 章では女性労働力が流動的過剰人口として重要な役割を果たしていたことを明らかにしたが，中川氏の論考でも同様の認識がある（中川 1994b, 283）。この女性の労働力形態を基準とすれば，1970 年代までの先進資本主義諸国は女性労働力が恒常的就業労働力に転換する以前の時代に位置していたと言える。つまり，男性の家族賃金的賃労働が継続し，基本的に第一段階の時代が継続していたのである。

つづく第 VI 章での，ソビエト型国家資本主義の歴史は次の点を明らかにした。それは生殖強制による労働力再生産様式という点では先進資本主義の歴史と共通していた。相対的過剰人口の潜在的存在および労働市場における女性労働の低賃金化，夫と妻の賃金の一体的家族賃金化を通じた私的家族的利害による競争の組織化という点でも，ソビエト型国家資本主義は先進資本主義と共通性があった。この 20 世紀の歴史的経験は，「生産手段」と規定された物財の所有形態の相違にもかかわらず，労働力再生産機構による労働力価値規定と労働力人口供給が資本運動の基本的特質を究極的に規定するという法則性については共通していたことを教えている。それは生産手段の所有形態を捨象しながらも，労働力再生産機構を理論的基軸にして資本主義の法則的発展段階を捉えるという中川氏の方法の妥当性を実証している。この歴史理論認識を『資本論』によって再度検証しよう。

労働力再生産機構を理論的基軸としての資本主義把握という方法は，生産手段の再生産と労働力の再生産とを統一して理解し，その相互関係を認識するという理論把握を前提している。それは，『資本論』では，不変資本と可変資本の再生産の相互関係の構造的把握の問題である。これは，『資本論』第 1 巻第 5 章第 2 節の「価値増殖過程」論を前提とする第 6 章「不変資本と可変資本」の解明と，それにもとづく資本価値（C＋V）の再生産をいかに理解するのかという問題である。その場合，労働力再生産の「歴史的かつ社会慣行的」形態を理論的・歴史的基礎としてその検討を行うという方法が採用されている。

『資本論』第 6 章における可変資本運動としての労働力の消費過程は，購入労働力の使用権を通じた労働指揮権によって二重に進行する。一方では，その消費過程は，抽象的人間労働としての労働時間の継続を通じて，生産された商品価値形態のなかに可変資本価値と剰余価値を新たに生み出す。他方では，同じ労働時間の具体的有用労働としての性格は，生産手段の使用価値の生産的消費を通じて過去労働の体化物としての生産手段の価値を生産された商品価値形態のなかに移転する。その結果，生産された商品形態としての商品資本が貨幣資本に正常に変態するかぎり，生産手段購入予定額としての不変資本価値は再生産され，労働力購入予定額としての可変資本価値を含む総貨幣資本価値（C＋V）は資本家的所有として再生産される。また，それを超えた剰余価値部分は資本家的所有となる。このように理解すると，生産手段の再生産様式としての不変資本の再生産とその所有とは，可変資本運動の従属的要因にすぎないことがわかるだろう。これが労働価値論にもとづく不変資本と可変資本の再生産にかんする『資本論』第 6 章の論理的関係である。特定の物財が「生産手段」となるのは可変資本運動としての労働力の消費過程において，それが生産的消費対象となるからである。それが家事労働対象や直接的な個人的消費対象であれば「生活手段」となる。

『資本論』第 5 章第 1 節の「労働過程」論では，「使用価値が労働過程において占める位置」の変化によって物財の生産手段と生活手段としての機能が変化することが指摘されている。そこでは生産手段フェティシズムとは本質的に異なる見解をマルクスは示している（マルクス K. I, S. 197）。これは，可変資本運動における労働力の消費過程自体が特定の物財を「生産手段」として，その再生産と所有を実現する基礎的要因であることを明示している。これは「生産手段」の法的所有形態を根拠にしてソビエト型経済を「社会主義」と定義するような「ソビエトマルクス主義」とは決定的に異なる。そのような理解は，生産手段の再生産と所有を実現する可変資本の運動実態を考察の対象外に置いた非経済学的イデオロギーにほかならない。

次に，労働力の再生産と可変資本運動との関係およびそれと不変資本（生産手段）を含む総資本運動との関係について考察しよう。

労働力の再生産は可変資本の運動によって制約を受けるとはいえ，その動向は可変資本運動に完全に従属するものではない。次世代再生産を含む総労働力人口の再生産動向は可変資本の動向とは異なり，可変資本（賃金総額）の一定の減少にたいして労働者家族の支出節約と家事労働増加によって労働者人口を維持することが短期的には可能である[7)]。反対に，長期的には可変資本の増加によっても労働者人口は増加しないばかりか，むしろ減少することもありうる。なぜなら，労働力の再生産は「歴史的かつ社会慣行的」要素を含んでいるからである。総資本価値（C＋V）の再生産はその蓄積を通じて増加運動をする内的傾向があるが，その場合の可変資本の増加運動とそれに従属する不変資本の増加運動を歴史的に制約する究極的要因は，労働力再生産様式にもとづく労働力人口の供給動向である。このような認識は，剰余労働搾取を通じた未来の人口

7）実質賃金低下による貧困化が進行した「集団化」期のソビエト企業における個別家族人口の維持・再生産はこのような状況を例証している。

減少による資本の再生産の「大洪水」的破局を予測するマルクスの資本主義観と共通した歴史認識であるが（本書第Ⅴ章；マルクス K. I, S. 285），労働能力養成費（教育費）支出やサービス労働支出や文化的支出の増加による少子化も同様の結果をもたらしうる[8)]。このような資本主義的人口の歴史的動向として，20世紀後半，とくに1990年代以降における先進資本主義の総労働力人口の停滞化傾向と新規若年労働力供給の減少傾向は，女性労働力の労働市場への大量参入とその恒常的就業労働力化の基礎的要因ともなっている（青柳 2010, 279-293）。

中川氏の第二段階の労働力再生産機構にかんする理論的解明は，以下のような資本賃労働関係の歴史的変容という認識にもとづいている。つまり，先進資本主義における女性労働力の恒常的就業労働力化は介護（ケア）労働を含む家事・育児労働の社会化と結びついた社会保障制度の発展をともない，それは女性への生殖強制と家事・育児労働強制を解消する傾向がある。これによって両性の労働条件を対等化させ，賃労働の個人単位化による両性の対等な協業関係を発展させる。そのように労働様式が発展することによって，それを基礎として資本賃労働関係は歴史的に変容していく。

このような20世紀末以降の第二段階の労働力再生産機構とその労働様式を基礎とすれば，第Ⅴ章と第Ⅵ章で検討した『経済学批判』序言における「生産諸力」の新たな発展，およびポスト資本主義的「生産諸関係」における「物質的存在条件」の「孵化」という「社会構成」の転換条件（本書第Ⅴ章，Ⅵ章第1節；マルクス『全集』⑬，7）を捉えることができる。『資本論』で指摘されているように，「きわめてさまざまな年齢層にある男女両性の諸個人が結合された労働人員を構成していることは……野蛮な資本主義的形態においては，退廃と奴隷状態との害悪の源泉であるとはいえ，適当な諸条件のもとでは，逆に，人間的発達の源泉に急変するにちがいない」（マルクス K. I, S. 514）とされている。したがって両性の対等な協業関係とそれによる両性の人間的発達のための「適当な諸

8）老親の家族的扶養の衰退と年金制への転換による老後の生活保障を目的とした次世代養育の衰退および人的資本投資の集中による次世代養育の集約化も少子化要因となる。1970年代の欧米や日本での合計特殊出生率の人口再生産基準以下への低下は実質賃金総額の低下の結果ではなく，次世代再生産における「歴史的かつ社会慣行」的要因の変化の結果と考えられる。

条件」は，第二段階の労働力再生産機構とその労働様式によって「孵化」しつつあるとみることができよう。このような認識を含む中川氏の第二段階論は新しいポスト資本主義的社会変革構想の提起であると言える。この捉え方は排他的経済単位としての一夫一婦婚家族の形成による私的所有と階級社会の形成というマルクス晩年の歴史認識と裏腹の関係にある。それは私的・家族的労働力再生産の脱家族化による社会化にもとづく新しい社会変革展望を示しており，生産手段所有様式の権力的変革思想を脱却した未来社会展望である。

以上のような労働力再生産機構の歴史的・理論的認識によれば，BI 構想により改革される制度はその機構の第二段階と関連する形態として考察することができる。第二段階は，家事労働と賃労働との私的労働結合による私的次世代再生産と私的・家族的利害，および相対的過剰人口の存在による競争の組織化という資本の社会的運動条件を解消する可能性を内在しているからである。BI 制度も，社会保障形態としての無条件の個人所得保障とそれによる個人的労働としての賃労働を保障しうるような可能性を内包している。第二段階と BI 制度との関係はいかなるものであるのかという問題の考察には BI 制度自体のより詳しい検討が必要である。しかし，いずれにせよ，可変資本運動を究極的に制約する労働力再生産機構という労働価値論にもとづいた法則的発展段階の理論的認識は，BI 制度を歴史的・理論的に考察する場合に不可欠な視点を提供している。次節ではこの視点にもとづいて，BI 制度と労働力再生産様式の変革による社会主義の展望を，その変革主体形成の問題を考慮しつつ考察しよう。

3　労働力再生産様式の変革による 21 世紀社会主義と変革主体

小沢修司『福祉社会と社会保障改革　ベーシック・インカム構想の新地平』(小沢 2002) は BI 構想の諸類型を紹介するとともに，その理論的・歴史的性格を体系的に検討し，日本における BI 構想の本格的研究の出発点となった著作である。この著作とその後の小沢氏の論考を中心にして BI 制度の歴史的性格を考察しよう 9)。これは，労働力再生産機構論における法則的発展段階認識と比較しつつ，BI の諸構想が内在している歴史的性格とその発展可能性についての考察である。

BI構想の歴史的系譜には，18世紀末のT.スペンスやT.ペインの所論を含めて，資本主義的生産様式における独自の福祉制度構想およびポスト資本主義的制度構想など長い歴史がある。しかし，ベーシック・インカムという用語が現代的意味で定着し，その名を冠する国際団体が設立されたのは1980年代である。国際団体設立の契機となったのは，その時期の先進資本主義に顕著に表われた資本主義の独自矛盾の表出と，それに重なる戦後「福祉国家」制度の矛盾についての認識であった（小沢2002, 105-113；フィッツパトリック2005, 47-52）。

小沢氏は，1980年代以降の先進資本主義諸国に共通した社会経済的変化として，高失業率，パート・派遣等の雇用形態の多様化，労働組合の組織率の低下による組織労働者と未組織労働者との二極分化，働く女性の増大と性別分業の非解消による女性の家庭内ケア負担の増大について指摘している。そのうえで，とくに大量失業の長期化という雇用事情の深刻な変容は，欧米諸国において社会的排除と貧困との闘いとしてのワークフェア的雇用保障政策の導入をもたらしたとする。労働市場をめぐる環境のこのような変化が新構想による所得保障の必要性が生じているとの認識を広げることになった（小沢2002, 116）。

1980年代のこの社会経済的変化は，戦後「福祉国家」体制としてのベヴァリッジ・モデルの見直しを要求するものであった。戦後の福祉体制では，「完全雇用」のもとで，フルタイムで働く成人男性労働者と，無償の家事労働に従事する専業主婦とによって形成される夫婦が標準家族となり，社会保険制度は賃金からの保険料拠出によって自助努力制度として成立し，それを公的扶助制度が補完する制度であった。ところが，この補完の組み合わせによる公的扶助は資力調査にもとづいて実施された。それは選別主義的福祉制度であった。その結果，公的扶助を受ける人は「社会の落後者」としての汚名（スティグマ）を着せられる傾向があった。それが受給申請を抑制する要因となった。そのうえ「失業と貧困の罠」が待っていた。すなわち，稼得所得の増加にたいし選別主義的給付金の減額や，所得税や保険料の増加によって所得が増加しないかあるいは減少するよ

9）BI構想についての日本の研究状況の網羅的紹介として齊藤拓（2010）参照。なお，本章の論理とは歴史的次元が異なるが，BIの成立を人工知能の高度発展による技術的失業への対応として捉える理論も存在する（井上2016）。

うな結果をもたらした。そのために貧困からの脱出を困難にするという矛盾が生まれた。これらは選別主義的福祉制度固有の欠陥であるが，大量失業の長期化によってその矛盾がよりあらわに露呈し，その見直しが共通の認識になっていったのである（小沢 2002, 113-117）。

小沢氏は，以上のような戦後「福祉国家」体制の矛盾を指摘したうえで，それを克服する BI 構想の意義について，ヴァン・パリースとジョーダンの見解を紹介している。ヴァン・パリースは BI 構想と戦後「福祉国家」のもとでの所得保障との違いを，第 1 に，家族を単位としてではなく，個人にたいして行われること，第 2 に，他の所得の有無を問わずに行われること，第 3 に，現在および過去の労働履行が要求されないことにあるとしている。また，ジョーダンはその社会的影響について考察している（小沢 2002, 117-118）。BI による最低所得保障が実現すると，賃金は生活保障賃金から労働の個人的努力や技能にたいする特別報酬へと性格を変え，生産性向上への関心が高まり，個人の自主的選択にもとづく労働が発展し，男女平等の家庭責任が広がり，固定的性別分業の解体が進行し，ボランティア活動やネットワーク活動や多様な起業活動が発展する。これが BI の影響である。

小沢氏は，以上のような検討を踏まえ，BI 構想の諸形態や BI 類似構想の諸類型とその性格についても，主としてフィッツパトリックの見解にもとづいて検討している。

無条件最低限所得保障構想としての BI には三形態がある。①生活に必要なベーシック・ニーズを充足する完全 BI――この場合，所得税率としては 70% 近くになると試算されている――，②税率は低いが，他の社会保障によって補足される必要のある部分 BI，③完全および部分 BI へいたる過渡的形態としての過渡的 BI である。

また，類似の「最低限所得保障」構想としては，（i）給付の限定性が強い「負の所得税」，（ii）なんらかの社会的参加活動を給付条件とする「参加所得」，（iii）市場社会主義構想と結びついた無条件給付としての「社会配当」という三つの類似の構想がある（小沢 2002, 119-120；フィッツパトリック 2005, 41-45）。

（i）の負の所得税は，フリードマンによって提案されたものであるが，一定水準以上の所得への所得税を財源として一定水準以下の所得または無所得の者にたいし事後的に無条件の給付を行い，所得格差をある程度緩和する所得移転制度であり，資力調査を行い家族または世帯単位で支給される点でBIとは制度的に異なり，「失業と貧困の罠」に拘束される傾向が残る。しかしながら，BIのメリットとしては，生活資金的配慮を不要にして低賃金化を可能にすることや自由市場を前提としつつ「人間の顔をした資本主義」を実現するという性格を含む構想であるとして，負の所得税は急進右派（自由主義者）に支持される傾向がある。

（ii）の参加所得は，アトキンスンによって提唱されている構想であり，認定された職業訓練や教育を受けていること，子ども，高齢者，障碍者のケアをしていること，認定されたボランタリー活動に参加していること，のいずれかの条件を支給条件とすることによって，有償労働のみならず無償労働も市民社会への参加形態として承認し最低限所得保障を行う構想である。これは社会保険原理を損なわない部分BIの提案であり，福祉集合主義者（社会民主主義者や中間派）に支持されやすい提案であった。しかし，社会参加意思の認定方法や認定されたボランティア活動と未認定のボランティア活動とを区別する方法の点で難点があった（小沢2002, 121-128；フィッツパトリック2005, 99-109, 133-137）。

（iii）の社会配当についてはフィッツパトリックの著作によって検討しよう。社会配当は，ミードの提案した構想とローマーの提案した構想との二形態がある。

ミードの構想では，政府が株式を取得して特別基金として運用し，それによる社会配当を行い，労働と資本のパートナーシップ関係として，労働者は「労働分配率」を，資本は「資本分配率」を取得する。国家は大企業の株式の過半数を所有し，独自の「国有化」を実現しているが，企業利潤の配当を利用するだけで，経営は民間の手に残しておく。

ローマーの構想では，貨幣の機能が通常の「商品貨幣」と「資本貨幣」とに分割され，後者は投資信託を通じた企業の所有権購入に使用されるクーポンとし，クーポンは商品貨幣との兌換ができない独自貨幣とされている。全市民は成人に達したとき，国庫からクーポンを受け取り投資信託の購入に使用し，投資信託を通じて収益を生涯にわたって受け取る。投資信託はクーポンで企業の株式を取得し，企業は株式と引き換えに入手したクーポンを国庫で投資資金と交換することができる。このシステムでは資本市場がクーポンとリンクすることによって所有権の平等を実現し，社会配当による平等な所得分配を実現する機能を果たしている（フィッツパトリック 2005, 164-170：小沢 202, 128-129：ミード 1977, 127-141）[10]。

ミードの場合も，ローマーの場合も，不変資本（生産手段）と可変資本（労働力）との結合体である増殖する価値としての資本の存在と，その細分形態としての株式とその配当の存在を前提として，市民諸個人に平等な配当分配を実現する制度として社会配当が構想されており，資本主義に現存する株式会社制度における株式所有の社会化による社会主義の実現が構想されている点に本質的特徴がある。

しかし，フィッツパトリックの社会配当の捉え方には決定的な問題点がある。フィッツパトリックは社会配当を，「市民を生産手段に関係づける所有移転」として生産手段所有に関係づけ，生存手段に関係づける資本主義的 BI と本質的に区別している（フィッツパトリック 2005, 170：傍点は原文）。これはヴァン・パリースと同様，「ソビエトマルクス主義」の生産手段フェティシズムを「社会主義」の本質的規定として無批判に踏襲した認識であり，その結果，物的生産手段の占有単位，すなわち生産的消費単位としての個別企業にたいする生産手段の公的所有権による権力的統制というソビエト型経済と，株式会社の自立的経営，すなわち生産手段の個別的占有経営を前提とする社会配当との本質的相違が理論的に捉えられず，社会配当の経済的特質とその社会的実現条件についての理論的考察が欠落するという重大な問題点をもたらしている。

フィッツパトリックは，三類型の所得保障構想を支給条件の相違によって統一的図式に整理し，諸類型の移行条件を考察している。（i）の負の所得税はその類似形態の導入経験にもとづいて，資力調査等に費用がかかりすぎることから，その支持が弱まっていると指摘され，また（ii）の参加所得は社会保険と両立可能であり導入は比較的容易であるが，社会的「参加」の判定が困難であるため，結局，無条件の BI に移行することが予測されている（フィッツパト

10）なお，伊藤（2012）は，小沢（2002）が BI について資本主義的 BI を中心にしていると批判し，BI を社会配当による社会主義への移行可能性を重視して捉えている。

リック 2005, 109-110, 138-141)。しかし，(ii) 参加所得やBIから (iii) 社会配当への移行を考慮しつつも，その移行過程にかんしては，「1980年代において，社会主義を世界の舞台からひきずりおろしたのと同じく不確定の力が，おそらく将来いずれかの時点で社会主義を舞台に上げるだろう。私たちの分かるのは，将来は分からないということだけである」と指摘して，(iii) の社会配当の社会的実現条件の具体的検討を回避している (フィッツパトリック 2005, 174)。これは社会配当を含む「社会主義」を，「生産手段」所有の権力的な公的所有への転換を前提とする制度として捉えた結果，労働力再生産様式の歴史的発展過程の問題として，統一的に考察する視点が見失われたためである。この点で，小沢氏の社会配当の捉え方もフィッツパトリックと同様の問題がある (小沢 2002, 129)。

小沢氏は，最低限所得保障の諸構想の検討の結果として，BIの限界性と意義について考察している。BIは，医療や福祉サービス等の現物給付について考察の対象外にした現金給付制度に限定した構想であるという限界があり，現物給付との結合が「車の両輪」のように不可欠であると主張する (小沢 2002, 130；同 2010, 63-64)。BIの意義としては，性別分業にもとづく核家族モデルから人々を解き放ち，個の自立にもとづいて，ネットワーク形成を含む多様な社会的協同組織の形成を促進する基礎となり，労働市場の構造化と雇用の不安定性が進行する賃労働への依存から人々を解き放ち，普遍主義的セイフティネットを提供し，税と社会保障システムを合理的に統合することが可能になるとも主張している (小沢 2002, 129-132；同 2010, 63-64)。小沢氏の後の論考では，現代の先進資本主義の発展とそこにおける人間生活との矛盾によってBIの導入が「呼び寄せられている」という認識を示し，負の所得税や参加所得を含む広義のBIの諸類型の導入は，資本と労働との対抗関係が「人間的に」[11]闘われる場をつくりだし，その対抗関係は資本主義発展と人間生活との矛盾の新たなステージをつくりだすという歴史発展的意義が，19世紀の工場法と比較しつつ，考察されている (小沢 2002, 211-212；同 2010, 17-18)。

11) この表現は，労働者階級自身の発展程度に応じて変革過程が「より残忍な形で，あるいはよりヒューマンな形で，行われる」こと，したがって資本家階級は労働者階級の発達を妨げる障害の除去に利害を持っているという『資本論』の序文の表現からとられている (マルクス K. I, S. 15)。

BI の導入の意義にかんするこのような歴史認識は，現代資本主義における「労働の変容」という認識を根拠としたものであり，その問題について以下で検討しよう。

小沢氏は，BI の導入が必要となる現代資本主義における「労働の変容」の問題を，主としてゴルツやリフキンの見解を肯定的に引用しつつ検討している。ゴルツは，高度情報・サービス社会における労働生産性の高度な発展の結果として，社会的必要労働がますます縮小していくなかで，労働量によって賃金水準を決め，賃金所得によって生活保障をするという考え方が成り立たなくなってきていること，社会的必要労働が減少しているにもかかわらず，労働時間が均等に減少せず，長時間労働従事者と失業者へと二極分化し，低賃金で生産性の低いサービス産業へと就業構造がシフトし，労働賃金に依存する生活が困窮化していること，このような労働の変容の結果として BI 導入の必要性の認識が生まれていると捉えている。

また，リフキンは，急速に進む情報化，ハイテク化によって市場経済における賃労働雇用が減少していくことが不可避であり，「所得と労働の伝統的な関係が破壊されることは避けられ〔ず〕，……市場経済における雇用関係とは別な形で人々の所得を保障する必要性が生じてくる」（ロバート・セオバルト）[12] と捉えている（小沢 2002, 136-137；ゴルツ 1997, 116-118；リフキン 1996, 21-36, 290）。ゴルツもリフキンも，現代の高度な技術革新が労働需要の縮小と相対的過剰人口の絶対的増加による労働市場の二極分化をもたらすと捉えている。

このような認識は，現代の先進資本主義における労働市場の減少形態を特徴づけているとはいえ，資本蓄積の全体的運動を捉えてはいないという点で根本的な欠陥がある。もし資本主義の全体的な運動が労働需要の恒常的な縮小をもたらすとしたら，生産性上昇による相対的剰余価値が部分的に生じたとしても，剰余価値生産の全体的縮小が避けられないだけでなく，拡大再生産が欠如した貨幣資本的蓄積は過剰資本の恒常的拡大と構造的過少消費による深刻な構造不況をもたらす。これによって，生産手段の価値を含む資本価値（C＋V）自体が価値破壊され，資本主義的生産様式の存続自体が不可能化するはずである。マ

12）リフキン（1996, 290）から引用。

ルクスはこの問題を，剰余価値と資本の不断の増殖運動に内在する資本主義的生産にとっては「増大する労働者人口」が不可欠であることを指摘して，就業労働力人口の増加による可変資本運動の拡大が資本価値の正常な再生産と増殖に不可欠であることを指摘しているが（マルクス『草稿集』④，294；青柳 2010, 162-163），ゴルツとリフキンの資本主義観には可変資本を基礎とする全体的な資本運動視点が欠落している。

総人口が停滞化し，総需要の停滞化傾向が出現するなかで，国内的な投資先の狭矮化をよぎなくされた資本主義先進国は，世界的な労働市場における労働力増加と相対的過剰人口形成とを前提としたグローバル資本主義として資本運動を展開し，その運動によって国内労働力の停滞的社会における資本主義的生産様式をかろうじて維持させている。第V章で明らかにしたように，現代の先進資本主義の国内的過剰人口は世界労働市場におけるグローバル諸資本独自の蓄積運動形態によって構造的に創出されたものである。現代の先進資本主義における「労働の変容」の究極的根拠は，ゴルツやリフキンが主張するような技術革新自体にではなく，先進諸国に共通して出現した労働力再生産の停滞化傾向とそれによる少子高齢化社会の出現という人口再生産様式の変容にほかならない。このような人口構成は従来の財政制度と年金制度を中心とする保険制度の危機をもたらす要因であるが，グローバル資本運動による国内的過剰人口の大量形成と需要縮小による国内的過剰資本の大量形成はグローバルな資本運動をさらに強化し，それが資本輸出を行う先進資本主義国の財政危機と保険制度危機を激化させるという悪循環構造をもたらしている。BIまたはBI類似の最低限所得保障政策が，右派と左派を含む多様な政治的立場の諸階層から求められ，その導入が「呼び寄せられる」基礎的要因になっているのはこのような現代資本主義の全体的運動様式にほかならない。この場合，最低限所得保障の諸構想は資本主義の安定化のための社会政策的構想であるだけでなく，新たな賃労働雇用の拡大を通じて，サービス産業を含む過剰資本の投資分野の拡大と資本投資の活性化の条件の創出として，貧困層を含めた社会的有効需要の創出のための新たなケインズ政策的構想となっている[13)]。ゴルツやリフキンが特徴

13）最低限所得保障による所得移転の諸形態は，公共投資による需要創出とは異なり，物的生

づけたように，就業労働人口の減少による労働市場の二極分化という現代資本主義の特質は，少子高齢化社会の資本主義における可変資本の運動と剰余価値の国内的実現のために，高度な社会保障または BI 制度が不可欠になっていることを示していると言える。以上が BI の導入の要因に関する経済学的認識である。

次に，BI を含む最低限所得保障の諸構想と中川氏の労働力再生産機構の第二段階論との理論的関係を比較検討してみよう。中川氏の第二段階論は，BI 的諸制度のような具体的制度の提案を含んではいないが，現代資本主義における労働力再生産様式の社会化認識を基礎として，BI 的諸制度を包摂しうるような福祉制度改革構想となっている。なぜなら，家族単位の負の所得税構想を除けば，BI の諸制度は排他的経済単位としての一夫一婦婚家族ではなく，個人単位を前提にした社会制度改革であり，それは中川氏の第二段階論と本質的に共通している。BI 構想も中川氏の第二段階論も福祉制度改革による労働力再生産の社会化構想にほかならない。その点からみると，制度的移行可能性を含む発展過程として BI の諸制度を捉えているフィッツパトリックは，中川氏の第二段階論における福祉制度の発展認識と共通している。

しかしながら，フィッツパトリックの認識は，BI 諸制度と社会配当とを制度的に断絶したものとして捉え，社会配当を「生産手段」所有様式の権力的社会化（公有化）を不可欠とする制度と捉えている点で，中川氏とは異なる。この認識はソビエト型経済の失敗の経験がまったく踏まえられていない。『資本論』での「共同的生産手段」，すなわち「生産手段」の「社会的所有」による「私的所有」の廃棄という未来社会構想は，使用価値として「生産手段」を非市場的労働過程で一元的に生産的に利用（消費）することをイメージした構想である。その実態は，機械的労働手段を極限まで集積してそれによって巨大労働手段体系をつくりだし，それに沿うように多数の労働力を「一つの社会的労働

産手段の投資費用や経営者用費用への支出をともなわない直接的有効需要創出である点に新しい特質がある（橘木・山森 2009, 219）。長期的な体制移行問題が本章の中心課題であり，現代日本における BI 財源の形成問題は直接的課題ではないが，飯田・雨宮（2009）の累進所得税，相続税増加，リフレ政策と成長による財源形成という提言は現実的で説得性がある。

力」として統合し，それと「生産手段」とを合体させ，一元的な生産活動体系を構築しようとするものである（マルクス K. I, S. 93, 655-656, 791）。これは経済的に不可能な構想であり，ソビエト型経済の失敗はこのような構想に起因している。これとは対比的に，現代経済の場合は，機械的労働手段の小規模化や多様化にもとづいて多数の個別経営的労働過程で生産手段が個別的に所有されている。

市場経済を前提としたうえで，個別資本にたいしてなんらかの社会的規制が加えられたとしても，それ自体は「生産手段」を個別資本によって多元的に利用（消費）するという労働過程の実態を変えるものではない。また，それは「生産手段」の「社会的所有」を意味するものでもない。しかしながら，現代経済における「生産手段」の「社会的所有」論は『資本論』の未来社会論を踏襲して，多くの社会主義者によって主張されている。フィッツパトリックやヴァン・パリースのような市場経済論者もその所有論を踏襲している。

コルナイは旧「社会主義」圏における生産手段の公的所有体制を前提とする「市場社会主義」的改革思想にたいして，「公的所有が支配的な経済は，経済過程の調整で市場が主たる役割を果たすことと両立しない」（コルナイ 2006, 284）と批判している。そして本書第 VI 章と同様に，生産手段公有化体制内部における家計の私的家事労働的生産と第二経済の存在を私的セクター（私的所有）の自然成長的基礎として捉えている。コルナイの経済思想は「社会主義」（彼はソビエト型国家資本主義をそう規定している）の内部矛盾の分析を通じて，自由な生産手段市場の形成による社会主義から私的資本主義への発展的体制転換という認識を内包しており（コルナイ 1984, 176-189；同 1992, 29-31, 47-48；同 2006, 62-69, 227, 250, 339），発展した現代経済における生産手段の公的所有による一元的社会体制化の非現実性を論証している。また，『資本論』的歴史観の合法則性という自己の旧見解を自己批判したブルスの現実認識（ブルス 1982, 25；ブルス＆ラスキ 1995, 29-34, 57-58, 234-235）もコルナイと共通している。

以上の BI 諸構想の検討の総括として，BI 制度から社会配当への移行の歴史的根拠について検討しつつ，ポスト資本主義としての社会主義への移行様式について考察しよう。それは，労働力再生産の社会化を基礎としたポスト資本主義的生産様式への転換という中川氏の構想と共通する問題である。ここで検討しなければならない問題は，現代資本主義が現実化しつつある 21 世紀社会主義への転換の社会経済的根拠は何かという問題である。

小沢氏は BI の財源として所得税を基本としているが，キャピタルゲイン課税，相続税，贈与税等の資産所得課税の導入も，BI 制度の発展形態として考察している（小沢 2002, 182）。このような構想をさらに発展させたのが小飼弾『働かざるもの，飢えるべからず』（2009）である。小飼は，財産の私的家族的相続や贈与を廃止し，遺産としての全個人財産を「社会相続」制に転換して，それを BI 財源とする社会配当構想を提案している。現代日本の場合，毎年の遺産相続を約 80 兆円と推定し，それによって月額 5 万円強の BI を保障することが可能であると算定している[14)]。

このような社会相続・社会配当構想の現実的根拠について考察しよう。個人財産の家族的継承としての排他的な家族的相続は，次世代の家族的養育と老親の家族的扶養や介護という家族福祉制度の世代的継続の一環として社会的に正当化されてきた。しかしながら，BI の諸制度による個人的労働と個人的取得の発展は，排他的な私的家族的所有と排他的な家族単位的利害を一歩一歩解消し，個人的所有を現実的なものにする。持家等の高額財産の家族単位的所有も，同棲カップルの別財産制による住宅の共同占有関係としてのハウスシェアリング的形態に漸次的に転換し，さらにはその家族単位的所有を解消していくであろう。この過程は排他的家族的相続の社会的正当化の根拠を喪失させる。そして社会的経済活動によって獲得された個人財産の正当な社会的継承形態は，社会相続であるという認識が社会的に受容され，拡大していく。とくに参加所得を含む部分 BI の導入過程で，「フリーライダー」（BI 財源への貢献なき BI 取得者）にたいする批判を通じて（フィッツパトリック 2005, 78-81 参照），親の財産の排他的相続という特権的「フリーライダー」の存在が社会的に自覚されるようになり，法のもとの平等という市民的原理に反する出自家族による特権であるとして批判されるようになるのは自然な過程である。BI 制度の社会的発展は，

14）ここでは財産の算定や社会的取得のための技術的条件は問題としない。社会相続にたいする社会的合意があれば技術的解決は可能であるからである。また，小経営を存続するための現物的資産占有の継承は，その経営にふさわしい人物が資産購入費の低利融資や良好な BI を受けることによって可能となるが，この問題も社会的合意によって技術的問題は解決される。

排他的な家族的相続を不要にするだけでなく，特権的な家族的相続が男女両性の個人的労働と個人的取得および個人的所有の自由な発達を阻害するという社会的自覚を呼び起こし，法のもとの平等という市民的原理を実現する相続形態として社会相続が必然的に発達する[15)]。

社会配当を発展させる内発的基礎となるのは，この社会相続による諸資産のBI基金化である。これはフィッツパトリックやヴァン・パリースが想定するような「生産手段」所有の権力的社会化としての一元的な公的所有化ではない。一方では，生産手段所有様式の多様化という現代の経済的発展を前提とする所有様式全般の多様性が保障され，他方では，BI諸制度の発展によって労働力再生産様式の社会化が推進されるのである。この両者が揃って社会相続・社会配当を含む社会主義的諸制度への移行に多数の人々が合意する過程となっていくのである。これは，発展した株式制度と同様，「私的所有としての資本の止揚」としてマルクス（K. III, S. 452, 454）が特徴づけた形態であると言える。

小沢氏が指摘した現物的福祉サービスは，労働能力養成のための社会制度や労働能力の完全回復のための医療・衛生制度として，労働力の社会化にとって独自に必要である。それは，BI制度と結合することによって，男女両性の個人的労働と個人的所有の発展に不可欠な制度となる。両者を結合した社会的制度としての成熟は，家族単位的福祉制度を脱した個人的労働と個人的所有および個人の自由時間の保有を実現する労働力再生産の複合制度を通じて実現されるであろう。

排他的家族的所有と家族的利害からの解放によるポスト資本主義としての脱階級社会化すなわち社会主義への移行という新しい捉え方は，非排他的対偶婚から排他的一夫一婦婚への転換による財産の私的排他的相続の形成にもとづく階級社会への移行というマルクス晩年の歴史観と表裏の関係にある。新しい捉え方は，第IV章で検討したように，共同体間生産物「交換」の発生とその発

15）社会相続の形態は株式所有の平等な個人的分配等の形態も含みうるが，基本的に遺産の社会的BI基金化である。遺産の家族的相続をめぐるトラブル発生の危険を避け，自己の死後の遺産を年金基金や子ども手当基金に寄付することによって社会の次世代全体の保険料負担や養育費負担を軽減するという社会貢献のほうを選択するような社会意識は，現代ですでに存在しており，そのような社会運動も可能であると筆者は考えている。ビル・ゲイツのような一代限りの資産家も巨額な資産の社会的寄付を選択しているからである。

展による「私的所有」の発生という『資本論』で主張された「見解」[16]とは根本的に異なっている。この「見解」は，「共同的生産手段」，すなわち生産手段の「社会的所有」による市場経済の廃棄という非現実的未来社会構想（マルクス K. I, S. 92-93, 102-103, 790；K. III, S. 187）の根拠となっているものである。新たな未来社会展望は，生産手段所有を権力的に社会化する公有化による一元的所有形態ではなく，多様な生産手段の生産による生産手段市場の高度な発展にもとづいて，個人経営を含む多様な経営形態による生産手段所有様式の多様化と多元化にもとづく市場経済の発展を前提としている。脱私的所有化とは，個人財産の所有様式を変革することであって，市場経済を否定することではない。これは労働力再生産の社会化によって解放された所有様式への転換であって，私的家族的所有へのこだわりやその追求欲から離脱することを意味する。これが真の個人的所有の実現である。この展望は現代資本主義の発展自体が指向しつつある発展方向に沿っている。それを前提とした歴史現実的な未来社会展望である。

BI 諸制度の導入過程では，その有効需要創出効果により，過剰資本が投資活動に向かいその活性化により剰余価値生産の拡大を実現する。ところが，社会配当を含む BI 諸制度の発展の方向性は，相対的過剰人口形成による貧困を解消し，労働市場の形成を人間的なものに変え，長時間労働の強制条件を解消する。それにより可変資本運動にともなう剰余価値生産を制約するようになる。このことは剰余価値にもとづく社会配当の減少をもたらす。その結果，所得税や消費税を財源とする BI による社会配当の比重は高まり，利潤の企業内部留保や株式取引を通じた資本蓄積運動は衰退する[17]。それに代わって，平等化し

16）共同体間生産物「交換」による「私的所有」の発生という『資本論』の主張は，エンゲルスが指摘しているように，『資本論』執筆時には実証的根拠のない「見解」（マルクス K. III, S. 187）にすぎなかった。しかしその後，モーガンの研究によって実証されたというエンゲルスの主張には根拠がない。第 IV 章の検討で明らかにしたように，現代の未開社会研究は，『資本論』の交換論的「見解」が成立しがたいことを実証しているからである。

17）いかなる財源であれ，BI 制度の導入は現代経済の質的生産力発展（労働時間短縮）のための有効需要創出（サービス需要を含む）の促進効果がある。資本の国外逃避の効果的な規制制度が形成されるのであれば，そのかぎりで法人税あるいは環境税や富裕者税等が有効需要創出にとって，より効果的な財源となる。しかし，これらの財源は剰余価値生産比重が高い場合には財源として有効であるが，BI 制度の発展による剰余労働縮小（自由時間増大）は財源比重を非剰余価値的課税へと移行させる。

た男女両性による協業と人間的発達にもとづく社会配当を通じて労働生産性は上昇する。それがもたらす自由時間の増大は，新たな創造的労働による起業や創造的活動を創出する社会的基盤となる。その結果，生産力発展は剰余労働による資本蓄積から自由時間を基礎とする発展へと移行していくであろう。これが『資本論』でも予測されている両性の協業と人間発達にもとづく生産力発展の方向と重なっているとすれば，現代資本主義における両性の個人的労働と個人的取得の発展傾向は新しい生産力と生活様式の諸要素の「萌芽」または「孵化」としてとらえることができる（マルクス K. I, S. 514；K. III, 828）。中川氏の労働力再生産機構の第二段階論はこのような新たな歴史的発展方向を見すえた発展段階論であったと言える。

最後にBI諸制度の導入を要求し，それを社会的に推進する諸階層について検討しよう。BI諸制度は多様な階層から導入論が提起されうるとはいえ，それを強く求める階層は以下の階層だろう。

それは，従来の社会保険制度から除外され，資力調査による公的扶助申請に抵抗感をもつ貧困諸階層，正規雇用から排除され保険料負担が困難な非正規雇用者層，流動的過剰人口の諸階層としての女性層や若年層，十分な年金取得から脱落した高齢者層，次世代の養育費負担が困難なシングルマザーなどの貧困世帯層，生活保障が不十分な障害者などであり，現代の選別主義的社会保障の矛盾に直面している諸階層である。これらの階層は普遍主義的社会保障の実現としてのBI諸制度を最も必要とし，その導入を強く求める中心階層となるだろう。BI制度は，これらの諸階層への対応として，現状の社会保険制度を補完するものとしての参加所得や年金・子ども手当等の部分BIから導入が開始される可能性がある（橘木・山森 2009, 241-243）。

次に，BI制度を高度に発展させる広範な社会層について考察しよう。工場労働者や大企業の組織労働者による運動のみでは，第三次産業労働者が大量化

諸個人の収入はBIと個人的労働収入から構成されるが，後者の収入は賃労働収入や個人的営業収入や協同組合的収入である。賃労働にもとづく企業形態は株式の社会相続の結果としての公的（国家的）資本と個人的資本との混合企業形態となるであろう。この企業はBIの発展による相対的過剰人口の生活保障を通じて，長時間の剰余労働を強制する条件をしだいに喪失し，ポスト資本主義的企業となるであろう。結果として剰余価値にもとづく法人税や富裕者税は縮小することになる。

し，非正規労働者が増大しつつある現代では BI 推進の推進力としては不十分である。BI 制度にかかわる広範な社会層としては，医療・介護・保育などに従事するエッセンシャル・ワーカーや教育労働者のような労働力再生産に直接かわる労働者層，都市的サービスを提供する低賃金労働者層としての流通労働者，外食産業労働者，交通運輸労働者，建設労働者などを含め，都市生活自体を「生産」し，労働力再生産に寄与する地域的労働者としての都市労働者18)の諸階層であり，その共通目標として，現代の矛盾の変革による自己の労働を社会的に発展させるために，BI 制度を推進する運動の広範な担い手となるであろう。

以上の担い手は一国内にとどまらない。世界的労働市場におけるグローバル諸資本の運動による金融術策的略奪と搾取強化は世界的な相対的過剰人口の形成を通じて労働市場の二極分化を推進し，労働力再生産における矛盾を世界的に拡大させている。このことによって，BI 導入の必要性を世界的に増大させ，都市労働者運動を世界的に拡延させるであろう。男女の都市労働者の諸階層による BI 推進を通じた労働力再生産の社会化運動は，工業経済（工業化）の時代のような男性賃労働者中心の不変資本（生産手段）集約型の生産力発展とは異なった発展様式となるだろう。そこでは，ポスト工業経済の時代にふさわしい男女両性の人間発達による自由な協業や分業編成を基礎とした，自由時間を創出するような労働様式中心型生産力発展19)と，排他的一夫一婦関係すなわち

---

18) ハーヴェイ『反乱する都市』は，従来の資本主義的「生産」概念の狭さと，伝統的左翼の民主集中制至上主義としての「組織形態フェティシズム」とを批判して，工場労働者のみならず，多様なサービス産業労働者を，都市生活自体を「生産」する労働者として位置づけて「都市労働者」概念に包摂し，新しい都市的社会運動の主体として捉えている。都市労働者の共通する運動目標として，都市に集中する剰余の民主的管理の確立と「都市コモンズ」としての公共的物的福祉制度やオルタナティブ文化創造空間の創出を設定するとともに，グローバル資本による都市化を通じた略奪的搾取強化の結果として，世界の諸都市における「都市革命」の世界的発展可能性について考察している（ハーヴェイ 2013, 15, 55, 59, 131, 150-154, 190, 207, 213-218, 229, 276-277）。ここでは，外婚制共同体家族を基礎とした農民的土地革命運動とその世代的継承としてのソビエト型集団主義による社会変革運動とは異なった社会変革運動として，BI 制度や福祉サービス制度と共通する社会変革構想が，変革主体とその運動様式の考察を含めて提起されている。なお，ポスト工業経済時代における，組織形態フェティシズムを脱却した「新しい社会運動」の特質と社会運動としての BI 運動の可能性にかんして小熊（2012, 67-83, 404-428, 489-503）を参照。

排他的性関係と排他的家族関係を離脱した自由な労働・生活様式とを推進する運動主体が形成されるだろう。

19）第一次・第二次産業労働の縮小をもたらす技術革新はこのような生産力発展様式の一般的前提条件であるが，これらの労働の場合でも男女両性の対等な協業による技術開発がジェンダー的偏りのない総合的開発力を通じて生活的技術の飛躍的発展条件となるであろう。また，BIによる労働時間短縮型生産力発展は同時に環境破壊解消型の技術発展をもたらすであろう。

現在のコロナ禍はジェンダー不平等を反動的に強化するように作用している。しかし，長期的には総労働力供給を縮小させ，女性の恒常的労働力化の推進を通じてジェンダー平等のいっそうの発展をもたらすであろう。

あとがき

本書に収録した諸論文の初稿は2011年から2013年にかけて『岐阜経済大学論集』掲載の諸論文（原題「短い20世紀の史的総括と21世紀の社会主義展望」）として発表したものである。これは生産手段の所有関係変革論としての伝統的な「社会主義」論を批判し，マルクス晩年の歴史観にもとづいて，性差別的男女関係とそれによる性・生殖様式の変革を基礎とした労働力再生産の社会化（ベーシック・インカム）にもとづく剰余労働消滅を通じたポスト資本主義展望の歴史実証的研究を課題としたものである。しかし，私が2013年に退職し，学生教育から離れたため学生への教育用推薦図書としての出版が不可能になり，長らく出版を保留してきた。また，初稿発表後，それにたいする好意的論評や批判等が一切現われず，事実上出版を断念してきた。しかし最近，立命館大学の田中宏氏が諸論文の梗概を見て，早期の出版を強く勧めるとともに，本書の最重要章である第VII章と第VIII章の表現を学生推薦図書にふさわしい表現にする作業を熱心に進めていただいた。田中氏は東欧「社会主義」とヨーロッパ経済の専門家であり，氏の好意的評価は，本書が広範な読者層に受容される可能性を実感させるものであった。また，ジェンダー問題にかんしては，私の共同生活者であるいずみとの対話が有意義であった。

本書の新たな出版企画は田中氏と私との第VII章と第VIII章の改稿のための共同作業の賜物であり，その過程で本書の諸論文にたいし，あらためて再評価を行った結果生まれたものである。「マルクス晩年の歴史認識と21世紀社会主義」という本書のタイトルはこの再評価にもとづいている。「社会主義」と呼ばれた社会体制崩壊以後ほぼ30年経過しているが，その体制の総括的検討とそれを前提とする21世紀の新しい社会主義構想にたいし，本書の読者からどのような感想をいただくか。強い好奇心を持っている。率直なご感想とご批判を頂けたら幸いである。

本書に寄せて

田中 宏｜立命館大学特任教授

本書には，マルクスがそしてその後の経済学者が『資本論』をいかにして乗り越えようとしているのかという未来形の動詞を解明した，青柳和身氏による模索，探究と深化の結果が収められている。

2010年9月の基礎経済科学研究所の研究大会で「ソ連型社会の崩壊20周年を考える分科会」が開催された。その報告者の投稿並び報告者以外の投稿によって『経済科学通信』第125号で特集「ソ連型社会とはなにであったか？」が組まれた。大西広「国家資本主義という視点から」，田中宏「『ソ連型』経済社会とはどのようなものであったか」，藤岡惇「その本質は『国家産業主義』だった」，芦田文夫「『ソ連型社会』からの教訓」（以上分科会報告），それ以外の投稿論文として，森岡真史「ソ連社会主義の経験と教訓」，青柳和身「ソ連経済における生活生産手段の二分割所有ウクラードの成立と崩壊――21世紀の新たな社会主義展望」，揚武雄「経済『価値』論と共産主義」，山本広太郎「マルクス社会主義論と『実存社会主義』」，池田清「人間発達の持続可能な社会――デンマークを事例にして」が掲載された。その後，『通信』の「書評批評」で森岡論文をめぐって論争が行われた。そこで一番感じたことは，ソ連型社会への接近姿勢の違いであった。その多くがロゴスから出発しているのに対して，青柳論文から受ける感触は異なっていた。

ところで，上記の拙稿は二つの接近方法を採用していた。そのひとつは，過去のポーランドやハンガリーでの留学生活の実体験からそこで得た感覚や経験を表象する概念を取り扱う理論群から接近するという方法である。もうひとつは，体制転換後の20年間の中東欧の変化からその過去のシステムの本質を逆照射するという間接的方法である。

体制転換後30年を経過した現在ではそれらは次のようになる。後者からすると，なぜハンガリーが市場改革と体制転換のパイオニア的立場から非リベラルな国家資本主義の先頭集団になったのか，その転換の要因を解明しなくてはならない（これは旧ソ連・ロシアにも当てはまる）。それは国家社会主義システムの時代の物質的生産のあり方を超えて，そのより長期的な精神的諸条件にまで遡ってもう一度解明し直さなくてはならないだろう。他方，前者の接近方法を追求することで，ハンガリーの生産とイノベーションの実態を現時点から19世紀後半まで遡って解明することになった（池本修一編著『体制転換における国家と市場の相克』日本評論社所収の拙稿を参照されたい）。ところが，これらの点を重ね合わせると，生産の現場を離れて長期的な精神的諸条件を生み出す生活の実態という面が前方にでてくる。そこで一番身近に感じられたのは上記の投稿諸論文の中で青柳論文であった。

青柳さんとは，京都大学大学院経済学研究科のゼミナールで何年か重なっているが，その後の著書『ロシア農業発達史研究』につながる緻密な研究と仕事ぶりは後輩の手本だった。その後私自身がソ連から東欧に研究対象を移して，しかも高知に赴任したことで交流は途絶えた。2000年に立命館大学に赴任してきた時も，青柳さんは『フェミニズムと経済学』に代表されるジェンダー研究者であって，私の研究領域と重なるとは感じていなかった。しかし，その後上記の論文との出会いがあり，以降発表される論文に注目していた。

なぜだろうか。それは青柳さんの研究が家族を中軸に据えておられるからだと思う。国家社会主義経済を象徴するのは不足，行列であった。ポーランドにはじめて留学して最初の強烈な印象は国営デパートの店頭の空っぽの棚と長い行列であった。これは経済学のタームでは「不足の経済学」，需給の構造的アンバランス，インフォーマル経済論で説明される現象である。ところがその裏で刮目したのは，各家庭の地下倉庫にストックされた1年以上生活できる食料や日用品のストックとそれを融通しあう家族同士の交流であった。ハンガリーでは企業の部品・素材を流通させながら，個人菜園等で慎ましやかだが豊かに生活する都市住民や農民の家族の姿があった。青柳論文はこれを生活手段と生産手段の融合したもの，生活生産手段の私的蓄蔵と私的交換を内包して，家族的労働と家族的所有という私的家族的利害が強化されているものとして活写している。ソ連型システムについての多くの研究が，それを中央計画システムと労働者あるいは市場との対抗関係として観察するのに対して，青柳さんの研究は生活の現場から発想が生まれているように思えた。その点は企業における労働の現場を重視する私のこれまでの研究と通底するところがある。ただし，ソ連型システムを国家資本主義だとは考えていない。「日々の権力」「影の労働システム」や生活生産手段の恒常的流動化が発生したのは生産手段の国家的所有の成立という制度的枠組の歴史的成立があったからだと理解している。

本書で議論されているのは広義の経済学の展開である。『資本論』の狭義の諸範疇を超えて広義の経済学の諸範疇がいかに展開されるべきか。家族を端緒的範疇にしながら，競争の体系から互酬の体系への高次の逆転換，そしてさらにジェンダー，生活生産諸様式，階級，市民社会を有機的に結びつける道筋が明らかになるのではないかと個人的には期待している。人間・個人の生命と生活の再生産，将来社会につながる思想がそこには展開されていくだろう。広大な理論的空間が広がっている。是非とも本書を手にとってその議論の輪に加わっていただきたい。それはまた，それらを前提とする比較経済論の課題でもあると考えている。

参考文献リスト

青柳和身 (1994)『ロシア農業発達史研究』御茶の水書房

——— (2007/2008)「ヒックス経済史の理論的意義」『岐阜経済大学論集』第 40 巻第 2～3 号，第 41 巻第 1～2 号

——— (2008)「資本主義と人口再生産様式」『経済科学通信』第 118 号

——— (2009/2010)「晩年エンゲルスの家族論はマルクスのジェンダー認識を継承しているか――生産様式論争のジェンダー的総括」『岐阜経済大学論集』第 43 巻第 1～3 号

——— (2010)『フェミニズムと経済学 (第二版)』御茶の水書房

——— (2011a)「ソビエト経済における生活生産手段の二分割所有ウクラードの成立と崩壊――21 世紀の新たな社会主義展望」『経済科学通信』第 125 号

——— (2011b)「森田成也氏の「書評『フェミニズムと経済学 (第二版)』」へのリプライ」『季刊 経済理論』第 48 巻第 3 号

——— (2011-2013)「短い 20 世紀の史的総括と 21 世紀社会主義展望――晩年マルクスの歴史観を手がかりにして」『岐阜経済大学論集』第 45 巻第 1～2 号，第 47 巻第 1 号

浅川雅己 (2020)「マルクスにおけるジェンダーと家族――晩年の共同体研究がもつ可能性の一つとして」『季刊 経済理論』第 57 巻第 3 号

飯田康之・雨宮処凜 (2009)『脱貧困の経済学』自由国民社

五十嵐徳子 (2012)「旧ソ連諸国のジェンダー状況」『ユーラシア世界 4 公共圏と親密圏』東京大学出版会

石井規衛 (1995)『文明としてのソ連』山川出版社

伊藤誠 (2012)「ベーシック・インカム構想とマルクス経済学」『季刊 経済理論』第 49 巻第 2 号

井上智洋 (2016)『人工知能と経済の未来』文春新書

上野千鶴子 (1990)『家父長制と資本制』岩波書店

ヴァン・パリース，P. (2009)『ベーシック・インカムの哲学』後藤玲子・齊藤拓訳，勁草書房

後房雄 (1991)『大転換 イタリア共産党から左翼民主党へ』窓社

梅棹忠夫 (1967)『文明の生態史観』中央公論社

エスピン－アンデルセン，G. (2000)『ポスト工業経済の社会的基礎』渡辺雅男・渡辺景子訳，桜井書店

エーレンバーグ，マーガレット (1997)『先史時代の女性』河合信和訳，河出書房新社

エンゲルス，F.『マルクス＝エンゲルス全集』第18巻，第20巻，第21巻，第22巻，大月書店
大津定美（1988）『現代ソ連の労働市場』日本評論社
大津典子（1990）「バーブシュカが行く」『AERA』No. 42，朝日新聞出版部
大西広（1992）『資本主義以前の「社会主義」と資本主義後の社会主義：工業化の成立とその終焉』大月書店
――（2011）「国家資本主義という視点から」『経済科学通信』第125号
岡田裕之（1975）『社会主義経済研究Ⅰ』法政大学出版局
――（1985）「社会主義的蓄積と近代人口法則（上）」『経営志林』第22巻第3号
――（1986）「社会主義的蓄積と近代人口法則（下）」『経営志林』第23巻第1号
――（1991）『ソヴェト的生産様式の成立』法政大学出版局
奥田央（1990）『コルホーズの成立過程』岩波書店
小熊英二（2012）『社会を変えるには』講談社
荻野美穂（1994）『生殖の政治学』山川出版社
小沢修司（2002）『福祉社会と社会保障改革 ベーシック・インカム構想の新地平』高菅出版
――（2007）「ゲッツ・W・ヴェルナー著『ベーシック・インカム――基本所得のある社会へ』に寄せて」，ゲッツ・W・ヴェルナー『ベーシック・インカム』渡辺一男訳，現代書館所収
――（2008）「日本におけるベーシック・インカムに至る道」，武川正吾編著『シティズンシップとベーシック・インカムの可能性』法律文化社所収
――（2010）「ベーシック・インカムと社会サービス構想の新地平」『現代思想』第38巻第8号
――（2012）「ベーシック・インカム論議を発展させるために」『季刊 経済理論』第49巻第2号
落合恵美子（1989）『近代家族とフェミニズム』勁草書房
カエサル，ユリウス（2008）『ガリア戦記』中倉玄喜翻訳・解説，PHP研究所
加藤志津子（2006）『市場経済移行期のロシア企業』文眞堂
――（2012）「ロシア企業の体制転換――20年の道程」，村岡到編著『歴史の教訓と社会主義』ロゴス所収
加藤弘之（2009）「改革開放の始まりと終わり」，日本現代中国学会編『新中国の60年』創土社所収
河本和子（1998）「フルシチョフ期のソ連における政策形成」『国家学会雑誌』第111巻第1・2号
――（2008）「ジェンダーと政治秩序」『国際政治』第152号
――（2010）「フルシチョフ期のソ連における公私の区別とジェンダー」『国際政治』

第 161 号
——— (2012)『ソ連の民主主義と家族』有信堂
ガマユノフ，П. С. (1992)「マルクスのインド共同体研究ノートについて」『現代の理論』1992 年 1 月号
聴濤弘 (2009)『カール・マルクスの弁明』大月書店
木本喜美子 (1995)『家族・ジェンダー・企業社会：ジェンダー・アプローチの模索』ミネルヴァ書房
雲和弘・ブルコヴァ，M. (2013)「ミクロデータを利用したロシア・旧ソ連諸国におけるジェンダー状況把握の可能性」『ロシア・ユーラシアの経済と社会』No. 965
コヴァレフスキー，M. (2011)「『共同体的土地所有，その解体の原因，経過および結果』序文」(青柳和身訳)『岐阜経済大学論集』第 44 巻第 2 号
コーエン (1979)『ブハーリンとボリシェビキ革命』塩川伸明訳，未来社
小飼弾 (2009)『働かざるもの，飢えるべからず』サンガ
小島修一 (2002)「コンドラーチェフとロシアの農業発展」『甲南経済論集』第 42 巻第 4 号
——— (2008)『20 世紀初頭ロシアの経済学者群像』ミネルヴァ書房
コルナイ，ヤーノシュ (1984)『「不足」の政治経済学』盛田常夫訳，岩波書店
——— (1992)『資本主義への大転換』佐藤経明訳，日本経済新聞社
——— (2006)『コルナイ・ヤーノシュ自伝』盛田常夫訳，日本評論社
ゴドリエ，モーリス (1976)『人類学の地平と針路』山内昶訳，紀伊國屋書店
ゴルツ，アンドレ (1997)『労働のメタモルフォーズ』真下俊樹訳，緑風出版
斎藤幸平 (2020)『人新世の『資本論』』集英社新書
齊藤拓 (2010)「日本のベーシックインカムをめぐる言説」，立岩真也・齊藤拓著『ベーシックインカム：分配する最小国家の可能性』青土社所収
サーヴィス，E. R. (1979)『未開の社会組織』松園万亀雄訳，弘文堂
サイミス，コンスタンチン (1982)『権力と腐敗』木村明生訳，PHP 研究所
阪本秀昭 (1998)『帝政末期シベリアの農村共同体』ミネルヴァ書房
佐久間邦夫 (1987)「ソ連の地下経済」，名東孝二編著『共産圏の地下経済』同文館出版所収
佐藤芳行 (2000)『帝政ロシアの農業問題』未来社
サーリンズ，マーシャル (1984)『石器時代の経済学』山内昶訳，法政大学出版局
塩川伸明 (1992)『ペレストロイカの終焉と社会主義の運命』岩波書店
シービンガー，ロンダ (2007)『植物と帝国』小川眞里子・弓削尚子訳，工作舎
シャヴァンス，ベルナール (1992)『社会主義のレギュラシオン理論』斉藤日出治訳，大村書店
ストーン，L. (1991)『家族・性・結婚の社会史』北本正章訳，勁草書房

ソ連大使館広報部編 (1981)『ソ連共産党第二六回大会資料集』ありえす書房
ドーア，ロナルド (2006)『働くということ』石塚雅彦訳，中央公論新社
須藤健一 (1989)『母系社会の構造』紀伊國屋書店
タキトゥス (1953)『ゲルマーニア』田中秀央・泉井久之助訳，岩波書店
——— (1979) 同上 (改訳)，泉井久之助訳，岩波書店
高木桂蔵 (1987)「中国の地下経済」，名東孝二編著『共産圏の地下経済』同文館出版所収
橘木俊詔・山森亮 (2009)『貧困を救うのは，社会保障改革か，ベーシック・インカムか』人文書院
竹信三恵子 (2017)『正社員消滅』朝日新書
渓内譲 (1992)『歴史の中のソ連社会主義』岩波書店
田中宏 (2011)「「ソ連型」経済社会とはどのようなものであったか」『経済科学通信』第 125 号
田中真晴 (1967)『ロシア経済思想史の研究：プレハーノフとロシア資本主義論史』ミネルヴァ書房
谷江幸雄 (1997)『ソ連経済の神話』法律文化社
チャトバディアイ，パレッシュ (1999)『ソ連国家資本主義論』大谷禎之介ほか訳，大月書店
ドイッチャー，アイザック (1964)『武装せる預言者・トロツキー』田中西二郎・橋本福夫・山西英一訳，新潮社
トッド，エマニュエル (1992)『新ヨーロッパ大全 (上)』石崎晴己訳，藤原書店所収
——— (1993)『新ヨーロッパ大全 (下)』石崎晴己訳，藤原書店
——— (2001)『世界像革命』石崎晴己訳，藤原書店
——— (2008)「第三惑星」，同著『世界の多様性』荻野文隆訳，藤原書店
——— (2015)『トッド自身を語る』石崎晴己訳，藤原書店
トポルニン，B. N. (1980)『ソビエト憲法論』畑中和夫監訳，法律文化社
友寄英隆 (2021)「エマニュエル・トッド『家族システムの起源』を読む」『経済』No. 306
豊村洋子 (1969)「ソビエトの家政科」『北海道教育大学紀要 (第 1 部 C)』第 20 巻第 1 号
—— (1971)「ソビエトの家政科」『北海道教育大学紀要 (第 1 部 C)』第 21 巻第 2 号
トンプソン，E. A. (1970)「初期ゲルマニアにおける奴隷制」(土井正興訳)，フィンレイ，M. I. 編『西洋古代の奴隷制』古代奴隷制研究会訳，東京大学出版会所収
中川スミ (1987)「家事労働と資本主義的生産様式」『高田短期大学紀要』第 5 号
——— (1989)「蓄積・集積・集中の論理構造 (I)」『高田短期大学紀要』第 7 号
——— (1990)「蓄積・集積・集中の論理構 (II・完)」『高田短期大学紀要』第 8 号
——— (1993)「家事労働は『搾取』されているのか」(東京大学)『社会科学研究』第 45 巻第 3 号

――― (1994a)「『家族賃金』イデオロギーの批判と『労働力の価値分割』論――家族単位から個人単位への労働力再生産機構の変化」(東京大学)『社会科学研究』第46巻第3号
――― (1994b)「大沢真理さんのコメントに答えて」(東京大学)『社会科学研究』第46巻第3号
――― (2007)「資本は性に中立（ニュートラル）か」『経済科学通信』第113号
――― (2014)『資本主義と女性労働』青柳和身・森岡孝二編，桜井書店
中山弘正 (1981)『ソビエト農業事情』日本放送協会
――― (1993)『ロシア疑似資本主義の構造』岩波書店
中村哲 (1977)『奴隷制・農奴制の理論』東京大学出版会
名越健郎 (1987)「ベトナム人の経済学」，名東孝二編著『共産圏の地下経済』同文館出版所収
布村一夫 (1980)『原始共同体研究』未来社
野部公一・崔在東編 (2012)『20世紀ロシアの農民世界』日本経済評論社
ノーボスチ通信社編 (1978)『新ソ連憲法・資料集』ありえす書房
ハイエク，フリードリヒ (1992)『隷属への道』西山千明訳，春秋社
ハーヴェイ，デヴィット (2011)『〈資本論〉入門』森田成也・中村好孝訳，作品社
――― (2013)『反乱する都市』森田成也・大屋定晴・中村好孝・新井大輔訳，作品社
ハーシュマン，A. O. (2005)『離脱・発言・忠誠：企業・組織・国家における衰退への反応』矢野修一訳，ミネルヴァ書房
ハルチェフ，ア・ゲ (1967)『ソ連邦における結婚と家族』寺谷弘壬訳，東京創元社
ハルチェフ＆マツコフスキー (1979)『現代ソビエトの家族問題』本田祺枝ほか訳，駿台社
ヒックス，J. R. (1995)『経済史の理論』新保博・渡辺文夫訳，講談社
日南田静真 (1966)『ロシア農政史研究』御茶の水書房
――― (1972)「ロシア資本主義とミール共同体」『社会科学の方法』1972年5月号
――― (1973)「コメント」『マルクス・コメンタールV』現代の理論社所収
平田清明 (1982)『新しい歴史形成への模索』新地書房
ファイジズ，オーランドー (2011)『囁きと密告：スターリン時代の家族の歴史（上）』染谷徹訳，白水社
フィッツパトリック，トニー (2005)『自由と保障 ベーシック・インカム論争』武川正吾・菊地英明訳，勁草書房
フェイガン，B. (2008)『古代文明と気候大変動』東郷えりか訳，河出書房新社
フェデリーチ，シルヴィア (2017)『キャリバンと魔女：資本主義に抗する女性の身体』小田原琳・後藤あゆみ訳，以文社
福島利夫 (2021)「現代日本の女性労働とジェンダー不平等の構造」『経済』No. 306

福富正美編訳 (1969)『アジア的生産様式の復活』未来社
福冨正美 (1970)『共同体的論争と所有の原理』未来社
——— (1973)「B・И・ザスーリッチの手紙への回答およびそれへの下書き——「社会的再生の拠点」という認識への研究過程を中心に」(同「リプライ」を含む)『マルクス・コメンタールV』現代の理論社所収
フクヤマ，フランシス (1992)『歴史の終わり』渡部昇一訳，三笠書房
藤岡惇 (2011)「その本質は「国家産業主義」だった」『経済科学通信』第125号
藤田勇 (2007)『自由・民主主義と社会主義 1917〜1991』桜井書店
藤田整 (1991)『ソヴェト商品生産論』世界思想社
藤目ゆき (1999)『性の歴史学』不二出版
フーリエ，シャルル (1970)『四運動の理論 (上)』巌谷国士訳，現代思潮新社 (原書初版1808年，翻訳底本1841年版)
——— (1990)『愛の新世界』・『ユートピアの箱』，『渋沢龍彦文学館4』筑摩書房所収
古田元夫 (2009)『ドイモイの誕生』青木書店
ブルス，W. (1982)『社会化と政治体制』大津定美訳，新評論
ブルス，W. &ラスキ , K. (1995)『マルクスから市場へ』佐藤経明・西村可明訳，岩波書店
ブレイヴァマン，H. (1978)『労働と独占資本』富沢賢治訳，岩波書店
ブロック，マルク (1970)「古代奴隷制の終焉」(熊野聡・三好洋子訳)，フィンレイ，M. I. 編『西洋古代の奴隷制』古代奴隷制研究会訳，東京大学出版会所収
ベーベル，A. (1955)『婦人論 (下巻)』草間平作訳，岩波書店
ヘーゲル，G. W. F. (1967)『法の哲学』藤野渉・赤沢正敏訳，『世界の名著35』中央公論社所収
ボーヴォワール，シモーヌ・ド (1997)『決定版 第二の性 (Ⅰ)』新潮社
ボウモル，ウィリアム・J. &ボウエン，ウィリアム・G. (1994)『舞台芸術：芸術と経済のジレンマ』池上惇・渡辺守章監訳，芸団協出版部
ボズラップ，エスター (1975)『農業成長の諸条件：人口圧による農業変化の経済学』安沢秀一・安沢みね訳，ミネルヴァ書房
ポッツ，マルコムほか (1985)『文化としての妊娠中絶』池上千寿子・根岸悦子訳，勁草書房
ホブズボーム，エリック (1996)『20世紀の歴史 (上)(下)』河合秀和訳，三省堂
ポランニー，K. (1998)『人間の経済 (1)(2)』玉野井芳郎・栗本慎一郎・中野忠訳，岩波書店
本田一成 (2010)『主婦パート：最大の非正規雇用』集英社新書
マクラレン，アンガス (1989)『性の儀礼』荻野美穂訳，人文書院
松井憲明 (1976)「1920年代ソビエト農村社会の一特質について」『北海道大学経済学

研究』第 26 巻第 4 号
松木武彦（2017）『人はなぜ戦うのか』中公文庫
松田博（2015）「イタリア左翼再生への挑戦――再建党 20 年の軌跡と課題」『季論 21』No. 27
松戸清裕（2005）『歴史のなかのソ連』山川出版社
――― （2011）『ソ連史』筑摩書房
マモーノヴァ，T. ほか編（1982）『女性とロシア』片岡みい子訳，亜紀書房
マルクス，K.『マルクス＝エンゲルス全集』第 2 巻，第 3 巻，第 13 巻，第 19 巻，第 26 巻第 3 分冊，第 32 巻，第 40 巻，補巻 4，大月書店
―――『資本論』第 1 巻，第 2 巻，第 3 巻，新日本出版社
―――『資本論第 1 巻フランス語版：第 7 篇「資本の蓄積」・第 8 篇「本源的蓄積」』林直道編訳，大月書店
―――『マルクス資本論草稿集』①，②，④，⑨，大月書店
マルクス・エンゲルス（1998）『ドイツ・イデオロギー：草稿完全復元版』渋谷正編訳，新日本出版社
ミース，マリア（1997）『国際分業と女性：進行する主婦化』奥田暁子訳，日本経済評論社
ミード，L. E.（1977）『理性的急進主義者の経済政策』渡部経彦訳，岩波書店
ミッチェル，B. R. 編（1995）『イギリス歴史統計』中村寿男訳，原書房
メイヤスー，C.（1977）『家族制共同体の理論：経済人類学の課題』川田順造・原口武彦訳，筑摩書房
メドヴェーヂェフ，Z. A.（1995）『ソビエト農業 1917-1991』佐々木洋訳，北海道大学図書刊行会
メンシコフ，スタニスラフ（1991）『ソ連経済：破局からの出発』渡辺敏訳，サイマル出版会
メンデルス，フランクリン・F.（1991）「18 世紀フランドルにおける農民と農民工業」，篠塚信義編訳『西欧近代と農村工業』北海道大学図書刊行会所収
森岡孝二（2010）『強欲資本主義の時代とその終焉』桜井書店
―――編（2012）『貧困社会ニッポンの断層』桜井書店
森岡真史（2011a）「社会主義の過去と未来――科学・闘争・規範」『季刊 経済理論』第 48 巻第 1 号
――― （2011b）「ソ連社会主義の経験と教訓」『経済科学通信』第 125 号
森下敏男（1982）「家族消滅論のイデオロギー構造」，渓内謙・荒田洋編『ネップからスターリン時代へ』木鐸社所収
――― （1983）「ソビエト事実婚主義のイデオロギー的背景」『神戸法学雑誌』第 33 巻 2 号

—— (1988)『社会主義と婚姻形態』神戸大学研究双書刊行会
森田成也 (1997)『資本主義と性差別』青木書店
モルガン，L. H. (1961)『古代社会 (上巻) (下巻)』青山道夫訳，岩波書店
保田孝一 (1971)『ロシア革命とミール共同体』御茶の水書房
安元稔 (1989)「17-18 世紀ヨーロッパの人口移動」，柴田三千雄ほか編『シリーズ世界史への問い 1 歴史における自然』岩波書店所収
山田昌弘 (2007)『少子社会日本』岩波書店
吉田恵子 (2004)「19 世紀イギリスにおける雇用と家族の再編成」，吉田恵子ほか著『女性と労働』日本経済評論社所収
米山秀 (2008)『近世イギリス家族史』ミネルヴァ書房
ラウエ，セオダー・H・フォン (1977)『セルゲイ・ウィッテとロシアの工業化』菅原崇光訳，勁草書房
ラスレット (1986)『われら失いし世界』川北稔ほか訳，三嶺書房
リグリィ，E. A. (1982)『人口と歴史』速水融訳，筑摩書房
リフキン，ジェレミー (1991)『エネルギーと産業革命』近藤正臣訳，同文館出版
—— (1996)『大失業時代』松浦雅之訳，TBS ブリタニカ
レヴァイン，デイヴィッド (1991)「農村工業と人口」，篠塚信義編訳『西欧近代と農村工業』北海道大学図書刊行会所収
レーニン『レーニン全集』第 13 巻，第 22 巻，第 31 巻，第 32 巻，大月書店
レビン，アレクサンドル (1980)『ソ連市民の消費生活』ひきたぐんじ訳，プログレス出版所
渡辺憲正 (2005)「『経済学批判要綱』の共同体／共同社会論」関東学院大学紀要『経済系』第 223 集
和田春樹 (1992)『歴史としての社会主義』岩波書店

Donnison, Jean (1977) *Midwives and Medical Men*, Heinemann, London.
Davies, David (1795) *The Case of Labourers in Husbandry Stated and Considered*, Cambridge University Press.
Ковалевский, М. М . (1977) «Общинное землевладене, причины, ход и последствия его разложения», Frannkfrut/New York.
Kushner, P. I. (1956) *Selo Viriatino v Proshlo i Nastoiashem*, Moskva.
Ленин (1970) ПСС, т . 43.
Marx, K. (1926) *Marx-Engels Archiv*, Bd. 1, Frankfurt a. M.
—— (1962) *Marx-Engels Werke*, Bd. 19.
—— (1964) *Marx-Engels Werke*, Bd. 25.
—— (1965) *Capital*, Vol. 1, Moscow.

Morgan, Lewis Henrry (1985) *Ancient Society*, The University of Arizona Press.

Sahlins, Marshall (1972) *Stone Age Economics*, New York.

Seccombe, Wally. (1992) Men's "Marital Rights" and Women's "Wifely Duties": Changing Conjugal Relations in the Fertility Decline, in Gillis, R. L. Tilly, A. and Levine, D. (eds.), *The European Experience of Declining Fertility, 1850-1970 The Quiet Revolution*, Indiana University Press.

Worobec, Christine D. 1991. *Peasant Russa*, Princeton University Press.

Wrigley E. A. and Schofield R. S. (1981) *The Population History of England 1541-1871*, Edward Arnold.

青柳和身（あおやぎかずみ）
岐阜経済大学名誉教授
〒440-0882 豊橋市神明町31-401

主著
『ロシア農業発達史研究』御茶の水書房，1994年
『フェミニズムと経済学（第二版）』御茶の水書房，2010年

マルクス晩年の歴史認識と21世紀社会主義

2021年10月8日　初　版

著　者　青柳和身
装幀者　加藤昌子
発行者　桜井　香
発行所　株式会社 桜井書店
東京都文京区本郷1丁目5-17 三洋ビル16
〒113-0033
電話 (03)5803-7353
FAX (03)5803-7356
http://www.sakurai-shoten.com/
印刷・製本　株式会社 三陽社

ISBN978-4-905261-49-0 Printed in Japan